Bouillon de po

« Si le fait d'être grand-parent ne guérit pas votre âme et ne la fait pas s'élever, rien n'y parviendra. *Bouillon de poulet pour l'âme des grands-parents* est un autre gagnant de cette magnifique série. »

FLORENCE HENDERSON

« Un grand-parent joue souvent un des rôles les plus importants dans la vie d'un enfant. Nous avons le privilège d'être des mentors, des modèles et des défenseurs pour nos petits-enfants et tous les enfants. Ce livre est une touchante célébration des grands-parents de toutes provenances. »

MARIAN WRIGHT EDELMAN
présidente, Children's Defense Fund

« L'âge et l'humour vont de pair. C'est ce qui garde les gens jeunes de cœur. »

WILLARD SCOTT

Jack Canfield
Mark Victor Hansen
Meladee McCarty
Hanoch McCarty

Bouillon de Poulet pour l'âme des Grands-parents

Des histoires qui vont droit au cœur et réchauffent l'âme des grands-parents

Traduit par Claire Laberge

SCIENCES ET *CULTURE*
Montréal, Canada

L'édition originale de cet ouvrage a été publiée sous le titre
CHICKEN SOUP FOR THE GRANDPARENT'S SOUL

Health Communications, Inc., Deerfield Beach, Floride (É.-U.)
ISBN 1-55874-974-8

Réalisation de la couverture : Alexandre Béliveau

Dépôt légal : 1er trimestre 2003
Bibliothèque nationale du Québec
Bibliothèque nationale du Canada

ISBN 2-89092-317-7

Éditions Sciences et Culture
5090, rue de Bellechasse
Montréal (Québec) Canada H1T 2A2
(514) 253-0403 Fax : (514) 256-5078
Internet : http://www.sciences-culture.qc.ca
Courriel : admin@sciences-culture.qc.ca

Nous reconnaissons l'aide financière du gouvernement du Canada par l'entremise du Programme d'Aide au Développement de l'Industrie de l'Édition pour nos activités d'édition.

IMPRIMÉ AU CANADA

À Rand Avery Hinds,
la merveilleuse petite-fille de quatre ans
de Hanoch et Meladee,
et à tous les autres beaux petits-enfants
qui sont encore à venir dans nos familles
et dont nous ne connaissons pas le nom.
Notre amour pour chacun de vous
est réservé dans un coin spécial de notre cœur.

Table des matières

6. Devenir grand-parent

7. Défis

8. Liens spéciaux

Les citations

Pour chacune des citations contenues dans cet ouvrage, nous avons fait une traduction libre de l'anglais au français. Nous pensons avoir réussi à rendre le plus précisément possible l'idée d'origine de chacun des auteurs cités.

Remerciements

Bouillon de poulet pour l'âme des grands-parents a pris beaucoup de temps à écrire, presque trois ans. Nous avons été sensibilisés au volet grand-parent de la vie par la venue de Rand Avery Hinds, la magnifique (quoi d'autre?) petite-fille de Meladee et Hanoch. Naturellement, nous lui adressons donc nos remerciements spéciaux pour toute la motivation et les nouvelles perceptions qu'elle nous a données.

Ce livre est le fruit de beaucoup de labeur, d'amour et d'apprentissage soutenus, et demeure pour nous une source d'émerveillement et de grand intérêt. Nous entendons ou vivons constamment une nouvelle histoire de grand-parent, et recueillir davantage de ces histoires – et les partager avec d'autres – est devenu une passion pour nous.

Comme tous les autres volumes de cette série historique, ce livre est issu des efforts, de l'amour, du partage et de la coopération d'un grand nombre de gens. Nous voulons remercier toutes les personnes suivantes de leur collaboration exceptionnelle et essentielle.

D'abord, nous voulons exprimer notre amour le plus tendre et le plus fervent, notre gratitude et notre appréciation à tous les membres de nos familles qui ont partagé leurs histoires, fait preuve de patience et nous ont soutenus durant tout ce long processus. Ils sont vraiment notre inspiration et notre joie.

Inga, Travis, Riley, Christopher, Oran et Kyle, pour tout leur amour et leur soutien.

Patty, Elisabeth et Melanie, pour nous avoir une fois de plus soutenus dans la création d'un autre livre.

Shayna Liora Hinds, la maman de Rand, qui a écouté et nous a donné des commentaires, et qui a participé à notre création bien qu'elle soit à cinq mille kilomètres. Elle a été l'une de nos lectrices les plus fidèles.

Nancy Mitchell-Autio (une nouvelle maman!), pour toutes les histoires qu'elle nous a aidés à trouver.

Leslie Riskin, pour tous les « détours » qu'elle nous a aidés à traverser afin d'obtenir l'autorisation d'utiliser les histoires de ce livre.

Heather McNamara, qui n'accepte jamais rien de moins que notre mieux, qui nous aide à élever la barre du meilleur livre que nous puissions produire et dont la révision extrêmement intelligente fut au cœur de la qualité de ce livre. D'ette Corona, pour sa constante attention à chaque détail et son appui indéfectible. Kathy Brennan-Thompson, qui a sauté dans le projet à bras raccourcis et s'est tirée d'une succession de tâches incroyablement complexes et ambiguës avec grâce et brio.

Ethan Rand Robert McCarty, un réviseur chevronné et plein de tendresse, dont les commentaires cohérents et compétents ont été si précieux – et qui a fignolé nombre d'histoires.

Patty Hansen, notre championne à nous, notre conseillère juridique, notre amie et notre grande décideuse.

Patty Aubery, un guide aimant en retrait, toujours une visionnaire affectueuse de l'organisation.

Deborah Hatchell, une force toujours aimable et douce au sein de la tempête, qui redresse les voiles et nous garde le cap. Nos meilleurs vœux de succès dans ses nouvelles entreprises. Bonne chance à Dana Drobny!

McAllister Eric Dodds et Stephanie Dodds, qui partagent ouvertement les souvenirs de leur relation marquante avec leurs grands-parents.

Kandy Blevins et Tammy Downer, pour leur capacité d'accomplir tout le travail, à temps, avec le sourire et une foi énorme dans le projet et sa valeur. Elles ont été un atout majeur pour nous durant ces nombreux mois de travail, et leur dur labeur nous a soutenus durant les phases les plus difficiles de ce projet. Nous voulons remercier en particulier Nikki Flynn, notre interne étudiante en relations publiques, pour son travail acharné et efficace dans ce projet.

Eric et Laura Spiess, Frank et Jean McCarty, qui ont servi de modèles de grands-parents uniques et exceptionnellement courageux. Ils nous ont donné la vision intime de ce que signifie être de bons grands-parents.

Kim Kirberger, toujours présente pour nous et la génération d'enfants qui sont aimés, chéris et réconfortés par les grands-parents d'aujourd'hui.

Maria Nickless, pour sa mise en marché enthousiaste, son soutien aux relations publiques et son grand sens de la direction.

Veronica Romero, Teresa Esparza, Robin Yerian, Cindy Holland, Vince Wong, Trudy Marschall, Michelle Adams, Dee Dee Romanello, Shanna Vieyra, Dawn Henshall, Lisa Williams et David Coleman, qui soutiennent les entreprises de Jack et Mark avec art et amour.

Mark et Chrissy Donnelly, pour leurs talents de marketing exceptionnels.

Christine Belleris, Lisa Drucker, Allison Janse et Susan Tobias, nos réviseurs chez Health Communications, Inc., et leur adjointe administrative, Kathy Grant, pour leurs généreux efforts en vue de conférer à cet ouvrage la plus grande qualité professionnelle.

Merci au service artistique de Health Communications pour le talent, la créativité et la patience inflexible qu'ils ont mis à produire les couvertures et les illustrations intérieures qui saisissent l'essence de *Bouillon de poulet* : Larissa Hise Henoch, Lawna Patterson Oldfield, Andrea Perrine Brower, Lisa Camp, Anthony Clausi et Dawn Grove.

Randee Feldman, directrice de la série *Bouillon de poulet pour l'âme* chez Health Communications, Inc., pour son excellente coordination et son soutien de tous les projets *Bouillon de poulet*.

Terry Burke, Kelly Maragni, Kim Weiss et Maria Dinoia de Health Communications, Inc., pour leurs inestimables efforts de vente, de publicité et de marketing.

Ron et Miriam Hinds, et Seymour et Joy Birnbaum, avec qui nous partageons les délices d'être grands-parents.

Nous voulons exprimer notre profonde reconnaissance à notre comité de lecture, un groupe de bénévoles disséminés sur le continent, qui ont lu chacune des histoires – sous forme de très grand manuscrit – les ont classées avec soin, et nous ont aidés à repérer les meilleures et à respecter les normes de qualité les plus élevées pour ce livre. Nous n'aurions pas pu le faire sans eux, et ce sont notamment : Cissy Adkison, Fred Angelis, Wilny Audain, Ruth Baldiez, Marie V. Banuelos, Michelle Baron, Angela Belford, Douglas L. Bendell, Mara Bennett, Sabrina D. Black, Frank Blackwell, Farlita Blevins, Arabella Blummis, Don et Cherl Briggs, Cathi Calato, Rita Cameron, Conchita Capata, Stephanie Carter, L. Colbert, Heather Cook, Wesley Cook, Gail Cox, Andrew Currie, Jennifer L. Dale, Patricia D'Amario, Jennifer Dean, Robin Dorf, Roberta Elliott, Olive Faulkner, Geraldine Fehr, Jeannette et Al Fingold, Theresa Fogarty, Patricia L. Gabler, Pat Gallant, Laura Garfinkel, Leona Green, Marsha Grutman, Eve Hall, Nancy Heebner, Rhonda Ann Herzog, Jaime Hickey, Tammy Horne, Katy Hoyng, Jan Jett, Gay Karken, June Kolf, Sharon Landeen, Rosemary Lanza, Vernon Laubach, Terry LePine, Dennis Lewis, Carolyn Liebig, Janis Lightman, Robert MacPhee, Susan Mason, Farley McCarty, Angela McCoy, Barbara McQuaide, Beryl Michaels, Anita Nazel, David V. Nelson, Ron Nielsen, Janice Nipper, Linda Osmundson, Agringa Parnussa, Betty Pinkerton, Anne Quinn, Toni Rosenberg, Adrienne Schaffer, Renee Schaffer, Maria Sears, Miriam Steinberg, Noah St. John, Stanley Stern, Betty Stockton, Carolyn Strickland, Gay Tanner, Brenda Thompson, Denene Van Hecker, Tom Varitek, Sue Wade, G. Weatherall, Colleen

Madonna Flood Williams, Jeanie Winstrom, William Wolk et Jessica Yusuf.

Nous remercions tous les coauteurs de *Bouillon de poulet,* qui font que faire partie de la famille *Bouillon de poulet* est une joie : Jeff Aubery, Patty Aubery, Nancy Mitchell-Autio, Marty Becker, Dan Clark, Tim Clauss, Ron Camacho, Barbara Russell Chesser, Barbara De Angelis, Don Dible, Chrissy Donnelly, Mark Donnelly, Irene Dunlap, Patty Hansen, Jennifer Hawthorne, Kimberly Kirberger, Carol Kline, Heather McNamara, Paul J. Meyer, Maida Rogerson, Martin Rutte, Amy Seeger, Marci Shimoff, Sidney Slagter, Barry Spilchuk, LeAnn Thieman, Diana von Welanetz Wentworth et Steve Zikman.

À tous les grands-parents qui ont écrit et à tous ceux qui ont célébré l'héritage qu'ont légué les grands-parents à leur famille, nous vous saluons et vous sommes très reconnaissants de votre collaboration. Si nous avons oublié de remercier quiconque a contribué ou aidé de quelque manière à rendre ce livre possible, veuillez accepter toutes nos excuses et sachez que vous êtes apprécié dans nos cœurs.

Introduction

Nous façonnons les valeurs des enfants une histoire à la fois, une expérience à la fois. Sachant cela, c'est mon choix, pendant que je suis encore de ce monde, de passer le temps que je peux avec eux et de ne pas laisser au hasard ou à la télévision le soin de leur enseigner ce qui importe.

Violet George

Elle l'avait entendu une fois de trop – ou du moins le pensait-elle. Votre fille adolescente levait les yeux au ciel quand vous vous lanciez dans le récit de votre enfance. Aujourd'hui, sa fillette s'assoit sur vos genoux et semble vraiment vouloir entendre votre histoire! C'est un des moments magiques d'être grand-parent. En fait, vous êtes parfois des alliés « contre » la génération du milieu. Ces récits que vous racontez sont le registre de l'histoire, des valeurs et des croyances de votre famille. Sans vous et vos récits, les familles seraient à la dérive, sans rien savoir d'elles-mêmes qui leur donne le sentiment d'être spéciales, uniques, précieuses. Ces histoires permettent à chaque membre de la famille de faire partie d'un tout plus grand qu'eux – une tradition. Alors, même si vos enfants font les gros yeux quand vous racontez encore une autre histoire, persévérez! Racontez-la!

Pendant des siècles, les gens de toutes croyances rédigeaient souvent deux testaments, l'un dit de « biens immobiliers », qui expliquait comment les biens tangibles et les propriétés d'une personne seraient divisés, et un deuxième, le testament « moral » ou « spirituel », qui mentionnait les croyances, les traditions, les rituels, les pratiques et les valeurs familiales que cette personne désirait transmettre aux survivants.

Les testaments spirituels du Moyen Âge comptaient souvent quarante ou cinquante pages, et décrivaient avec minutie la vie de tous les jours en exhortant les gens à prier pour l'âme du disparu.

Dans le monde d'aujourd'hui, nous nous soucions davantage du bien-être de nos familles et de la continuité de l'héritage ethnique, religieux et familial que nous désirons leur laisser.

Nous avons tant de fois entendu exprimer le regret, après le décès d'un membre de la famille, de « n'avoir pas posé plus de questions sur l'historique de la famille et l'arbre généalogique ». Il faut saisir ces belles histoires, ces trésors familiaux, maintenant, tandis que nous en avons la chance.

Dans nos familles, nous avons pris l'habitude d'enregistrer sur cassette vidéo les membres de la famille qui racontent des anecdotes sur l'historique familiale. Nous avons découvert qu'ils se régalent de raconter ces vieilles histoires, et qu'ils y révèlent souvent des aspects d'eux-mêmes que nous n'avions jamais connus. Leurs récits nous ont reliés et nous ont rappelé la valeur de notre famille entière ainsi que les nombreux trésors enfouis dans leur histoire.

Les grands-parents sont l'essieu de la roue de la famille. Tant de gens nous ont parlé de grands-parents autour de qui la famille semble se fusionner : aucune fête n'était complète à moins que la famille ne se rassemble chez les grands-parents. Et beaucoup nous ont dit que leurs grands-parents leur manquaient et à quel point, en leur absence, la famille luttait pour trouver son centre. Pour de nombreuses familles, les grands-parents sont le « vrai Nord » par lequel la boussole morale de la famille trouve sa direction. Nous croyons que nos grands-parents représentent les valeurs que nous estimons être les plus durables, les plus chères et les plus fiables.

Les grands-parents sont vivants et en santé en Amérique. Ce sont les alliés des petits-enfants et ils ont le temps de prêter attention aux soucis des petits. Ils offrent une garde d'enfants pour permettre à leurs fils et à leurs filles de travailler pour soutenir leurs familles grandissantes. Nous avons eu l'occasion de rencontrer des grands-parents remarquables, ou d'en entendre parler – par exemple, les grands-mères du rodéo d'Ellensburg (Washington). Ces quatre dames, qui ont entre 65 et 89 ans, séduisent le cœur des gens de l'Ouest en montant à cheval, en jouant du lasso et en faisant des tyroliennes. Durant notre recherche, nous avons entendu parler de grand-maman Bonnie, le centre de la famille Longaberger, célèbre pour leurs paniers faits à la main vendus dans le monde entier. Ce sont son exemple, ses valeurs, ses leçons sur la qualité, la confiance en soi, les bonnes relations et l'humour dans la vie quotidienne qui ont fait que son fils, Dave Longaberger, a pu créer une entreprise valant un milliard de dollars et que ses petits-enfants en perpétuent le succès.

En élaborant ce livre et en lisant les histoires sur de nombreux grands-parents, nous avons constaté qu'enfants et petits-enfants écrivaient sur les valeurs, les expériences, l'humour et la sagesse, le courage et l'étonnante résistance de leurs grands-parents. Ils ne nous ont pas écrit au sujet du montant de leur héritage, ou des legs de terrains, de bâtisses et de meubles qu'ils avaient reçus. C'était plutôt l'humanité, les idées, la façon de vivre selon ses propres valeurs qui remplissaient leurs lettres. Les grands-parents et les petits-enfants ont écrit à propos de tendres expériences, de moments précieux ou d'événements clés qui représentaient l'essence de tout ce que leur famille signifiait pour eux.

Pour préparer ce livre, nous avons lu chaque histoire avec les yeux et le cœur de grands-mamans et de grands-papas. Nous avons été émus et ravis par des histoires qui formaient dans notre esprit des images de loyauté, d'honneur, de foi et de respect des engagements de la vie. Nous avons été inspirés par des histoires de courage tranquille et de sagesse acquise par le labeur et les efforts. Nous avons été émus par des histoires d'amour qui parlaient d'être présent, de monter au but et de faire ce qui doit être fait.

Il y a bien des sortes de grands-mères et de grands-pères, qui vont de ceux dont on lit les histoires avec des illustrations de Norman Rockwell à ces grands-parents incroyablement actifs, qui voyagent partout, qui occupent des emplois dont ils ne songent même pas à prendre leur retraite, qui conquièrent Internet et le courriel, et qui rendent des services essentiels et inestimables à leur communauté. Les grands-parents vivent plus longtemps, sont plus actifs et refusent toute limite. Mais un à un, ils changent encore les choses pour leurs petits-enfants. Dans notre monde très mobile, ils peuvent vivre loin de leurs petits-enfants, mais ils servent souvent d'ancre, de point d'attache qui confère sens et sécurité à la vie de ces enfants. Certains grands-parents élèvent courageusement leurs petits-enfants – et nous leur rendons hommage.

Joignez-vous à nous pour célébrer la condition de grand-parent grâce au pouvoir d'une histoire. Laissez chaque récit toucher votre cœur, chatouiller votre corde sensible et vous fournir de nouveaux sujets de discussion en famille. Laissez ces histoires être le début de vos propres histoires que vous conterez à vos enfants et à vos petits-enfants.

Lisez-les, savourez-les, une à la fois. Lisez-les à voix haute à votre famille et à d'autres proches que vous aimez. Puis faites une pause, et racontez vos propres histoires, une à la fois.

1

LES JOIES D'ÊTRE GRAND-PARENT

Il est remarquable de voir comment,
du jour au lendemain,
une bonne dame d'âge mûr peut apprendre
à s'asseoir à l'indienne par terre
et à jouer du tambour,
à faire coin-coin comme un canard,
à chanter tous les couplets de « Trois petits chats »,
à fabriquer des fleurs de papier,
à dessiner des cochons
et à recoudre les oreilles gravement blessées
d'oursons en peluche.

Marlene Walkington Ferber

Des joues orange

La raison pour laquelle les grands-parents et les petits-enfants s'entendent si bien est qu'ils ont un ennemi commun.

Sam Levinson

Willie avait six ans. Il vivait à la campagne. Le téléphone sonna et Willie répondit. Il avait l'habitude de respirer dans l'appareil plutôt que de parler.

« Allô, Willie », dit la voix de sa grand-mère à la respiration.

« Comment tu savais que c'était moi? »

« Je le savais, Willie. Willie, je veux que tu passes la nuit ici. »

« Oh, grand-maman, je vais aller chercher maman. »

Sa mère prit le récepteur, parla un moment, puis raccrocha.

« Willie, dit sa mère, je ne te laisse jamais coucher chez grand-maman parce que tu t'attires des ennuis. »

« Je n'aurai pas d'ennuis », murmura Willie. Il rayonnait d'excitation, alors sa mère lui parla doucement, sérieusement. « Je ne veux pas recevoir d'appel ce soir et devoir conduire 50 kilomètres pour aller te chercher. »

« Pas de proooooooooooblème », dit-il.

« Laisse-moi te dire ceci : ta grand-mère peut être difficile à la fin de la journée. Elle peut être un peu grognon. »

« Je vais être sage. Je le promets. »

« Bon, s'il y a des problèmes, tu n'iras plus coucher là pendant un an. Monte dans ta chambre et fais ta valise. »

Willie avait gagné. Il monta à la course et mit six chandails et une brosse à dents dans son sac.

Sa mère et lui roulèrent jusqu'à Cambridge. Willie aimait Cambridge parce que les maisons étaient toutes tassées les unes contre les autres. Ils contournèrent Harvard Yard, empruntèrent la rue Trowbridge et tournèrent à gauche sur l'avenue Leonard. Les maisons en bois étaient toutes à trois étages, et sa grand-mère habitait au numéro neuf. Ils stationnèrent et Willie grimpa les marches, poussa la porte extérieure et pressa sur le bouton à l'intérieur.

Bzzzzzzzzzzt! La porte ne s'ouvrait pas tant que sa grand-mère ne pressait pas un autre bouton à l'intérieur. Il y eut un « clic », puis la porte se déverrouilla. C'était magique. Willie poussa la porte et resta au bas de l'escalier. L'escalier était étroit et sombre, et rempli des merveilleuses odeurs de la maison de sa grand-mère. Il aurait pu passer là toute la fin de semaine, mais sa grand-mère l'appelait du haut de l'escalier.

« Monte, Willie. »

« J'arrive, grand-mamaaaaaan », chanta-t-il.

Il gravit les marches en vitesse et sa grand-mère se pencha pour l'enlacer. Il l'embrassa sur ses joues parcheminées. Il aimait ces joues, mais n'en disait jamais rien.

« Tu vas prendre la chambre d'amis en haut », lui dit sa grand-mère. « Il y a une surprise pour toi là-haut. »

« Merci, grand-maman », dit-il en se dépêchant de monter. La voix de sa mère le rattrapa : « Souviens-toi de ce que je t'ai dit, Willie. »

« Ne t'en fais pas. Pas de proooooooblème. »

Quand Willie entra dans la chambre d'amis, il vit que sa grand-mère avait fait quelque chose de merveilleux. Elle avait collé six grandes étoiles d'argent au plafond. Il les adorait.

La surprise était sur la table. Deux feuilles de papier orange, une petite paire de ciseaux, de la colle et un crayon aiguisé. Willie prit les ciseaux et découpa deux cercles dans le papier, puis il appliqua de la colle derrière les cercles et colla les cercles sur ses joues. Il avait donc des joues orange.

Par la fenêtre, il vit que sa mère s'en allait. « Salut maman », cria-t-il avec un sourire victorieux.

Il dévala les marches et sa grand-mère dit exactement ce qu'il fallait : « Magnifiques joues. »

« Merci, grand-mamaaaaan », dit-il en souriant, roulant des épaules.

« On va prendre le thé dans la salle à manger, mais je vais d'abord étendre mon linge et tu vas aller faire une course chez M. Murchison. Tu le connais. »

« Le monsieur des fruits. »

« Oui, il est juste à côté. Il t'attend. Prends deux kilos de bananes. Voici un dollar. Fais bien ça. »

Willie descendit l'escalier étroit et sombre, l'escalier secret, puis alla à l'extérieur vers la fruiterie. Il n'avait jamais fait une course seul auparavant. Il entra bravement dans la vieille fruiterie d'autrefois. Sombre. Le plancher de bois était foncé et graisseux. M. Murchison était là. Il était plus vieux que les bananes. Et il était courbé comme elles. « Allô! Willie », dit-il d'une voix étouffée et traînante. « Ta grand-mère m'a dit que tu allais venir. Content de te revoir. » Il tendit la main vers le haut du régime de bananes. « J'ai deux kilos de bananes pour toi. »

Willie secoua la tête. « Je ne veux pas celles-là. »

« Quel est le problème? » demanda M. Murchison.

« Elles sont pourries. »

« Elles ne sont pas pourries », insista le moustachu Murchison, en riant. « Elles sont mûres. Elles sont à leur meilleur. »

« Je veux les jaunes », dit Willie.

M. Murchison replaça les bananes et en prit des jaunes. « Un jour, tu comprendras », grogna-t-il.

« Je crois que je comprends maintenant », répondit Willie.

M. Murchison semblait mâcher quelque chose de mauvais. « J'aime tes joues », admit-il finalement.

Willie le regarda : « J'aime vos joues aussi. »

« Arrrrrrr. »

Willie apporta les bananes dans la cour où sa grand-mère étendait du linge sur la corde. « Bravo, Willie. Tu es un vrai homme d'affaires. Va jouer en haut en attendant que je finisse, et on va prendre le thé. »

Willie était un homme d'affaires! Pour lui, un homme d'affaires était quelqu'un qui faisait des marques sur le mur au crayon. Des marques secrètes, mais bien réelles. Willie monta et descendit les marches arrière en faisant des petites marques au crayon. Puis il décida de faire une marque secrète dans la salle à manger.

Il poussa une chaise contre le mur blanc de la salle à manger, monta sur la chaise, s'étira vers le haut et commença à faire un point minuscule. Il entendit quelque chose. Terrifié, il se tourna : « Grand-maman! » Dans sa panique, il fit une égratignure de plus d'un demi-mètre sur le mur. « Oh! non. Il faut que je rentre à la maison maintenant. » Il tenta de l'effacer, mais il empira les choses. Il cracha dans ses mains et essaya d'essuyer la marque. Il y en avait maintenant sur tout le mur. C'était horrible. Il avait des ennuis maintenant. Il sauta de la chaise et courut à la fenêtre. Sa grand-mère accrochait les derniers bas. Il devait faire quelque chose, sinon il serait forcé de rentrer chez lui. Il ouvrit le tiroir du garde-manger et y vit un marteau et deux clous. Il les apporta dans la salle à manger. Il enleva la nappe de la table et grimpa sur la chaise. Il cloua la nappe au mur. On ne pouvait plus voir la marque – mais on voyait la nappe de la salle à manger.

Sa grand-mère prépara le thé et posa le tout sur un plateau.

« Viens, Willie. On va prendre le thé dans la salle à manger. »

Sa tête semblait s'enfoncer dans ses épaules. « Prenons le thé ici », dit-il.

« Nous prenons toujours le thé dans la salle à manger », dit-elle, et elle y alla seule.

« Willie, la nappe de la salle à manger n'est pas sur la table », dit-elle curieusement. Puis, « Willie, la nappe est clouée au mur. »

Après un silence, Willie dit : « Quel mur? »

« Viens voir quel mur. »

Willie entra lentement. Sa tête s'enfonça davantage dans ses épaules. « Oh! ce mur-là, dit-il. Je l'ai clouée sur ce mur-là. »

Soudain, il se mit à trembler. Tout son corps était secoué de tremblements, et il se mit à pleurer. « Maintenant, il faut que je rentre à la maison. » Il pleurait si fort que les larmes coulaient sur ses joues de papier orange. Il se mit à se frotter les joues, et le papier se déchira. Cela bouleversa sa grand-mère. « Willie! » dit-elle, s'élançant vers lui, s'agenouillant pour le prendre. Elle pleurait maintenant, et ses larmes tombaient sur les joues de papier orange. Elle le tenait serré, puis elle respira à fond avant de dire : « Willie, regarde-nous, c'est absurde. Tout va bien. »

« Non, ça ne va pas, sanglota Willie. Maintenant il faut que je retourne à la maison. Et je ne peux pas venir pour toute une année. »

« Tu n'as pas à retourner à la maison », dit-elle en se levant et en rajustant sa robe. « Tout va parfaitement bien. »

« Non ça ne va pas, persista Willie. Maman dit qu'en fin de journée tu es grognon. »

Les yeux de sa grand-mère s'ouvrirent plutôt grand. « Mmmmm, c'est ce qu'elle dit, hein? » Sa grand-mère pinça les lèvres et réfléchit pendant ce qui sembla une éternité. « Eh bien! Je vais te dire une chose, Willie, ta mère n'est pas un cadeau non plus. »

Ils s'assirent à la table. « On va prendre le thé maintenant, et ensuite on va s'occuper du mur. Combien de sucres, Willie? »

« Cinq. »

« Un », le corrigea-t-elle.

Le thé sembla calmer tout son corps.

Sa grand-mère prit le marteau et arracha les clous. Elle mit la nappe sur la table en disant : « Je vais recoudre les trous une autre fois. Pour l'instant, on va mettre un bol de fruits sur un trou et des fleurs sur l'autre. Ta mère ne le saura jamais. » Puis sa grand-mère mit du mastic dans les trous des clous, et Willie et elle recouvrirent la marque de peinture.

En trois heures, la peinture était sèche et la marque avait disparu. « Ta mère ne saura rien de tout cela », dit-elle avec assurance. « Ce sera notre secret. »

« Elle va le savoir », fit Willie en boudant. « Elle sait toujours. »

« Elle est ma fille. Elle ne le saura pas. »

« Elle est ma mère. Elle va le savoir! »

Le lendemain matin, Willie était terrifié quand sa mère monta le sombre escalier secret. Ils devaient prendre le thé tous les trois avant de partir.

Ils s'assirent à la table de la salle à manger pour boire leur thé. Willie resta tranquille aussi longtemps qu'il le put. Finalement, il regarda sa mère et dit : « Ne prends pas le bol de fruits. »

« Pourquoi prendrais-je le bol de fruits? » demanda-t-elle.

Un extraordinaire regard de complète innocence remplit son visage : « Je ne sais paaaaas. »

Le thé se poursuivit, et Willie regardait fixement le mur.

« Qu'est-ce que tu fixes? » demanda sa mère.

« Le mur », dit Willie. « C'est un beau mur. »

« Ah! soupira sa mère. Il y a eu des ennuis. Qu'est-ce que c'était? »

Vaincu, Willie dit : « Raconte le problème, grand-maman. »

« Bien, voici le problème. L'ennui est que nous n'avons pas eu assez de temps. N'est-ce pas ce que tu veux dire, Willie? »

« C'est ce que je veux dire », répliqua-t-il.

Quelques minutes plus tard, sa grand-mère se pencha au haut de l'escalier, et Willie l'embrassa sur ses joues ridées et parcheminées. Puis, sa mère et lui descendirent l'escalier sombre et étroit, plein d'odeurs merveilleuses. Sa mère ne savait pas ce qui était arrivé. C'était un secret.

En arrivant à la maison, Willie monta en vitesse à sa chambre, ouvrit son sac et en retira le papier orange. Il découpa deux cercles, les mit dans une enveloppe avec un petit mot disant : « Chère grand-maman, voici des joues orange pour toi. Je t'aime. Willie. »

Jay O'Callahan

Je t'aime, grand-maman

« Je t'aime, grand-maman », dit l'enfant,
Grand-maman dit : « Je t'aime aussi. »
« Je t'aime plus », dit le petit enfant,
« Je t'aime plus que toi. »

« Eh bien, ça fait beaucoup d'amour »,
Dit grand-maman alors, et elle sourit.
« Je t'aime, grand-maman, plus que tout »,
Dit l'enfant plus fort.

« Bien, je t'aime tout autant et encore plus »,
Dit grand-maman en souriant encore.
« Non, grand-maman, tu ne comprends pas,
Je ne peux pas t'aimer "le plus" alors. »

Deux petits bras se sont tendus pour enlacer,
Grand-maman n'avait plus de mots.
Autant d'amour semblable à celui de Dieu,
Inconditionnel et sans réserve.

Virginia (Ginny) Ellis

L'antiquité

Ma petite-fille de six ans me regarde comme si elle me voyait pour la première fois. « Grand-maman, tu es une antiquité », dit-elle. « Tu es vieille. Les antiquités sont vieilles. Tu es mon antiquité. »

Je ne me contente pas d'en rester là. Je prends le dictionnaire et je lis la définition à Jenny. J'explique : « Une antiquité n'est pas seulement vieille, c'est un objet qui appartient aux temps anciens… une œuvre d'art… un meuble. Les antiquités sont des trésors », dis-je à Jenny en rangeant le dictionnaire. « Il faut les manipuler avec soin parce qu'elles sont parfois très précieuses. »

Selon le droit coutumier, pour être qualifié d'antiquité, l'objet doit avoir au moins cent ans.

« J'ai seulement 67 ans », ai-je rappelé à Jenny.

Nous cherchons dans la maison d'autres antiquités que moi. Il y a une commode qui a été léguée d'une tante à une autre et qui a abouti finalement dans notre famille. « Elle est très vieille, dis-je à Jenny. J'essaie de la garder bien polie, et je la montre chaque fois que je peux. C'est ce qu'on fait avec les antiquités. » Quand Jenny va être plus grande et qu'elle comprendra ces choses, je vais peut-être aussi lui dire que chaque fois que je regarde la commode ou que j'y touche, je me souviens de cette tante qui m'était si chère et qui m'a donné la commode en cadeau. Je revois son visage, même si elle n'est plus avec nous. J'entends même sa voix et je me souviens de son sourire. Je me souviens de moi, petite fille, appuyée sur cette antiquité et écoutant une de ses histoires. La commode me rappelle tout cela.

Il y a une image sur le mur qui a été achetée dans un bric-à-brac. Elle date de 1867. « Ça, c'est une antiquité », proclamai-je. « Plus de 100 ans. » Bien sûr, elle est égratignée et marquée, et pas en très bonne condition. « Parfois l'âge fait ça », dis-je à Jenny. « Mais les marques sont de bonnes marques. Elles indiquent un vécu. C'est quelque chose qu'on peut afficher avec fierté. En fait, parfois, plus un objet montre de l'âge, plus il devient précieux. » Il est important que j'y croie pour ma propre estime de moi.

Notre tournée des antiquités se poursuit. Il y a un vase sur le plancher. Il est dans ma famille depuis longtemps. Je ne suis pas certaine de sa provenance, mais je ne l'ai pas acheté neuf. Puis, il y a le lit à colonnes, qui m'a été légué il y a 40 ans par un oncle qui y avait dormi pendant 50 ans.

Les antiquités, expliquai-je à Jenny, ont habituellement une histoire. Elles ont séjourné dans une maison, puis dans une autre, sont passées d'une famille à une autre, voyageant tout partout. Elles ont duré à travers les ans. Elles auraient pu être écartées, ou ignorées, ou détruites. Au lieu de cela, elles ont survécu.

Jenny semble pensive un moment. « Je n'ai pas d'autre antiquité que toi », dit-elle. Puis, son visage s'illumine. « Est-ce que je pourrais t'emmener à l'école pour l'exposé vécu? »

« Seulement s'il y a place pour moi dans ton sac à dos », répondis-je.

Puis, son antiquité l'a soulevée et lui a donné une étreinte qui allait traverser les années.

Harriet May Savitz

Quoi qu'il arrive, ce n'est qu'un reflet de nous-mêmes qui nous est renvoyé, pour que nous puissions nous voir plus clairement.

Arnold Datent

Tout le monde connaît tout le monde

Si vous cherchez une façon de donner un coup de main, vous vous aiderez en même temps.

Source inconnue

Ce jour-là était un jour spécial, le genre de journée qui ranime la foi, si l'on peut dire.

Et dans cette foi, j'ai trouvé une leçon qui m'a été enseignée par mon fils de six ans, Brandon.

Je le regardais à la table de la cuisine, préparant soigneusement son sac-repas. J'allais l'emmener avec moi au travail. Comme il disait : « Je vais être un homme au travail. »

Bien étalé devant lui se trouvait un assortiment de tout ce dont il aurait besoin durant la journée – un petit cahier à colorier, des crayons, une petite boîte de Smarties, un muffin aux bleuets, un « samich » à la salade aux œufs et trois petits cocos de Pâques.

Connaître Brandon, c'est savoir que le temps n'a aucune signification. J'étais en retard et je l'implorais de se dépêcher (je suis certain qu'il croit que la montre est une escroquerie inventée par les Suisses).

Il se dépêcha, oui. En fait, il oublia son goûter bien emballé, une erreur dont je fus cruellement informé durant le trajet de 40 minutes vers la ville. Il me semonça à quelques reprises, disant : « Papa, tu m'as fait me dépêcher. Maintenant je n'ai plus de repas. » Il varia les mots durant sa semonce, mais la signification était la même : « J'ai besoin d'un repas parce que tu m'as fait oublier le mien. »

J'achetai un sandwich et un autre muffin dans un restaurant en ville. Satisfait, il apporta le sac dans la camionnette, et sa rébellion « pas de repas, pas de travail » vite s'envola.

Nous arrivâmes à un petit bungalow dans la banlieue de Kingston, en Ontario. Notre tâche : installer un tapis intérieur-extérieur sur la véranda et les marches.

Je sonnai à la porte. J'entendis le verrou se déloger, puis la chaîne de sécurité. La porte s'ouvrit lentement, laissant voir un vieil homme maigre. Il avait l'air malade. Sa tête était couverte de touffes de cheveux blancs. Sa chemise bleu poudre pendait de ses épaules comme d'un cintre, et sa ceinture était trop grande de quelques crans.

Je souris et lui demandai s'il était M. Burch.

« Oui. Êtes-vous ici pour faire la véranda et les marches? »

« Oui, Monsieur. »

« Très bien, je vais laisser la porte ouverte. »

« Bon, je vais commencer à travailler. »

« Avez-vous un "fligo"? » interrompit Brandon. Le vieil homme baissa les yeux sur lui comme il présentait son repas.

« Oui, j'en ai un. Sais-tu où se trouve le frigo? »

« Oui je le sais », dit Brandon, passant à côté du vieil homme. « Il est dans la cuisine. »

J'allais suggérer à Brandon qu'il était impoli d'entrer, mais avant que je puisse le faire, le vieil homme porta ses doigts à ses lèvres pour m'indiquer que tout était bien.

« Tout va bien. Il ne peut pas me gêner. Est-ce qu'il vous aide vraiment? »

Je fis signe que oui. Brandon revint, demandant de sa voix la plus flûtée : « Avez-vous un cahier à colorier? »

Encore une fois, j'allais suggérer à Brandon qu'il était peut-être impoli. J'ai tendu la main, lui faisant signe de sortir. Le vieil homme prit ma main faiblement. Il regarda Brandon.

« Ton père me dit que tu l'aides. »

« Oui, je suis un homme au travail », répliqua Brandon fièrement.

Je baissai les yeux et ajoutai : « Apparemment, sa tâche d'aujourd'hui consiste à garder le client occupé. »

Le vieil homme regarda Brandon et lâcha ma main, un petit sourire naissant sur ses lèvres.

« Peut-être que tu peux travailler un peu et me montrer comment colorier? »

Très sérieux, Brandon demanda : « Papa, ça ira pour toi? »

« Est-ce que ça ira pour M. Burch? » demandai-je.

« Ça ira pour nous. Nous serons ici à la table. Viens m'aider à trouver le cahier, mon travailleur. »

J'allai à la camionnette et revins avec du matériel et mon calepin, juste à temps pour entendre Brandon commenter : « Vous avez déjà colorié dans ce cahier. Vous êtes bon! »

« Non, ce n'est pas moi qui ai colorié ces images, ce sont mes petits-enfants. »

« C'est quoi des petits-enfants? » demanda Brandon avec curiosité.

« Ce sont les enfants de mes enfants. Je suis un grand-père. »

« C'est quoi un grand-père? »

« Bien, quand tu vas grandir et te marier, puis que tu vas avoir tes propres enfants, ton papa va être un grand-papa. Et ta maman sera une grand-maman. Ils seront des grands-parents. Comprends-tu? »

Brandon fit une pause : « Oui, grand-papa. »

« Oh, je ne crois pas que je sois ton grand-papa », suggéra le vieil homme.

Brandon écarta ses cheveux de ses yeux. Examinant les crayons, il en choisit un et continua de colorier.

Brandon dit : « Tout le monde connaît tout le monde, vous savez? »

« Je n'en suis pas certain. Pourquoi dis-tu ça? » Le vieil homme jeta un regard curieux sur Brandon, qui coloriait vaillamment.

« Nous sommes tous "viendus" de Dieu. Il nous a tous faits. Nous sommes une famille. »

« Oui, Dieu a tout fait », confirma le vieillard.

« Je sais », dit Brandon d'une voix légère. « Il me l'a dit. »

Je n'avais jamais entendu Brandon parler de ces choses auparavant, sauf la fois où nous étions allés à l'église assister à une pièce de Noël. En attendant le début de la séance, Brandon avait demandé par quelle porte Dieu entrerait et s'il allait s'asseoir avec nous.

« Il te l'a dit? » demanda le vieil homme, franchement curieux.

« Oui, il me l'a dit. Il vit là-haut », dit-il en indiquant le plafond, d'un regard révérencieux. « Je me souviens d'y être allé et de lui avoir parlé. »

« Qu'est-ce qu'il t'a dit? » Le vieil homme déposa son crayon sur la table, captivé par Brandon.

« Il a dit que nous étions tous une famille. » Après une pause, Brandon ajouta logiquement : « Alors, tu es mon grand-papa. »

Le vieil homme me regarda par la moustiquaire. Il sourit. J'étais embarrassé qu'il me voie les surveiller. Il dit à Brandon de continuer à colorier et qu'il allait vérifier les travaux.

Il marcha lentement vers la porte. En l'ouvrant, il passa sur la véranda.

« Comment ça va? » demanda-t-il.

« Ça va », ai-je répondu. « Ce ne sera pas long. » Le vieil homme eut un faible sourire.

« Est-ce que votre garçon a un grand-père? »

J'ai fait une pause. « Non, il n'en a pas. Ils étaient décédés quand il est né. Il a une mamie, vous savez, une grand-mère, mais elle est de santé fragile et pas très bien. »

« Je comprends ce que vous dites. J'ai le cancer. Je n'en ai plus longtemps sur Terre moi non plus. »

« Je suis désolé de l'apprendre, M. Burch. Ma mère est morte du cancer. »

Il me regarda de ses yeux fatigués mais souriants : « Tous les garçons ont besoin d'un grand-père », dit-il doucement.

J'ai acquiescé et ajouté : « Ce n'est simplement pas possible pour Brandon. »

Le vieil homme regarda Brandon, qui coloriait vigoureusement. Se retournant vers moi, il demanda : « Venez-vous souvent en ville, mon garçon? »

« Moi? » ai-je demandé.

« Oui. »

« Je viens presque tous les jours. »

Le vieil homme me regarda encore. « Peut-être pourriez-vous emmener Brandon de temps à autre, quand vous êtes dans le coin naturellement, pour environ trente minutes. Qu'en pensez-vous? »

J'ai regardé Brandon. Il avait cessé de colorier et nous écoutait. « Est-ce qu'on peut, papa? On est des amis. On peut manger ensemble. »

« Eh bien, si M. Burch est d'accord. »

Le vieil homme ouvrit la porte et retourna à la table. Brandon glissa de sa chaise et alla au réfrigérateur. « C'est l'heure du déjeuner, grand-papa. J'en ai assez pour nous deux. »

Brandon retourna à la table. Il sortit le contenu de son sac de papier. « As-tu un couteau? » demanda-t-il.

Le vieil homme allait se lever.

« Je peux le trouver, dis-moi où regarder », indiqua Brandon.

« Les couteaux à beurre sont près du coin du comptoir, dans le tiroir. »

« Je l'ai trouvé! »

Brandon retourna à table. Il développa son muffin. Avec tout le soin d'un diamantaire, il tailla deux portions parfaites. Il en plaça une sur la pellicule de plastique qui avait servi à envelopper le muffin. Il la poussa vers M. Burch.

« C'est la tienne. » Il développa ensuite soigneusement le sandwich et le coupa en deux. « C'est à toi aussi. Il faut manger la "samich" en premier. C'est maman qui le dit. »

« D'accord », répondit M. Burch.

« Aimes-tu le jus, Brandon? »

« Ouais, le jus de pommes. »

M. Burch se rendit lentement au réfrigérateur. Il y prit une boîte de jus de pommes et en versa deux petits verres. Il en déposa un devant Brandon. « C'est à toi. »

« Merci, grand-papa. » Brandon ponctua son repas de questions à M. Burch et d'épisodes de coloriage.

« Joues-tu au hockey, Brandon? »

« Ouais », dit Brandon, examinant l'extrémité de son sandwich avant d'y mordre. « Papa m'a emmené durant l'hiver avec Tyler et Adam. »

« Il y a des années », dit M. Burch, « je jouais pour une équipe senior-A. J'étais presque prêt à jouer pour la Ligue nationale, mais on ne m'a jamais appelé. J'ai déjà joué avec un homme qui a été repêché, toutefois. C'était un bon joueur. Bill Moore, c'est comme ça qu'il s'appelait. »

Le cœur me remonta dans la gorge. « Tutter Moore? » demandai-je à travers la moustiquaire.

Le vieil homme était étonné. Il me regarda. « Oui, c'est lui… il a joué pour Boston quelques fois. Vous en avez entendu parler? »

« Oui », dis-je, la voix me manquant. « Vous êtes en train de manger avec son petit-fils. »

Le vieil homme regarda Brandon. Il le fixa quelques minutes. Brandon le regarda innocemment.

« Oui… je vois maintenant. Il ressemble beaucoup à Tutter. Et la mamie, c'est Lillian? »

« Oui », ai-je répondu.

Le vieil homme saisit la main de Brandon.

« Brandon, je te dois des excuses. Tu avais raison, et j'avais tort. Tout le monde connaît tout le monde. »

Lea MacDonald

Le temps des boules de neige magiques

Si un enfant doit garder vivant son sens inné de l'émerveillement, il lui faut la compagnie d'au moins un adulte qui peut le partager, redécouvrant avec lui la joie, l'excitation et le mystère du monde dans lequel nous vivons.

Source inconnue

Chaque automne, quand la première gelée jouait avec l'herbe, papi venait chez nous. Il entrait en se frottant les pieds, ses souliers de cuir souple dansant sur les tuiles jaune tournesol du plancher de la cuisine de maman. Nous tous, les six enfants, savions pourquoi il était là. La première gelée était synonyme du temps des boules de neige magiques.

Papi ne venait chez nous qu'une fois par année. Grand-maman et lui habitaient un appartement au-dessus d'un vieux magasin de quartier, dans la grande ville. Papi disait qu'ils vivaient là pour être près du vieux comptoir de bonbons à un sou du magasin.

Chaque samedi, nous allions voir papi, mamie et ce comptoir de bonbons à un sou. À moins, naturellement, que la première gelée ne tombe un samedi. La première gelée voulait toujours dire que papi venait nous visiter.

Papi apportait avec lui une vieille pelle à charbon bosselée et une vieille glacière. Il nous emmenait tous les six dans la cour. Puis, il se mettait à creuser et à parler. Il travaillait toujours en parlant.

Il nous disait comment il avait vécu avec des gitans avant de rencontrer grand-maman. Il nous parlait de la vie itinérante avec le cirque. Il nous montrait des trucs de magie et nous racontait des histoires étranges mais véridiques sur les pouvoirs des gitans. Puis, papi nous parlait de l'importance d'une réserve de neige magique.

Nous nous rassemblions autour de lui et l'écoutions comme nous aurions dû le faire, mais ne le faisions jamais, à l'église. Il nous racontait comment certains croyaient que, si l'on voulait un hiver enneigé, on devait toujours conserver un peu de neige de l'hiver précédent et la mettre dans la réserve de neige magique. Puis, il nous laissait creuser chacun notre tour.

La terre volait, alors que nous prenions régulièrement notre tour pour creuser. Nous respirions les derniers effluves de barbecue de l'été, et l'odeur des feuilles fraîchement tombées. Parfois, nous aurions pu jurer sentir la menthe poivrée, les cannes de bonbon, la maison en pain d'épices et l'odeur des poinsettias de Noël émanant de ce trou.

Papi nous disait comment certains gens croyaient qu'il faut donner à la terre si l'on veut qu'elle nous donne. Il nous disait comment tout bon fermier sait qu'on ne peut attendre une récolte sans planter des graines. Nos graines de neige étaient dans sa vieille glacière.

Assez tôt, papi ouvrait cette vieille glacière. Nous nous agglutinions autour de lui avec le même émerveillement chaque année. À l'intérieur, papi avait sept boules de neige parfaites. Il y en avait toujours une pour lui, et une pour chacun de nous, les enfants.

Nous attendions poliment mais impatiemment qu'il nous les remette. Nous ne pouvions jamais les tenir longtemps, car papi disait que ça ne fonctionnerait pas si nous étions égoïstes. Nous ne voulions pas faire fondre la neige et n'avoir rien à offrir à la terre.

Nous placions solennellement nos boules de neige dans le trou, rapidement quoiqu'un peu à regret. Je ne connais pas un enfant qui ne veut pas lancer une boule de neige une fois qu'il l'a entre les mains. Nous n'étions pas différents. Nous savions simplement que nous devions donner nos boules de neige à la terre. Elles étaient magiques. Elles étaient la semence pour la réserve de neige magique.

Papi recouvrait notre réserve de neige magique avec la terre que nous avions pelletée hors du trou. Nous nous prenions les mains et chantions des chants de Noël tandis que papi enterrait nos boules de neige magiques. Puis, papi s'essuyait les mains sur ses pantalons et souriait.

« Eh bien, nous avons planté nos boules de neige magiques le jour de la première gelée, les enfants. C'est au tour de la réserve de neige magique, maintenant », disait-il.

Quand arrivait la première neige, comme à chaque hiver, nous courions tous les six dans la cour pour attraper des flocons de neige sur notre langue et nos mitaines. Nous goûtions le délice titillant et frémissant des étoiles de glace qui tombaient. Nous examinions la beauté cristalline des flocons givrés immaculés sur nos chaudes mitaines foncées.

C'était toute la magie de papi, et nous en faisions partie. Nous dansions, riions, sourions et chantions, nous six ensemble. Nous ne nous disputions jamais le jour de la première neige. Nous étions trop contents de nous.

Nous savions que nous étions magiques. La première neige nous rappelait papi, la première gelée et notre réserve de neige magique enfouie sous la terre. Nous savions que nous avions un secret bien à nous. Nous avions aidé la neige à tomber une fois de plus. Nous étions des cultivateurs de neige, et pour nous, la première gelée signifiait le temps des boules de neige magiques.

Je suis grande maintenant. Pourtant, je vais vous révéler un secret. Ma famille continue la magie de papi. Nous avons une réserve de neige magique dans la cour. Pensez à nous quand virevolte la première neige… comme je pense à mon papi et espère qu'un jour mes petits-enfants penseront à moi.

Colleen Madonna Flood Williams

Un doigt

Il faut croire à certaines choses pour les voir.

Ralph Hodgson

« Maman, tu devrais ranger certaines choses. Rends cette maison à l'épreuve des bébés », déclara notre fils aîné, Mark, en montant lourdement l'escalier, suivi de sa femme, Kim, et de sa petite de quinze mois, Hannah.

En visite pour le congé de l'Action de grâce, il finissait d'entrer ses bagages et de les déposer dans la chambre d'amis en bas. Après avoir conduit toute la journée de Salt Lake à Fort Collins, son caractère ressortait.

« Cette règle d'un doigt fonctionne peut-être avec les jumelles, mais jamais avec Hannah », insista-t-il.

Quand mes trois petites-filles sont nées à quatre mois d'intervalle et que les jumelles ont déménagé chez nous à huit mois, ma meilleure amie m'a offert son secret pour amuser les petits-enfants sans grand incident.

« Montre-leur la “règle d'un doigt”. » Ses cinq petits-enfants l'avaient apprise en bas âge. Le succès de la méthode m'étonna.

J'ai pris ma petite-fille dans mes bras et j'ai dit : « Mark, regarde-moi bien faire. » Je l'ai serrée contre moi et j'ai marché dans la grande pièce.

« Hannah, tu peux toucher tout ce que tu veux dans cette pièce. Mais tu ne peux utiliser qu'un seul doigt. »

J'ai démontré la technique en touchant de l'index la sculpture africaine sur le manteau de la cheminée. Hannah a suivi mon exemple.

« C'est bien, ma fille. Qu'est-ce que tu voudrais toucher maintenant? »

Elle a étiré le doigt vers un autre objet sur le manteau de la cheminée. Je lui ai permis de toucher à tout ce qui était en vue – plantes, objets de verre, télé, magnétoscope, lampes, haut-parleurs, bougies et fleurs artificielles. Si elle commençait à s'en emparer, je lui rappelais doucement de se servir d'un doigt. Elle obéissait toujours.

Mais Hannah, fille unique, possédait une personnalité plus aventureuse. Son père prévoyait que ça l'empêcherait d'accepter la règle d'un doigt.

Durant leur séjour de quatre jours, nous avons aidé Hannah à se souvenir de la règle d'un doigt. Elle a appris rapidement. Je n'ai rangé que les choses qui pouvaient représenter un danger pour une enfant. Autrement, nous la surveillions de près et rien ne semblait subir de dommages. Par ailleurs, les « choses » peuvent être remplacées.

Quelques traces de doigts sont demeurées sur les portes vitrées, les fenêtres et les tables après qu'Hannah et sa famille sont retournées chez eux. Je n'ai pas pu les nettoyer avant des jours. Chacune me rappelait une expérience merveilleuse avec Hannah.

Des mois plus tard, mon mari et moi sommes allés à Salt Lake, et j'ai observé Mark et Kim continuer à pratiquer la règle d'un doigt. Mais je me suis retenue de dire « je te l'avais dit ». Pourtant, je souriais intérieurement chaque fois qu'ils signifiaient à Hannah de toucher avec « un doigt ».

Mark, un vendeur, donnait toujours un sac de cadeaux à ses clients éventuels. La veille de notre retour à la maison, Mark était assis par terre, remplissant ses sacs de cadeaux.

Hannah l'aidait.

Puis elle a pris un cadeau, l'a tenu dans la main comme si c'était un oiseau fragile et a marché vers moi. À la hauteur de mon genou, ses beaux yeux bleus regardaient les miens. Elle m'a tendu son prix et a dit : « Un doigt, mamie! »

Linda Osmundson

Petite Marie

Le savoir dort et ronfle dans les bibliothèques, mais la sagesse est partout, bien éveillée, sur la pointe des pieds.

Josh Billings

J'ai toute une marmaille de grands enfants, dont plusieurs sont aux quatre coins du pays. Nous nous téléphonons souvent, et j'envoie des lettres bourrées de coupons-rabais pour les couches, la nourriture de bébé et des trucs. En retour, grand-papa et moi recevons des photos idiotes de nos petits-enfants qui grandissent ou des dessins aux crayons de cire faits à l'école.

Nous aimons les photos et les œuvres d'art, mais il nous manque de pouvoir assister à leurs matchs de soccer, leurs récitals de danse et leurs fêtes d'anniversaire.

L'été dernier, nous avons organisé une grande réunion de famille. Enfin, nous allions être capables de rassembler tous nos merveilleux petits-enfants.

Notre fils cadet est arrivé avec la dernière-née de nos petites-filles. Marie avait trois ans et des joues rondes qui suppliaient de se faire pincer. Ma belle-fille, bien intentionnée, a poussé Marie vers nous. « Donne des baisers à grand-maman et à grand-papa pour leur dire bonjour », dit-elle.

Marie sembla paniquée et se cacha derrière les jambes de sa mère. Elle s'y accrocha malgré les exhortations de notre bru à nous donner une étreinte et des baisers. Après un moment, j'ai dit que Marie voudrait peut-être nous embrasser une autre fois, quand elle nous connaîtrait mieux. Notre belle-fille, embarrassée, a convenu que ce serait mieux.

Durant toute la semaine que dura la réunion, Marie a continué de se cacher chaque fois que sa mère lui demandait de nous embrasser. Ça me peinait que ma propre petite-fille ait peur de moi. Le comportement de Marie renforçait la solitude que je ressentais à être si loin de mes enfants et de mes petits-enfants.

La semaine prit fin, et notre fils se préparait à partir pour l'aéroport. Je savais que ma bru tenterait une dernière fois d'obtenir que Marie nous embrasse. Je voulais que nos au revoir soient joyeux, alors j'ai décidé d'essayer autre chose.

Avant que ma belle-fille n'ait la chance d'insister pour un baiser, je lui ai dit que j'avais besoin de dire un au revoir spécial à Marie.

Je me suis penchée et j'ai regardé Marie droit dans les yeux. Nous nous sommes fixées du regard ainsi longtemps, jusqu'à ce que je doive me lever.

« Qu'est-ce que c'était que ça? » demanda mon fils.

Regardant toujours le petit visage pensif de Marie, j'ai dit : « Nos yeux se sont embrassés. »

Lentement, le visage de Marie s'est transformé. Un sourire est apparu d'une oreille à l'autre et elle a ri. Puis elle a couru vers moi et m'a enlacée. « Grand-maman idiote », murmura-t-elle à mon oreille, « tu vas me manquer. »

Elle va nous manquer aussi.

Angela D'Valentine

Viser plus haut

Ma petite-fille de six ans, Caitlynd, et moi sommes arrêtées manger un muffin aux bleuets dans une beignerie. En sortant de l'établissement, un jeune adolescent y entrait.

Ce jeune homme était rasé sur les côtés de la tête et avait une touffe de cheveux bleus hérissés sur le dessus. Il avait une narine percée, et une chaîne accrochée à l'anneau de son nez lui drapait le visage jusqu'à l'anneau qu'il portait à l'oreille. Il tenait une planche à roulettes sous un bras et sous l'autre, un ballon de basket.

Caitlynd, qui marchait devant moi, arrêta net lorsqu'elle vit le garçon. Je croyais qu'il lui avait fait peur et qu'elle avait figé sur place. J'avais tort.

Ma petite-ange s'est adossée à la porte et l'a ouverte aussi grand que possible. J'étais maintenant face à face avec le jeune homme. J'ai fait un pas de côté et l'ai laissé passer. Il a répondu par un gracieux : « Merci beaucoup. »

En allant à la voiture, j'ai félicité Caitlynd pour ses bonnes manières. Elle ne semblait pas troublée par l'apparence du jeune homme, mais je voulais en être certaine. Si c'était le temps d'une conversation de grand-mère sur la libre expression et la tolérance des différences, je voulais être prête. Il se trouve que la personne qui avait besoin de cette conversation, c'était moi.

La seule chose qu'avait remarquée Caitlynd au sujet du garçon était le fait qu'il avait les bras chargés. « Il aurait eu de la difficulté à ouvrir la porte. »

J'ai vu la tête partiellement chauve, la touffe de cheveux hérissés, les perçages et la chaîne. Elle a vu une personne portant quelque chose sous chaque bras et se dirigeant vers une porte close. À l'avenir, j'espère descendre à son niveau et élever ma vision.

Terri McPherson

Moe Birnbaum, le violoneux

Les petits-enfants nous redonnent notre appétit de vivre et notre foi en l'humanité.

Source inconnue

Moe Birnbaum n'avait pas gagné sa vie à jouer du violon, mais personne ne doutait qu'il était assez bon. Il avait plutôt, pendant 38 longues années, soutenu sa famille à l'aide d'un magasin de meubles. Il vendait ce qu'on appelait dans le métier des « biens d'imitation », des meubles de piètre qualité. Ils étaient toujours négociés à crédit et la clientèle n'était pas de la haute société.

Dans ses loisirs, les doigts de Moe faisaient danser son talent. Son archet faisait vibrer les airs avec grâce et, désormais à la retraite, chaque jour Moe faisait chanter les murs de son condo. Son violon n'avait aucune notion du temps. On pouvait entendre Moe jouer à toute heure, parfois trop tôt le matin. Alors, une chaussure était lancée sur le plafond de Moe, lancée par le vieux couple qui habitait au-dessus des Birnbaum. Moe attendait alors patiemment une demi-heure, pianotant, et avec beaucoup de retenue se gardait de pincer les cordes.

Quand il recommençait, certains d'entre nous applaudissaient derrière nos portes fermées, dansaient jusqu'à nos boîtes de céréales, versaient nos jus de pruneaux et tapaient du pied en attendant que siffle la bouilloire. Nous nous souvenions de tout le violon joué à des noces, dans les salles de restaurant où nous avions dansé et mangé tout le foie haché sur des craquelins.

Moe Birnbaum était vraiment le musicien de sa famille. Esther, sa femme, avait ses charmes, mais malheureusement la musique n'en faisait pas partie. Elle pouvait faire des choux farcis, mais ses talents étaient de cordon-bleu et non pour les cordes… Pourtant elle avait encouragé leurs deux enfants à apprendre le violon. Pendant que Moe était au magasin de meubles, c'est Esther qui supervisait les pratiques. Elle savait que c'était leur héritage.

Les enfants sont grands aujourd'hui. Ils viennent en Floride visiter leurs parents deux fois par année : à la période de Hanoukka et de la pâque juive. Moe et Esther contribuent au tarif aérien.

La musique de violon durant ces deux visites annuelles secoue les nuits humides de la Floride. Elle dure longtemps et se poursuit tard. Tout le monde est toujours invité à venir entendre les générations jouer. Même le vieux couple du haut s'assoit sur son balcon et écoute, le regard vitreux des souvenirs perdus sur le visage.

Les Birnbaum ne pouvaient pas rouler les tapis, pas la moquette fixe du condo, beige et boulochée, mais ils dansaient de toute façon. Les gens apportaient des canapés-partage. La concurrence faisait qu'il y avait toujours des assiettes pleines de saumon fumé et de poisson disposés parmi le hareng haché et les craquelins de seigle.

Moe et Esther avaient quatre beaux petits-enfants et, comme on pouvait s'y attendre, ils ne jouaient pas du trombone. Chaque année plutôt, comme les enfants grandissaient, un autre petit-enfant avait appris sur le violon Suzuki miniature, fait pour des petits doigts, et se joignait aux violons Birnbaum plus expérimentés, s'intégrant parfaitement. Moe pleurait ouvertement, ne tentant même pas de feindre qu'il ne sentait pas cette fierté extraordinaire devant sa réalité enrichie : sa progéniture savait jouer du violon.

Les années cruelles ont apporté l'arthrite qui rongeait les doigts de Moe. Esther avait elle aussi plus de difficulté à farcir ses choux. Mais Moe continuait à jouer, passant d'airs de danse endiablés à de la musique plus lente et romantique. Nous avons remarqué la différence mais nous dansions nous-mêmes plus lentement, et accueillions volontiers les changements de Moe.

Un jour sombre, Moe eut un accident cérébrovasculaire, deux semaines avant Hanoukka. Le bras qui avait tenu son archet demeurait courbé et inutile à sa taille, soutenu par une écharpe. Les gens qui les visitaient regardaient au-dessus, feignant de ne pas le voir. Moe ne pouvait pas parler, mais ses yeux indiquaient où était vraiment sa souffrance. C'était fini la musique pour Moe. Son violon reposait dans un coin du salon. Esther l'époussetait chaque fois qu'elle y pensait.

Dans les jours suivant l'accident, les enfants téléphonaient sans cesse, voulant se précipiter chez leurs parents, mais Esther disait : « Venez quand vous étiez censés venir. Je ne le laisserai pas mourir avant que vous arriviez. Ce sera mieux et moins cher. Vous avez déjà vos billets. Ne changez rien. Apportez seulement vos violons. »

Assis dans son lit, Moe l'entendit. Il enfouit la tête dans son oreiller et pleura, les larmes tombant sur son écharpe. Le soleil de fin d'après-midi dessinait des ombres mauves au plafond.

Les deux semaines s'étirèrent, mais ils arrivèrent enfin – ses deux enfants, leurs tendres épouses, avec les quatre petits-enfants et les six violons. Des mois auparavant, Esther avait prévu les installer dans les condos vides de deux amis partis visiter leurs enfants au Nord. C'était un des rituels de la vie en condo.

Esther nourrit tout son monde à la table grinçante. Avec toutes ses rallonges, elle remplissait le salon. Moe était assis dans le fauteuil roulant à une extrémité, silencieux, mais ses yeux brillaient. Il y avait deux poulets mijotés, du gruau de sarrasin, des plats de légumes fumants, des paniers de pain et assez de salade pour nourrir le reste des condominiums. Elle leur donna le coup de grâce avec sa fameuse compote de pommes.

Esther avait une tâche pour chacun. C'est seulement quand la vaisselle fut rangée et les restes mis de côté qu'elle donna le signal, déclarant que la cuisine répondait à ses normes supérieures de propreté. C'est alors qu'ils sortirent les violons de leurs étuis et que les six se mirent à jouer une chanson, écrite seulement pour Moe. Elle était remplie de blagues sur la musique et d'anecdotes familiales. Sans émettre un son, Moe rit. Ses yeux s'emplirent de larmes, alors ils la rejouèrent en entier.

Pour la deuxième pièce, ils avaient prévu quelque chose d'étonnant. La petite-fille la plus âgée, à sa première année du secondaire, ouvrit cérémonieusement l'étui du violon de Moe et déposa le violon de Moe sous son menton. Très tendrement, elle leva le bon bras de Moe et plia ses doigts sur les cordes. Puis, debout derrière lui, elle murmura à son oreille, et avec un sentiment de triomphe, elle se mit à jouer de l'archet pour son grand-père.

Les doigts de Moe trouvèrent la berceuse russe qu'il avait jouée pour elle quand elle était bébé, et plus tard, pour tous les nouveaux petits-enfants qui étaient venus avec les années où Esther et Moe gardaient pendant que les parents sortaient pour ces rendez-vous trop rares entre gens mariés.

Moe ne rata pas une note. La petite-fille jouait de l'archet avec le même talent que Moe. Tous chantèrent les paroles en russe. Et une fois de plus, le violon de Moe Birnbaum résonna dans les canyons des cours de Spoon Lakes Condominium.

Sidney B. Simon

Le dernier homme sur la Lune

Trop d'années ont passé pour que je sois encore le dernier homme à avoir marché sur la Lune.

Un soir, comme la pleine Lune montait brillante au-dessus des collines, j'ai pris ma petite-fille de cinq ans, Ashley, dans mes bras, tout comme j'avais déjà tenu sa mère, Tracy, sous un ciel nocturne semblable. Je croyais qu'elle était à présent assez vieille pour comprendre, pour se souvenir, et je me préparais à lui raconter l'histoire.

Avant que je puisse parler, elle pointa vers le haut et déclara d'une voix enthousiaste : « Papi, voici ta lune. » Elle l'avait toujours appelée ainsi, sans jamais savoir pourquoi.

« Sais-tu à quelle distance elle est, ma poulette? » ai-je demandé. Elle semblait perplexe, car une enfant de cet âge ne pouvait pas concevoir une telle distance, alors je continuai de parler, utilisant des mots qui lui étaient familiers.

« Elle est loin, loin, loin dans le ciel, là où Dieu habite », dis-je. « Papi a piloté sa fusée jusque-là et est resté sur cette lune pendant trois jours complets. J'ai même écrit les initiales de ta mère dans le sable. »

Ashley regarda la Lune un peu plus longtemps, puis baissa les yeux pour rencontrer les miens, et elle vit non pas un héros de l'espace en combinaison d'une époque d'avant sa naissance, mais seulement son grand-père aux cheveux argentés.

« Papi », dit-elle, « je ne savais pas que tu étais allé au ciel. »

Eugene Cernan et Don Davis

Ici avec moi

Dieu nous a donné des petits-enfants aimants pour nous récompenser de tous nos actes de bonté.

Roger Cochran

La semaine dernière, nous avons eu une des plus belles journées de ce printemps jusqu'ici.

Il faisait chaud avec une petite brise; le soleil pénétrait sous les chandails légers pour réchauffer la peau; la chorale des hommes se réchauffait, et les diplômés grouillaient sur la pelouse, derrière la foule de quelque six mille observateurs.

Avec tous les parents, frères, sœurs, grands-parents, oncles et tantes, l'université d'État bourdonnait d'activité. Mon neveu allait recevoir son baccalauréat. Qui aurait cru que quatre ans passeraient si vite?

Comme la foule des candidats fraîchement lavés et astiqués se promenaient, blaguaient, s'enlaçaient et causaient derrière les gradins, j'ai entendu sonner plusieurs téléphones cellulaires. Plusieurs conversations dénuées de sens avaient cours en même temps, accompagnant les rires d'étudiants pas tout à fait adultes, mais alors, une conversation en particulier a capté mon attention :

« Oui, grand-maman, je suis vraiment diplômée. Je n'y crois pas, moi non plus! Je ne croyais jamais que je serais ici aujourd'hui, tu sais? Vraiment! Oui, je sais! Ouais, c'est un jour très spécial… Oh, que t'a dit le médecin? Oh, oui? Je sais, grand-maman… Je sais que tu voulais venir… C'est correct… Non, je t'en prie, ne pleure pas… C'est un jour de bonheur, tu sais?

« Attends, on fait la file… o.k., je suis prête… oui, l'allée centrale… la pelouse est magnifique! Elle sent vraiment bon aussi… Oh, wow! Ils ont comme un milliard de ballons qu'ils vont lâcher! Oui, Kelly est ici… O.k., je vais lui dire que tu l'aimes… on y va! Grand-maman, je reçois mon diplôme!

« Je t'aime aussi, grand-maman. Je suis tellement contente que tu aies pu être ici avec moi! »

Et pour une raison ou pour une autre, ma surprise initiale et mon dédain de l'utilisation d'un téléphone cellulaire lors d'une occasion aussi sérieuse m'ont quittée. Car ces petits représentants de la technologie moderne avaient lié une jeune femme et sa grand-mère adorée afin de partager un moment très spécial dans le temps.

Gail C. Bracy

Le cadeau sans prix

Puissiez-vous avoir assez de bonheur pour vous rendre doux, assez d'épreuves pour vous rendre fort, assez de chagrin pour vous garder humain, assez d'espoir pour vous rendre heureux et assez d'argent pour m'acheter des cadeaux.

Shawna Whitmore

J'aime donner et recevoir des présents; c'est toujours si amusant de les ouvrir. Un jour, mon petit-fils Justin m'a envoyé six dollars et trente cents. Je ne pouvais pas trouver une seule bonne raison pour laquelle il m'envoyait cette somme. J'y ai pensé pendant un jour ou deux, puis je lui ai téléphoné.

Je lui ai demandé : « Pourquoi as-tu envoyé six dollars et trente cents à grand-maman? »

Justin m'a dit que je faisais toujours de si gentilles choses pour lui qu'il voulait me donner tout ce qu'il avait.

Après avoir raccroché, cette vieille grand-maman s'est assise et a eu une bonne crise de larmes.

Je savais dans mon cœur que je ne recevrais plus jamais un cadeau donné avec un amour aussi pur et innocent.

Irene (Seida) Carlson

Les mêmes intentions

Les petits-enfants nous rappellent avec amour pourquoi nous sommes vraiment ici.

Janet Lanese

Nous prenions place dans l'auditorium bondé, attendant la représentation pour voir la performance de notre petit-fils de sept ans, Tanner, dans le spectacle de Noël annuel de son école.

Il était difficile de dire qui était le plus excité – les enfants ou les spectateurs. J'ai regardé autour de moi et aperçu mon fils et sa femme, avec leur petit garçon de quatre mois, et les grands-parents maternels de Tanner, assis quelques rangées derrière nous. Nous nous sommes salués de la main et d'un sourire.

Puis je les ai vus – les grands-parents paternels « biologiques » de Tanner. Mon fils et la mère de Tanner s'étaient fréquentés brièvement à 16 ans, s'étaient séparés, puis s'étaient retrouvés un peu après avoir terminé le collège, quand Tanner avait à peine six mois. Même si ma belle-fille n'a jamais épousé le père de Tanner, les parents de celui-ci avaient fait valoir leurs droits comme grands-parents et avaient gagné. Tanner appelle mon fils « papa », mais il est tenu par ordonnance de la cour de visiter une fin de semaine sur deux les parents de son père « biologique ».

Nous avions accueilli Tanner dans notre cœur, comme le nôtre, et nous n'étions pas exactement disposés à le partager.

Cela avait toujours été un irritant pour moi. Nous ne les connaissions pas bien et je craignais le pire quand il allait avec eux pour leur fin de semaine. En rétrospective, nous aurions dû trouver louable qu'ils s'intéressent suffisamment à Tanner pour payer un avocat et s'infliger le système judiciaire complexe.

Nous étions donc là, séparés par quelques rangées de chaises pliantes. Il n'y avait que quelques occasions où nous nous étions retrouvés ensemble, et chacune de ces rencontres nous avait mis mal à l'aise. J'ai vu la femme nous regarder, faire signe à son mari et lui chuchoter à l'oreille. Il nous regarda immédiatement lui aussi.

Les oreilles me brûlaient comme si elles étaient en feu. J'essayais de me rappeler pourquoi nous étions là – notre lien commun, un enfant qui nous était si cher.

Un peu après le début de la représentation et durant l'heure suivante, nous avons été captivés. Avant de nous en rendre compte, les lumières se sont rallumées et nous prenions nos affaires pour nous en aller. Nous avons suivi la foule dans le hall et cherché notre petit-fils.

Nous l'avons vite trouvé, et soudain, trois paires de grands-parents étaient rassemblées, chacune attendant son tour pour féliciter Tanner de sa brillante prestation. Nous nous sommes toisés et avons lancé un bref « bonsoir ».

Finalement, ce fut notre tour d'embrasser Tanner et de discuter de sa tâche bien accomplie. Ses yeux brillaient et il était manifestement fier d'être l'objet de tant d'adoration.

Je me suis penchée pour entendre ce qu'il disait : « Grand-maman, je suis tellement chanceux! » s'exclama Tanner, tapant dans ses mains.

« Parce que tu as fait du si bon travail? » demandai-je innocemment.

« Non, parce que toutes mes personnes préférées sont ici! Ma maman, papa, mon petit frère, et *tous* mes grands-papas et grands-mamans sont ici ensemble, juste pour *me* voir! »

J'ai levé les yeux, stupéfaite de sa remarque.

Mes yeux ont croisé ceux de « l'autre » grand-maman, et je pouvais voir qu'elle se sentait aussi honteuse que moi. J'étais horrifiée par mes pensées et mes sentiments au cours de toutes ces années.

Qu'est-ce qui m'avait donné le droit exclusif d'aimer ce petit garçon? Les autres grands-parents l'aimaient manifestement autant que nous, et Tanner aimait naturellement chacun de nous. Nul doute qu'ils avaient aussi leurs craintes à notre égard. Comment pouvions-nous être si aveugles?

En regardant autour de moi, je voyais que nous avions tous honte de nos sentiments antérieurs à ce propos. Nous nous sommes parlé brièvement, dit au revoir et sommes partis chacun de notre côté.

J'ai beaucoup réfléchi à notre rencontre depuis ce soir-là, et j'admets que je me sens comme si un poids avait été enlevé de mes épaules. Je ne crains plus les visites de fin de semaine de Tanner comme avant.

J'ai découvert que nous avons tous les mêmes intentions – aimer un petit garçon qui appartient vraiment à nous tous.

Patricia Pinney

L'amour ne fait pas tourner le monde. L'amour est ce qui fait que la balade en vaut la peine.

Franklin P. Jones

Acheter quelque chose pour soi

La présence des enfants guérit l'âme.

Fiodor Dostoïevski

Notre petite-fille Tanisha a bondi de l'énorme autobus scolaire jaune et couru sur le trottoir, son sac à dos se balançant, et elle brandissait quelque chose dans la main. J'ai ouvert la porte et elle est entrée en coup de vent.

« Grand-papa! Grand-maman! » cria-t-elle tout excitée. « Je ne savais pas que vous veniez nous voir. »

Grand-papa la souleva et la fit virevolter. « Qu'est-ce que tu as dans la main? » demanda-t-il.

« C'est mon bulletin », répondit-elle en le lui tendant.

Grand-papa se tourna vers moi et dit : « Regarde ça, grand-maman, elle n'a que des "A"! »

« Wow! C'est merveilleux », ai-je répondu, la prenant dans mes bras.

« Tous ces "A" méritent un spécial. Qu'est-ce que tu voudrais que je t'achète? » demanda grand-papa.

« Je ne sais pas, grand-papa. »

Fouillant dans sa poche, il en sortit un billet de cinq dollars.

« Tiens. Tu peux acheter quelque chose pour toi. Qu'est-ce que tu en penses? »

« Merci, grand-papa! » cria-t-elle de sa voix perçante.

« C'est de la part de grand-maman aussi », dit-il en me jetant un regard qui cherchait mon approbation.

Tanisha se tourna vers moi et répéta : « Merci, grand-maman. »

« De rien, ma chérie. Nous sommes très fiers de toi. Dépense-le prudemment », ai-je ajouté.

En la regardant s'élancer hors de la pièce avec son trésor, je songeais à quel point elle nous manquait, notre petite-fille aux yeux brillants et aux cheveux bouclés. Tanisha avait vécu les premières années de sa vie avec nous en Californie, tandis que ses parents faisaient leur stage obligatoire en mer avec la marine. Aujourd'hui, elle est avec son père et sa mère ainsi qu'avec son petit frère et sa sœur. Ils habitent une base militaire à Washington, D.C. À sept ans, elle est déjà en deuxième année et grandit si vite que nous avons peine à la reconnaître.

Comme la plupart des grands-parents qui ne visitent leurs petits-enfants que quelques fois par année, nous faisons de notre mieux pour les gâter quand nous voyons ces précieux chérubins! Les cinq dollars pour le bulletin n'étaient qu'une partie des gâteries. Nous n'avons pas pensé que c'était là plus d'argent qu'elle n'en avait jamais eu. Nous n'avons pas réalisé l'énorme responsabilité que ce serait pour cette petite fille de sept ans.

Quand nous sortions durant la semaine de notre visite, nous lui demandions s'il y avait quelque chose qu'elle avait vu qu'elle voudrait acheter avec son argent. Elle fouillait les tablettes pour trouver l'article parfait. Elle soupirait, plissait le nez et réfléchissait en regardant avec soin, mais elle ne pouvait pas trouver une seule chose qu'elle voulait acheter avec son tout nouveau trésor. Elle disait vouloir le garder pour quelque chose de très spécial.

« Quand tu le verras, tu sauras », ai-je dit. « Ne t'en fais pas avec ça. »

Après une semaine de livres et de films, de crème glacée et de terrain de jeu chez McDonald, il était temps pour grand-papa et moi de retourner à la maison. Nous sommes partis le visage long et les yeux tristes. Nous allions nous ennuyer du plaisir que Tanisha et nos deux autres petits-enfants apportaient dans notre vie lors de notre séjour. Mais le travail nous appelait, nos vacances achevaient.

Une fois à la maison et de retour aux activités quotidiennes, grand-papa et moi avons oublié la récompense du bulletin que nous avions laissée à notre petite-fille la plus âgée. Ce n'est que des mois plus tard que je me suis souvenue de notre cadeau et que je lui ai demandé : « En passant, qu'est-ce que tu as acheté avec ces cinq dollars que grand-papa et moi t'avons donnés pour tous tes "A" dans ton bulletin? J'espère que c'était quelque chose de spécial. »

« Oh, c'était spécial », dit-elle. « Mais je n'ai rien acheté. »

Confuse, j'ai demandé : « Qu'est-ce que tu veux dire? »

« Je l'ai dépensé. Je n'ai simplement rien acheté. Je l'ai donné à la quête à l'église. »

« Oh! » ai-je dit, une boule de fierté dans la gorge. « C'était très beau de ta part. »

« Il y avait une quête spéciale à l'église pour les pauvres. Je me suis dit que leurs enfants en avaient plus besoin que moi. Alors quand ils ont passé la corbeille, je l'ai mis dedans », dit-elle, comme si c'était un geste anodin.

« Comme c'est délicat de ta part. » Les larmes roulaient sur mes joues, j'étais émue par sa générosité. « Je suis encore plus fière de toi », ai-je rajouté. « Je t'aime beaucoup. »

« Je t'aime aussi, grand-maman. Est-ce que je peux parler à grand-papa? » demanda-t-elle.

Grand-papa me regarda, l'air inquiet. Il chuchota : « Pourquoi pleures-tu? »

Je lui remis l'appareil en disant : « Tiens, elle veut te parler. »

Nous voulions que notre petite-fille s'achète quelque chose de spécial pour elle. En fin de compte, c'est exactement ce qu'elle a fait. Elle s'est acheté quelque chose que nous n'aurions jamais pu lui donner. Elle a acheté le don de donner aux autres, de faire quelque chose pour quelqu'un dans le besoin.

Sans le savoir, elle nous a acheté des cadeaux également. Elle nous a acheté l'assurance que nous n'avons pas manqué à nos devoirs durant les années de développement qu'elle avait passées avec nous – et une fierté spéciale de pouvoir l'appeler notre petite-fille!

Karen Brandt

Le don de donner

La bonté est plus importante que la sagesse, et reconnaître ce fait est le début de la sagesse.

Theodore Isaac Rubin, M.D.

Mamie et papi vivaient à l'autre bout du pays. Même si nous téléphonions souvent, cela faisait vingt ans que je ne les avais pas vus en personne. Leur santé se détériorait et l'âge les gardait près de la maison. Mes responsabilités à la maison avec un mari, deux jeunes enfants et un emploi à temps partiel m'empêchaient de leur rendre visite.

Je me suis fait un devoir d'y aller en mars, une année. J'avais parlé à mamie et je m'étais rendu compte que, désormais octogénaires, ils n'allaient pas être là pour toujours – même si c'était ce que je souhaitais. J'ai fait mes préparatifs et pris l'avion pour y rester une semaine.

Dès que j'ai passé la porte, j'étais de nouveau chez moi. Les souvenirs d'une enfance depuis longtemps révolue me sont revenus. Les biscuits cuisant dans le four chaud, regarder mamie glacer le gâteau et me laisser plonger dans le bol de glaçage quand elle avait terminé. Les merveilleux vêtements qu'elle cousait, des robes ornées de smocks et des shorts avec des hauts assortis.

Comme elle le faisait souvent dans ses lettres, elle racontait comment j'étais, petite fille, et comment elle m'avait donné le second prénom de Muriel. Je ne lui ai jamais dit à quel point on m'a agacée enfant à cause de ce nom – soudain, il était plus joli et sa singularité même était tellement comme mamie.

Papi parlait des deux guerres auxquelles il avait survécu, et je lui ai dit à quel point j'étais fière de savoir qu'il avait si bien servi son pays. Il me faisait rire et je crois que je le faisais se sentir jeune de nouveau, même si ce n'était que passager.

Par contre, il m'a fait pleurer. Il m'a dit que mamie et lui avaient cessé de célébrer Noël quelque dix années auparavant. Ils étaient simplement trop vieux.

Comment peut-on laisser Noël passer inaperçu? Mes meilleurs souvenirs de Noël étaient quand ils vivaient avec nous et que j'étais enfant. Ils aimaient le temps des Fêtes et allaient toujours à la messe de minuit. Papi emmenait mes frères, mes sœurs et moi couper l'arbre, tandis que mamie faisait tous les biscuits de Noël imaginables, puis décorait aussi l'arbre de Noël. Notre maison était remplie de l'amour et de l'harmonie que j'ai toujours associés à Noël. Je ne pouvais pas croire qu'ils avaient arrêté de le célébrer.

Papi expliqua qu'ils étaient trop vieux pour se préoccuper d'un arbre et que leurs amis étaient trop vieux pour venir le voir. Même magasiner était trop difficile maintenant, et leurs denrées essentielles leur étaient toutes livrées. J'avais envie de pleurer pour la joie qu'ils avaient déjà eue – et perdue.

Cette semaine demeure une des plus joyeuses de ma vie. Savoir que c'était peut-être la dernière fois que je les voyais l'un ou l'autre m'attristait, mais j'étais déterminée à en faire un séjour heureux. Je les ai emmenés dîner tous les deux – ce qu'ils n'avaient pas fait depuis plus de deux ans, depuis que mamie s'était fait opérer à la hanche. Je sais qu'ils ont passé un bon moment. Dire au revoir a été difficile. Papi, mon héros, a pleuré et mamie a tout fait pour se retenir. Elle n'a jamais réussi. J'ai pleuré tout le long du vol de retour.

Comme Noël approchait, je pensais à eux plus que jamais. Je voulais faire quelque chose pour qu'ils sachent que je pensais à eux. L'idée m'est venue de leur redonner Noël, et c'est ce quc j'ai entrepris de faire.

D'abord, j'ai trouvé un petit arbre artificiel que j'ai décoré avec de petites lumières et des fils d'or. J'ai ajouté des cadeaux enveloppés de toutes les couleurs pour chacun d'eux; des pantoufles, des chocolats, un foulard tricoté à la main pour papi et une jolie liseuse pour mamie. J'ai confectionné une boîte de biscuits et de carrés, qui provenaient des recettes de mamie pour la plupart. Puis j'ai rempli des bas pour chacun d'eux avec des articles de toilette enveloppés et attachés avec du ruban.

Sur la carte, j'ai écrit qu'ils m'avaient donné tant de souvenirs merveilleux au fil des ans que je voulais leur en donner de nouveaux. Je leur ai demandé de me promettre d'installer l'arbre et d'étaler les cadeaux autour. Ma dernière directive était : « Ne pas ouvrir avant Noël! »

J'ai posté le colis, réfrénant à peine mon excitation. Mamie m'a téléphoné dès qu'il est arrivé. Elle pleurait et cette fois ne tentait même pas de s'en cacher. Nous avons parlé longtemps, nous remémorant les Noëls d'antan, et quand j'ai été certaine qu'ils avaient monté l'arbre, j'ai promis de téléphoner le matin de Noël.

Quand mes garçons ont eu ouvert tous leurs présents, j'ai fait l'appel tant attendu. Papi a répondu à la première sonnerie. Je trouvais qu'il avait un ton étrange et nous avons parlé brièvement, puis mamie a pris l'appareil.

« Nous étions comme deux enfants, dit-elle. Aucun de nous n'a dormi la nuit dernière. J'ai même surpris Harry dans le salon en train de secouer un des paquets et j'ai dû le renvoyer se coucher. Chérie, c'est la première fois depuis des années que nous sommes si excités. Ne le dis pas à ton grand-père, mais après qu'il est retourné au lit, il fallait que je secoue quelques paquets moi-même. »

J'ai ri, les imaginant tous deux filer en douce pour deviner quels cadeaux j'avais envoyés. Je souhaitais qu'il y ait eu plus d'argent pour envoyer des cadeaux plus chers, et j'ai dit à mamie que peut-être, l'an prochain, ils seraient mieux.

« Ton grand-père ne peut pas parler en ce moment parce qu'il est trop occupé à pleurer. Il n'arrête pas de dire, "C'est toute une petite-fille que nous avons là, Muriel". »

Hope Saxton

Grand-maman informatique

D'autres choses peuvent nous changer, mais nous commençons et nous finissons avec la famille.

Anthony Brandt

Mes yeux se remplirent de larmes en embrassant ma famille à l'aéroport de Sydney, en Australie. Étant donné que c'était très cher d'y venir d'Amérique, je savais que je ne reviendrais pas voir mon fils, ma belle-fille australienne et mes précieux petits-enfants avant au moins deux ans.

Tracy, neuf ans, et Phillip, onzc ans, étaient nés en Australie. Je ne les avais vus que cinq fois dans leur courte vie – un mois à tous les deux ans. Je voulais tant être une bonne grand-maman pour eux, comme ma grand-mère l'avait été pour moi. Je voulais leur faire des biscuits maison, visiter leur école, assister aux récitals de danse de Tracy et aux tournois de quilles de Phillip. Je voulais qu'ils soient capables de venir à moi quand ils avaient mal et de me laisser essuyer leurs larmes et les enlacer. Je voulais pouvoir leur parler chaque jour – les écouter rire, connaître leurs rêves, dire « je t'aime ».

Chaque fois que nous nous séparions, le cœur me faisait un peu plus mal. Mais durant cette visite, Tracy et Phillip m'avaient donné un fol espoir pour l'avenir. Ils m'avaient parlé sans arrêt de leur nouvel ordinateur et dit que, si j'en achetais un, nous pourrions communiquer tous les jours!

« Rappelle-toi, grand-maman », cria Tracy comme je faisais au revoir de la main, « achètc un ordinateur! Et écris-nous! »

« Chaque jour! » renchérit Phillip. « Nous allons t'écrire aussi. »

Et c'est ainsi que j'abandonnai ma vieille machine à écrire et que j'ai fait le saut terrifiant dans l'ère rapide de la haute technologie du courriel. Tout dans mon nouvel ordinateur m'effrayait. J'avais peur de toucher le clavier de crainte d'effacer quelque chose d'important ou de causer un tort quelconque. J'ai même eu de la difficulté à démarrer avec l'encart de conseils rapides d'une page :

Cliquez sur l'icône Windows.

(*Attendez!* Je voulais hurler. *Comment est-ce que j'allume l'ordinateur?*)

Cliquez sur le bouton Démarrer, situé sur la barre de tâches.

(*C'est quoi une barre de tâches?*)

Pointez Programmes avec le curseur de la souris.

(*Quelle partie de cette souris idiote est le curseur?*)

Grand-papa s'est mis à s'interroger sur ma santé mentale quand il m'a entendu parler à la machine, à voix haute, régulièrement :

ATTENTION! Présence d'un MAPI.DLL invalide. Impossible d'offrir le service MAPI.DLL.

(*Est-ce que j'ai demandé un service?*)

ATTENTION! Ce programme a exécuté une opération illégale et va être fermé.

(*Eh bien, ferme-toi tout de suite. Je ne veux pas travailler avec des trucs illégaux de toute façon.*)

ATTENTION! Un délai d'impression est survenu.

(*Quoi?! Mon imprimante fait une pause? Qui est le patron ici?*)

Mes premières semaines d'apprentissage ne furent pas amusantes. J'ai passé des jours et des soirs entiers à lire des tutoriels. J'ai acheté *Windows pour les nuls*. J'ai patienté des heures en attente, le téléphone collé à l'oreille, pour communiquer avec un technicien en chair et en os de la ligne secours. J'ai harcelé mes amis avec des appels importuns – à sept heures du matin, à l'heure des repas et à l'heure du coucher – leur demandant comment simplement quitter un entassement de programmes qui m'avait envoyée dans les limbes.

La machine est devenue mon châtiment et simultanément le héros qui pouvait me lier à ma famille. C'était vraiment une relation amour-haine. Mais aucun obstacle, technologique ou autre, ne pouvait me détourner de la possibilité d'avoir des nouvelles de mes petits-enfants à chaque jour!

J'ai manqué une si grande partie de leur vie. Mais grâce au courrier électronique, tout a changé. Maintenant, un mois et des douzaines de messages plus tard, j'ai des nouvelles de dernière minute de Tracy et Phillip!

Par courriel, Phillip parle à son grand-père et à moi de son rôle dans la pièce de l'école. Il nous régale de ses aventures, comme quand il s'était fait prendre par la pluie à vélo. Et il nous rend fiers en nous annonçant ses résultats en maths.

Lors de ma dernière visite, je lui ai enseigné un langage idiot appelé « Op ». Récemment, il a envoyé un message complet par courriel utilisant notre « code secret » – une tâche ardue. La meilleure partie était, *Opje t'opaime bopeauopcoup!* Traduction : je t'aime beaucoup!

Tracy a eu dix ans la semaine dernière. Nous étions au courant des projets d'anniversaire dès le premier jour – la poupée de porcelaine qu'elle espérait avoir, l'anticipation d'une soirée pyjama avec trois de ses amies et un gâteau du Roi Lion.

Lors de sa soirée pyjama, nous avons souri au message de son père se plaignant du tintamarre. Nous avons vite répondu à Tracy en disant : « Nous avons dû fermer les fenêtres parce que nous entendions tes amies et toi jusqu'ici, de l'autre côté de l'océan. »

Sa mère a répondu sur-le-champ : « Je viens d'aller lire votre message aux filles. Elles ont commencé par s'excuser, puis elles se sont rendu compte que c'était une blague. La mine qu'elles avaient était indescriptible! »

Avant longtemps, nous avons reçu un court message de Tracy. C'était presque comme si nous étions là pour sa fête en personne.

Les enfants m'écrivent quand ils sont heureux. Et ils m'écrivent quand ils ont mal. Ils partagent des secrets qu'ils ne révèlent même pas à papa et à maman, et ils me posent des questions auxquelles seule une grand-maman peut répondre.

Je ne peux pas essuyer leurs larmes ou mettre mes bras autour d'eux et les enlacer de près. Mais je peux « écouter » et montrer à quel point je les aime avec mon empathie et mes conseils. Je peux leur envoyer des blagues hilarantes et des poèmes délicieux. Je peux leur dire combien je les aime – chaque jour.

Je fais encore beaucoup d'erreurs sur mon ordinateur, et le cœur me tressaille encore quand je reçois un de ces menaçants messages ATTENTION!. Le plus récent me disait que j'avais commis une « erreur fatale ». *Fatale!* J'ai failli lancer le tapis de ma souris. Mais le même jour, nous avons reçu un message de Tracy qui disait : « Je vous aime "touédeux" plus que le monde entier! »

Pour *cela,* je prendrai toutes les insultes que cette merveille de puces et de carte mère voudra bien me servir.

Appelez-moi Grand-maman Informatique!

Kay Conner Pliszka

2

L'AMOUR D'UN GRAND-PARENT

Grand-maman, grand-papa,
racontez-moi une histoire
et enveloppez-moi de votre amour.
Quand je suis dans vos bras,
le monde semble petit
et nous sommes bénis des cieux.

Laura Spiess

Le piano d'acajou rouge

Les gens ne voient que ce qu'ils sont disposés à voir.
Ralph Waldo Emerson

Il y a bien longtemps, quand j'étais un jeune homme dans la vingtaine, j'étais vendeur pour une entreprise de pianos de St. Louis. Nous vendions nos pianos dans tout l'État en plaçant des annonces dans les journaux des petites villes, et lorsque nous avions reçu suffisamment de réponses, nous chargions nos camionnettes, allions dans la région et vendions les pianos à ceux qui avaient répondu.

Chaque fois que nous faisions de la publicité dans la région du coton du sud-est du Missouri, nous recevions une carte postale qui disait, en gros : « Veuillez m'apporter un piano neuf pour ma petite-fille. Il faut qu'il soit en acajou rouge. Je peux vous donner dix dollars par mois de l'argent de mes œufs. » La vieille dame écrivait sur la carte postale jusqu'à ce qu'elle soit remplie, puis la retournait et écrivait même au recto – sur les contours, jusqu'à ce qu'il y ait à peine d'espace pour l'adresse.

Bien sûr, nous ne pouvions pas vendre un piano neuf à dix dollars par mois. Aucune société de financement n'accepterait de contrat avec des versements si modestes, alors nous ignorions ses cartes postales.

Un jour, cependant, je me trouvais dans la région pour répondre à d'autres commandes et, par curiosité, j'ai décidé d'aller voir la vieille dame. J'ai trouvé plus ou moins ce à quoi je m'attendais; la vieille dame vivait dans une cabane de métayer d'une pièce, au milieu d'un champ de coton. La cabine avait un plancher de terre, et il y avait des poules à l'intérieur. Manifestement, elle n'aurait rien pu acheter à crédit – pas de voiture, pas de téléphone, pas d'emploi stable, rien sauf un toit sur la tête, et encore là, pas un très bon toit. Je pouvais voir la lumière du jour s'infiltrer à plusieurs endroits. Sa petite-fille avait environ dix ans, était pieds nus et portait une robe faite d'une poche de moulée.

J'ai expliqué à la vieille dame que nous ne pouvions pas lui vendre un piano neuf à dix dollars par mois, et qu'elle devrait arrêter de nous écrire chaque fois qu'elle voyait notre annonce. Je suis reparti le cœur retourné, mais mon conseil n'a pas porté fruit – elle nous envoyait encore la même carte postale toutes les six semaines. Elle voulait toujours un piano neuf, en acajou rouge s'il vous plaît, en promettant de ne jamais omettre un paiement de dix dollars. C'était triste.

Quelques années plus tard, je suis devenu propriétaire de ma propre entreprise de pianos et quand j'ai placé des annonces dans cette région, les cartes postales ont commencé à me parvenir. Pendant des mois, je les ai ignorées – que pouvais-je faire d'autre?

Mais alors, un jour que j'étais dans la région, quelque chose m'a frappé. J'avais un piano d'acajou rouge dans ma camionnette. Même si je savais que j'allais prendre une très mauvaise décision d'affaires, je lui ai livré le piano et lui ai dit que je me chargerais moi-même du contrat à dix dollars par mois, sans intérêt, et que cela signifiait 52 versements. J'ai transporté le piano neuf dans la maison et l'ai déposé là où le toit était le moins susceptible de couler. J'ai conseillé à la dame et à sa petite-fille de tâcher de ne pas laisser les poules grimper dessus, et je suis parti – convaincu d'avoir jeté un piano neuf.

Mais les versements me sont parvenus, au nombre de 52 comme convenu – parfois avec des pièces de monnaie collées à une carte dans l'enveloppe. C'était incroyable!

J'ai donc chassé l'incident de mon esprit pendant vingt ans.

Puis un jour, j'étais à Memphis pour affaires et après un dîner au Holiday Inn du Levee, je suis allé au bar. Assis au bar avec un pousse-café, j'ai entendu une sublime musique au piano derrière moi. Je me suis retourné, et il y avait une charmante jeune femme qui jouait sur un très beau piano à queue.

Étant assez bon pianiste moi-même, j'étais étonné de sa virtuosité, alors j'ai pris mon verre et me suis assis à une table près d'elle, où je pouvais écouter et regarder. Elle m'a souri, a sollicité des demandes spéciales et à la pause, elle s'est assise à ma table.

« N'êtes-vous pas l'homme qui a vendu un piano à ma grand-mère il y a longtemps? »

Je ne me souvenais pas, alors je lui ai demandé d'expliquer.

Elle s'est mise à me raconter et soudain, je me suis souvenu. Mon Dieu, c'était elle! C'était la petite fille pieds nus avec la robe faite d'une poche de moulée!

Elle m'a dit qu'elle s'appelait Élise et qu'étant donné que sa grand-mère ne pouvait pas lui payer de cours, elle avait appris à jouer en écoutant la radio. Elle me dit qu'elle avait commencé à jouer à l'église où elle et sa grand-mère parcouraient plus de trois kilomètres à pied pour se rendre, puis qu'elle avait joué à l'école, avait gagné de nombreux prix et une bourse d'étude en musique. Elle avait épousé un avocat de Memphis, qui lui avait acheté le magnifique piano à queue sur lequel elle jouait.

Une autre pensée m'est venue. « Élise », ai-je demandé, « c'est un peu sombre ici. De quelle couleur est ce piano? »

« Il est en acajou rouge », dit-elle. « Pourquoi? »

J'étais bouche bée.

Comprenait-elle la signification de l'acajou rouge? L'incroyable audace de sa grand-mère qui insistait sur un piano d'acajou rouge quand quiconque sain d'esprit ne lui aurait vendu quelque piano que ce soit? Je ne sais pas.

Et ensuite, la merveilleuse réussite de cette belle enfant terriblement défavorisée dans sa robe faite d'une poche de moulée? Non, peut-être ne comprenait-elle pas cela non plus.

Mais moi je comprenais, et la gorge me serrait.

Enfin, j'ai retrouvé ma voix : « Je m'interrogeais simplement », ai-je dit. « Je suis très fier de vous, mais je dois me rendre à ma chambre. »

Et je devais vraiment aller dans ma chambre, parce que les hommes n'aiment pas être vus à pleurer en public.

Joe Edwards

L'amour d'un grand-père

La personne qui a le plus vécu n'est pas celle qui compte le plus grand nombre d'années mais bien celle qui possède les expériences les plus riches.

Jean-Jacques Rousseau

J'ai regardé de la terrasse de ma chambre d'hôtel, intrigué. Un homme âgé aidait une jeune fille qui avait peine à marcher sur la plage. *Il doit être son grand-père,* me suis-je dit. J'étais attiré par la situation du couple et j'ai tressailli quand elle est tombée. L'homme grisonnant l'a aidée à se relever, et elle s'est remise à marcher péniblement dans le sable.

Le même soir, j'ai mangé au restaurant de l'hôtel et j'ai observé la même jeune fille se lever de table et prendre sa marchette. Elle l'a agrippée fermement des deux mains et, s'y appuyant lourdement, elle est sortie du restaurant en souriant.

Sirotant mon café dans le hall de l'hôtel le lendemain matin, j'ai remarqué une annonce au babillard. « Relais des jeux olympiques spéciaux ». *Ah,* me suis-je dit, *c'est probablement la raison des leçons de marche.*

Au cours des trois jours suivants, j'ai observé le grand-père travailler patiemment avec son élève. « Tu peux y arriver, ma chérie. Levons-nous et essayons de nouveau. » Ainsi encouragée, elle se remettait difficilement sur pied.

Le matin des jeux olympiques, comme je rencontrais des amis dans le hall, un magnifique bouquet de roses a été livré à la réception. La jeune fille est bientôt apparue pour réclamer sa livraison, son visage s'illuminant à la vue des fleurs. Elle a souri en lisant la carte.

Comme elle s'éloignait, la carte lui a glissé des mains et elle a poursuivi sa route dans le hall. J'ai marché rapidement pour la récupérer, jetant un coup d'œil aux mots manuscrits et courant à sa suite : « À mon Elizabeth chérie – tu as été le meilleur stimulant pour mon cœur ces derniers jours. Je t'aime et je suis fier de toi. Que tu gagnes ou que tu perdes, tu seras toujours mon petit miracle de Dieu. Avec amour, grand-papa. » Elle avait disparu au coin, j'ai donc mis la carte dans ma poche pour la lui remettre plus tard.

Désormais lié à la petite fille et à son grand-père, je me sentais obligé de regarder son épreuve olympique – le 500 mètres. C'était vraiment une battante. J'ai applaudi quand elle a franchi le fil d'arrivée, en deuxième place. Elle souriait debout sur le podium de la victoire, et une larme a coulé sur sa joue quand on lui a mis la médaille autour du cou. Elle a dit à la foule : « Je veux remercier tout particulièrement mon grand-père qui a cru en moi quand je n'avais personne d'autre. »

Je l'ai retrouvée plus tard et lui ai remis la carte. J'ai dit : « Félicitations ! » En parlant, elle m'a appris que ses parents et elle avaient été percutés par un chauffeur ivre trois ans auparavant. Elle était la seule survivante. Son grand-père me serra la main et dit : « Par la grâce de Dieu, cette petite fille est en vie et capable d'accomplir ce qu'elle a fait aujourd'hui. »

Elizabeth a souri et enlacé son grand-père. « Tout le monde a désespéré de me revoir marcher un jour. Mon grand-papa est le seul qui n'a pas abandonné. »

Scot Thurman

Cadeau d'une autre grand-mère

La mesure de l'amour n'est pas à quel point cet enfant m'aime, mais plutôt à quel point j'ose aimer cet enfant.

Lois Wyse

Notre fils Bob a déposé une petite étrangère au milieu de notre salon. « Maman, papa, voici ma Bridget. » Bridget, deux ans et demi, était là et souriait simplement, ses yeux noisette dansant de l'un de nous à l'autre. Elle est née à l'extrême nord du Canada, là où elle pouvait contempler les aurores boréales de sa cour. C'était son premier voyage dans l'État de Washington, et elle m'a coupé le souffle.

Nous nous sommes enlacées et saluées l'une l'autre en riant, puis j'ai demandé si Bridget aimerait m'aider dans la cour. Nous avons rassemblé tous les outils, et comme je m'agenouillais dans la plate-bande de pensées sous les bouleaux, Bridget a approché son petit corps dodu en se tortillant. « Grand-maman, as-tu le droit de te salir? »

« Certainement, et toi aussi. »

Le lendemain matin, nous avons lancé nos sacs de couchage et nos victuailles dans les camions et nous sommes dirigés vers la mer. Bridget était assise bien droite entre son grand-père et moi. Comme nous démarrions dans l'entrée, elle m'a souri et m'a pris le bras avec précaution, l'a enserré entre ses deux mains potelées et ne l'a pas lâché durant plus de 300 kilomètres.

Bridget avait appris le mot « grand-maman » de la mère de notre belle-fille, qui vivait près de chez eux. Alors nous n'avons pas eu besoin de temps pour faire connaissance. « Cours, grand-maman, cours », m'enjoignait Bridget comme nous nous tenions par la main, visages au vent, et que nous courions vers les vagues de l'océan. Elle ricanait et éclaboussait tandis que le soleil et l'eau dessinaient des arcs-en-ciel sur nos orteils au bord de l'eau.

Ce soir-là, Bridget est restée à mes côtés lorsque nous avons grillé des guimauves, nos joues et nos doigts se confondant avec des traces de petite douceur blanche et collante. Au coucher, elle a déroulé son sac de couchage et l'a déposé sur le plancher de toile à côté de mon vieux lit de camp dans notre tente de huit mètres carrés. Grand-papa ronflait déjà et les autres petits-enfants avaient choisi de dormir à la belle étoile avec oncle Brian. Bridget et moi parlions d'apporter nos seaux à la plage le lendemain matin quand elle a porté ma main à ses lèvres : « Grand-maman 'Reen dit que tu es gentille. » Et nous avons dérivé vers nos rêves au roulement prometteur des vagues et du sable déplacé qui berçaient notre univers.

Au milieu de la nuit, un son m'a réveillée. Et dans la première lueur de l'aube qui pénétrait la moustiquaire de la tente, j'ai vu Bridget s'asseoir dans son sac de couchage et s'appuyer sur mon lit de camp. Elle s'est penchée sur mon ventre et m'a enlacée, puis a posé ses lèvres sur ma joue. Elle m'a délicatement tapoté le bras. Puis elle a réintégré son sac Mickey Mouse, fermant ses cils noirs et lissant sa queue de cheval sur l'oreiller.

J'ai retenu mon souffle et suis restée sans bouger, laissant couler des larmes chaudes pour imprégner le souvenir de la visite de Bridget au plus profond de mes os. Je tenais un trésor, le cœur prêt et ouvert de ma petite-fille, le cadeau de grand-maman Maureen, à près de 3500 kilomètres au nord.

Doris Hays Northstrom

Nous ne divorcerons jamais d'avec toi

Ce que le cœur sait aujourd'hui, la tête le comprendra demain.

James Stephens

Cher petit-enfant,

Grand-maman et grand-papa savent que tu as mal en ce moment parce que maman et papa se séparent. On appelle cela un « divorce », et tu connais probablement d'autres enfants qui ont aussi connu cela. Ça arrive souvent, plus souvent qu'on le voudrait bien, mais nous voulons que tu saches que tu n'es pas seul. À l'école, demande aux autres et tu trouveras certainement des tas d'amis qui ont traversé ce que tu traverses en ce moment. Et ils survivent. Tu vas survivre aussi, même si grand-maman et grand-papa savent que ce n'est probablement pas ce que tu ressens en ce moment.

Ce n'est pas du tout amusant, n'est-ce pas? Il y a si peu de temps, tout semblait bien aller, et maintenant tout semble s'être écroulé. Nous souhaiterions vraiment pouvoir faire « bec et bobo » et tout arranger, mais malheureusement, chéri, c'est impossible.

Nous voulons que tu saches que c'est une période difficile pour nous aussi. Cela nous attriste énormément de voir la douleur et l'incertitude dans tes yeux. Quand nous sentons que tu as mal, nous avons mal aussi.

Maman et papa ont constaté que, pour quelque raison que ce soit, ils ne peuvent plus vivre ensemble. Tu dois savoir que maman et papa t'aiment encore beaucoup, même s'ils ont des problèmes entre eux.

Nous voulons que tu saches plusieurs choses importantes qui, nous l'espérons, vont t'aider à traverser cette période inquiétante et difficile.

Ce que nous voulons te dire en premier, c'est ceci : *ce n'est pas ta faute!* Tu sais, quand survient un divorce, presque tous les enfants croient qu'ils ont fait quelque chose pour que ça arrive. Et nous voulons te promettre ceci : ce n'est presque *jamais* le cas! Les mamans et les papas qui se séparent le font parce qu'ils ont de graves problèmes dans leur relation. Et tu n'es pas à blâmer. Si tu te blâmes, même un petit peu, dis-le nous, s'il te plaît. Parle-nous ou écris-nous, nous serons tes meilleurs amis et nous écouterons ce que tu ressens.

La deuxième chose que nous aimerions que tu saches c'est que *tu ne peux probablement rien régler!* Beaucoup d'enfants s'imaginent qu'ils devraient être capables de trouver la chose parfaite à dire ou à faire et que, par magie, maman et papa s'aimeraient de nouveau. Nous sommes désolés de devoir te le dire, cela ne fonctionne presque jamais. Parfois, les mamans et les papas *reviennent* ensemble après une séparation temporaire et une période de guérison, mais c'est parce qu'*ils* ont trouvé leurs propres raisons de le faire.

La troisième et sans doute la chose la plus importante que nous voulons te dire est celle-ci : *nous ne divorcerons jamais d'avec toi!* Nous serons *toujours* là pour toi quand tu auras besoin de nous. Nous pouvons parfois être très loin de toi, mais tu peux téléphoner ou écrire. Nous répondrons dès que possible. Et tu peux toujours nous parler parce que nous promettons de t'écouter du mieux que nous pouvons.

Tu dois savoir que nous ne prendrons jamais parti entre ta mère et ton père. Le seul « côté » où nous nous rangerons est *le tien.* Nous saurons écouter, et nous t'aiderons aussi à trouver des choses intéressantes à faire et des façons formidables d'occuper ton temps. Nous allons chercher des choses amusantes, et nous trouverons aussi nos propres façons de le faire.

Tu peux penser que tu ne seras plus jamais heureux ou que les choses n'iront plus jamais bien. Nous pouvons comprendre ces sentiments. Mais nous voulons que tu saches quelque chose que nous avons appris parce que nous avons vécu si longtemps, et vu et connu tant de choses – tu riras *de nouveau* ; ça *ira* mieux. Tu vas rire, grandir et connaître la joie de nouveau. De bonnes choses vont se produire. Tu auras encore beaucoup de bons moments avec papa et beaucoup de bons moments avec maman, nous te l'assurons. Ce ne sera plus comme c'était, mais ta vie sera bonne. Et l'amour qui t'entoure – de tes parents, de tes grands-parents, du reste de la famille et de tous tes amis – te guérira et t'aidera.

Voici une liste de choses sur lesquelles tu peux compter :

Rien de ce que tu peux dire ou faire nous fera cesser de t'aimer. Nous t'aimerons pour toujours. Quand nous serons au ciel, nous t'aimerons encore. Il y a des choses sur lesquelles tu peux compter en ce moment, alors que le monde semble si ébranlé, et l'une d'entre elles est notre amour pour toi.

Nous saurons t'écouter. Partage tes sentiments, les bons comme les mauvais. C'est une façon saine de t'aider à traverser cette période difficile.

Nous te serrerons dans nos bras et te frotterons le dos longtemps et chaleureusement.

Et nous cuisinerons encore tes plats préférés quand tu nous le demanderas.

Tu peux facilement communiquer avec nous. Nous joignons une carte avec notre adresse, notre numéro de téléphone à domicile, notre numéro de téléphone cellulaire et notre adresse électronique. Alors peu importe où tu es, tu pourras toujours nous joindre. S'il le faut, téléphone-nous à frais virés. Nous avons aussi inclus un paquet de cartes postales pré-affranchies qui nous sont adressées, alors tu peux toujours nous en envoyer une. Et il y a aussi une pile d'enveloppes pré-affranchies et adressées pour quand tu veux écrire des choses plus longues et plus importantes, ou que tu as une belle photo à nous envoyer.

Chéri, tu n'es pas seul. Ta mère et ton père t'aiment encore, même s'ils se séparent. Et nous t'aimerons toujours, quoi qu'il arrive. Et souviens-toi : *nous ne divorcerons jamais d'avec toi*. Jamais.

Avec amour,
Grand-maman et grand-papa

Hanoch et Meladee McCarty

Les vidéos de grand-maman

Aimer ce qu'on fait et savoir que ça compte, que peut-il y avoir de plus amusant?

Source inconnue

À compter de la naissance de mon premier petit-enfant, ma fille nous a envoyé fréquemment avec prévenance des photos et des vidéos de lui. Même si nous vivons à 500 kilomètres de distance, nous avons toujours cru que nous sommes une partie active de sa vie. À l'approche du deuxième anniversaire de naissance de Matthew, nous savions que nous ne pourrions pas être avec lui pour célébrer, alors nous avons enregistré un petit vidéo pour lui souhaiter un joyeux anniversaire. Nous l'avons terminé en installant la caméra sur un trépied pour que mon mari et moi puissions lui chanter (en faussant un peu) un duo de bonne fête. Même s'il n'avait que deux ans, Matthew semblait comprendre le système vidéo et l'a regardé à maintes reprises.

Il m'en faut peu pour m'encourager, alors quand ma fille m'a parlé du succès de la vidéo, j'ai commencé à en produire périodiquement, chaque fois que nous voyions ou faisions quelque chose que nous aurions partagé avec Matthew s'il avait habité près de nous. C'était une intéressante réponse aux vidéos de Matthew qu'ils nous envoyaient!

Nos vidéocassettes étaient brèves et portaient souvent sur un seul sujet. Nous en avons un d'un pâturage, non loin de chez nous, rempli de vaches. Nous montrons les vaches à Matthew et lui en parlons. Nous lui posons des questions et sa mère nous rapporte qu'il y répond prestement de son siège sur le divan où il regarde la vidéo. « Regarde celle-là qui mâche sa nourriture. N'a-t-elle pas l'air idiote? » lui demandais-je. Matthew fait signe que oui et rit tandis que grand-papa fait un gros plan de la tête de la vache. À ce moment précis, la bête meugle à l'improviste, et c'est parfait.

Je dis ensuite à Matthew que, quand il va nous rendre visite, nous pourrons aller voir les vaches ensemble. C'est une bonne façon de ne pas devenir des étrangers et c'est aussi une leçon d'apprentissage, car nous lui montrons des choses qui ne sont peut-être pas facilement accessibles dans sa région.

Quand les amandiers sont en fleurs dans notre cour, nous enregistrons les arbres sur vidéo avec les fleurs en gros plan, et expliquons qu'elles vont devenir des amandes. Nous lui assurons de lui en envoyer à goûter quand elles seront prêtes, dans quelques mois.

Pour Noël, nous avons fait la visite de la maison; grand-papa lui a indiqué les objets que sa mère avait fabriqués quand elle était enfant et je lui ai montré ma collection spéciale de la nativité. Nous avons montré les lumières à l'extérieur de la maison le soir et le feu crépitant dans la cheminée. Notre fille la plus jeune était venue du collège pour passer cette fin de semaine à la maison et s'est même prêtée au jeu en montrant les biscuits qu'elle confectionnait. Matthew a particulièrement apprécié.

Nous avons regardé les flocons de neige tourbillonner autour de notre piscine lors d'une rarissime chute de neige du désert ainsi qu'un berger qui guidait son troupeau de moutons à quelques kilomètres de chez nous. Matthew a regardé son grand-père jouer du marteau et de la scie dans le garage, et grand-maman laver la vaisselle. Comme la caméra fait le tour de la maison, Matthew voit le lit où il dormira quand il nous visitera et la pile de livres spéciaux que nous avons conservés pour lui de l'enfance de sa mère. « Nous allons relire ces livres ensemble quand tu vas nous rendre visite ici, d'accord? » demandai-je. On me dit que Matthew sourit et dit « Oui », chaque fois qu'il voit cette partie.

Les vidéos sont manifestement l'œuvre d'amateurs, la caméra bouge un peu et, parfois, je n'arrive pas à trouver l'objet que je veux en gros plan. « Zut! » m'entend-on dire. « Où sont passées ces fleurs? » Mon mari et moi rions, mais Matthew ne s'en fait certainement pas.

Les « vidéos de grand-maman » se poursuivent depuis plus de sept ans maintenant, et quatre autres petits-enfants les regardent désormais. Nous aimons les produire et nous nous demandons parfois si nous les aimons davantage que les petits-enfants! C'est amusant pour nous de voir les choses de la perspective d'un enfant, et je constate que nous avons un intérêt renouvelé pour les simples petits objets que nous tenions souvent pour acquis. Nous nous réjouissons de vues que nous aurions à peine remarquées normalement. Nous arrêtons littéralement pour sentir les pavots de Californie quand ils sont en fleurs parce que nous voulons les partager sur vidéo avec nos petits-enfants. La beauté des fleurs s'intensifie quand nous marchons près d'elles pour prendre le meilleur angle. En vacances, au lieu de rouler le long de la plage, nous arrêtons et examinons les coquillages, et écrivons les noms des enfants dans le sable.

Ces vidéos ne durent qu'environ une demi-heure du début à la fin, et les frais postaux sont minimes. Mes propres enfants ne voyaient leurs grands-parents qu'une fois l'an, mais nos petits-enfants ont les leurs au bout des doigts, chaque fois qu'ils le désirent.

Houp! Il faut que je m'en aille. Il est temps de prendre la vedette dans un autre épisode des vidéos de grand-maman!

June Cerza Kolf

Amour citronné

L'amour est un petit mot, les gens en font quelque chose de grand.

Source inconnue

Mon grand-père m'a donné le monde quand il m'a donné son amour.

Je n'ai jamais eu à me demander si le vieil homme qui a magnifiquement résisté au temps, et dont les yeux sourient plus largement que sa bouche, m'aimait. Contrairement à bien des gens de sa génération, il croyait à déclarer son amour. C'était un grand hommage puisque j'étais la vingt-quatrième des vingt-sept qui allaient être livrés à sa joyeuse étreinte.

Grand-papa aurait fait n'importe quoi pour moi, mais puisque l'amour tient dans les petites choses, il était toujours prêt à s'occuper d'un quelconque projet destiné à me rendre heureuse. Il y a eu la balançoire à double banc, conçue dans son atelier de ferme, sur laquelle j'ai passé d'innombrables après-midi à humer l'odeur des fleurs sauvages au printemps, tandis que les nuages sur la prairie se transformaient d'océans agités en familles de canards ou en pics montagneux couronnés de neige, aussi loin que mon imagination pouvait les porter.

Dans la maison, où ma grand-mère était au fourneau qui ne refroidissait jamais, je portais chaque printemps des paniers remplis de chatons chahuteurs, je jouais des mélodies désaccordées sur un vieil orgue à soufflerie manuelle et je me sentais plus en sécurité que je ne l'ai jamais été depuis.

Les mois d'été signifiaient que je pouvais passer plus de temps loin des restrictions de la vie urbaine. À quelque vingt minutes de la maison en voiture, ma mère m'y conduisait souvent, passant des champs de blé doré et me laissant en compagnie de mon grand-père.

Lors d'une visite qui devait être brève, je me suis vite oubliée dans l'extase de l'enfance. Sur une voiturette rouge increvable, j'ai tiré tous les éléments d'un kiosque à limonade jusqu'à la limite de la propriété de mes grands-parents, où une route de comté croisait quelques maisons, et où d'autres enfants empruntaient un sentier poussiéreux pour visiter parents et amis.

Avec enthousiasme, je vendais mes rafraîchissements aux quelques passants, comptant la maigre monnaie qui était loin du but de mon aventure.

Mon enthousiasme s'est cependant évanoui à la vue de ma mère qui s'approchait, me rappelant un rendez-vous qu'on ne me permettrait pas de manquer. « Mais qui va s'occuper de mon kiosque à limonade? » Je voulais savoir, donnant à la question toute l'importance que l'innocence intacte donne toujours.

« Je crois que tu vas devoir l'emballer jusqu'à un autre jour », répondit-elle avec regret. Tristement, j'ai commencé à obéir, rangeant lentement mon écriteau manuscrit, mes gobelets et mes pichets dans la voiturette avant d'y mettre la table et la chaise.

De la maison, où l'on pouvait me voir par la fenêtre, grand-papa a traversé la pelouse avec une raideur qui m'a rappelé que mon meilleur ami n'avait pas mon âge.

Sans un mot, il m'a touché gentiment la joue de son doigt rugueux et s'est penché pour défaire le travail que j'avais accompli à regret. Il s'est assis sur la chaise et a déplié un journal. « C'est une belle journée pour la limonade », dit-il. « Dépêche-toi de revenir et nous allons en partager. »

Lorsque nous sommes revenues plus tard, grand-papa occupait encore mon poste, ayant abandonné le journal pour une aiguille et du fil et des vêtements à raccommoder. Dans la petite boîte où j'avais commencé à déposer mes gains, il y avait plus de monnaie qu'il n'y en aurait eu si tout le village en entier s'était présenté pour un verre.

Nous sommes demeurés assis ensemble le long de la route un peu plus longtemps. Comme le soleil descendait et que grand-maman nous appelait pour souper, nous avons démantelé notre kiosque et sommes retournés à la maison.

Darcie Hossack

Les mains d'un grand-parent nous procurent le même réconfort qu'une couverture préférée. Elles nous entourent et nous réchauffent émotionnellement tout en nous protégeant des aléas de la vie.

Hanoch McCarty

Magie de citrouille

Les amis les plus chers que j'ai eus dans toute ma vie sont aussi des gens qui ont grandi près d'une grand-mère ou d'un grand-père aimant et aimé.

Margaret Mead

La chaleur commence à peine à monter, embuant légèrement la terre sous mes pieds. On sent la terre fraîchement retournée et le jeune maïs, les mûres prêtes à cueillir et les haricots grimpants, les tournesols, les pivoines et les pins.

L'odeur chasse le sommeil de ma tête, et je respire profondément, l'inhalant jusqu'au fond de mes poumons. Je me frotte les orteils dans l'herbe soyeuse au bord du jardin.

Grand-papa se promène entre les rangs des jeunes plants en croissance, arrachant une mauvaise herbe ici et enlevant un haricot là, vérifiant, touchant et étudiant. J'adore être ici, dans l'immense champ de culture qui semble s'étendre sur des kilomètres au-delà de cette acre. Je regarde grand-papa arpenter son domaine.

« Viens ici, ma chérie. J'ai une surprise pour toi. » Je me dépêche derrière lui, chancelant un peu dans ma tentative de suivre le pas de ses grandes jambes. Il se dirige vers l'extrémité gauche du jardin, passé les rangs de maïs, de tomates et de choux, et plus loin que les haricots, les pois et les concombres. Il s'arrête au dernier rang, devant plusieurs plants bas à feuilles plates. Je recule tandis qu'il soulève les grandes feuilles vers le côté, cherchant sa surprise. Puis il hoche la tête et me fait signe d'approcher.

C'est une petite citrouille qui pousse encore, un peu verte, pas tout à fait mûre. Sa queue est encore attachée à la plante grimpante, et elle est couchée en angle sur le sol. Je peux voir une cicatrice sur le côté, et je suis un peu déçue, triste que la surprise de grand-papa soit endommagée.

Puis il retourne la citrouille, enlève la terre, et je m'aperçois que ce n'est pas du tout une cicatrice : c'est mon nom qui pousse là avec la citrouille! MON NOM, inscrit sur ce plant neuf et croissant, vivant là dans la terre et le soleil et le vent. Je la regarde fixement, et de mes petits doigts, je touche les lettres. Elles sont rugueuses et solides. Quand viendra l'Halloween, cette citrouille sera à moi et à personne d'autre. Je lève de grands yeux sur grand-papa, debout dans le champ avec le soleil derrière lui. « Comment as-tu fait ça? » ai-je demandé.

« Eh bien, c'est un long processus », commence-t-il. « D'abord, tu prends une graine de citrouille et un très petit couteau… »

Ses yeux pétillent quand il parle de loupes et des techniques spéciales de plantation. Je me retourne et regarde la maison. Grand-maman est sur le seuil et nous envoie la main. « Qu'est-ce que tu dirais d'un petit-déjeuner? » demande grand-papa. « Je vais faire du gruau cuit avec des raisins. »

Nous entreprenons la longue marche de retour vers la maison. Je pense aux pois frais pour le dîner et aux mûres fraîchement cueillies sur de la glace à la vanille, aux prunes mûres dans le bol sur le comptoir et au maïs qui ne sera pas prêt avant la prochaine visite. Et je pense à ma propre citrouille et à mon grand-père qui peut faire de la magie dans son jardin spécial. Je mets ma main dans la sienne et je monte la colline pour aller déjeuner.

Kati Dougherty-Carthum

La pièce

Elle souriait souvent en nous parlant, mais sans aucune chaleur humaine. Son sourire ne faisait que ponctuer et provoquer nos réponses en chœur.

« N'est-ce pas charmant, garçons et filles? » Sourire.

« Ouiiiiii, Mlle Stellwagon. »

« N'êtes-vous pas ravis? » Sourire.

« Ouiiiiii, Mlle Stellwagon. »

Elle voyait son travail auprès de nous comme étant son fardeau personnel : enseigner le bon anglais à ses gamins de quatrième année de Brooklyn.

Je m'exerçais, regardant dans le miroir à main ma langue indisciplinée sortir de ma bouche au mauvais moment. Lorsque venait mon tour de me rendre à son bureau et d'exécuter mon exploit langagier, son sourire dur et froid prenait forme sur ses lèvres minces, et je savais que j'étais la source d'un grand déplaisir.

Tard au printemps de cette année scolaire, elle nous dit que nous allions monter une pièce, de sorte qu'elle puisse montrer au reste de l'école à quel point elle avait réussi à nous enseigner à bien parler. Nous étions immobiles, mains moites poliment jointes, comme elle nous expliquait avec son sourire sans joie que chacun d'entre nous aurait un rôle.

« Et qui aimerait jouer le roi? » Des mains empressées ont dansé en l'air et se sont effondrées, dégonflées, après qu'elle a nommé son choix. « Bobby sera un excellent roi, ne croyez-vous pas, garçons et filles? » Sourire.

« Ouiiiiii, Mlle Stellwagon. » Mais aucun de nous ne disait la vérité.

« Et maintenant, qui veut jouer le rôle de la bonne fée? » Sourire.

Je croyais que j'allais exploser d'envie en levant la main, la secouant et la laissant retomber avec mes espoirs, car Arlene Herbst était choisie. J'ai vu mon corps obèse porter les vêtements rejetés d'Irma Klebanoff, comme une pénitence, et je savais que je ne serais jamais choisie, jamais.

Ella a continué à distribuer les rôles, choisissant les quelques enfants plus attrayants parmi le fourmillement de mains levées pleines d'espoir. Ses choix étaient déjà arrêtés, mais elle continuait la charade, faisant miroiter la possibilité que nous puissions encore être choisis. Naïfs, nous continuions à jouer ce jeu cruel.

Les rôles parlants avaient maintenant tous été distribués, et j'étais assise, nerveuse, me rongeant l'ongle du pouce, mes affreux souliers bruns piétinant la robe trop longue d'Irma, espérant un miracle. Ne pas être choisi est la grande souffrance de la quatrième année. Les exclus étaient les détritus de la vie scolaire.

« Bon, qui veut jouer le rôle de l'annonceur? » Sourire.

Melvin Taub et moi étions les seuls à oser braver un autre refus. Nous avons levé la main. Ses yeux de faucon m'ont regardée d'une seule prise, comme une caméra sur le vif, de la robe d'Irma Klebanoff aux souliers bruns les plus hideux du monde et, sans sourire, elle s'est tournée vers Melvin. C'était mon dernier espoir d'être choisie, et j'aurais volontiers assommé Melvin pour accroître mes chances de me dégager du rang des rejetés.

Son œil se posa de nouveau sur moi.

« Crois-tu pouvoir le faire? C'est un rôle important, tu sais. » Sourire.

J'ai presque crié en la rassurant. « Je le pourrais. Je serais capable. Oh! je vous en supplie, je le pourrais. »

« Il te faut une blouse blanche et une jupe à plis pour ce rôle. En as-tu? »

« Oh! oui », mentis-je, « j'en ai. »

« Très bien alors. »

Je n'ai jamais repensé à Melvin, qui a fini membre d'un chœur de lutins, ce groupe anonyme de rejets en coulisses. Il est advenu que son sort a été beaucoup plus heureux que le mien.

Cet après-midi-là, j'ai annoncé la mauvaise nouvelle à ma mère. J'avais un rôle dans la pièce de la classe. *L'annonceur.* Il me fallait une blouse blanche et une jupe à plis. L'enseignante l'avait dit.

Ma mère est entrée dans sa fureur muette, l'expression de la colère la plus terrifiante. Nous étions au milieu de la Grande Dépression et mon père chômait depuis des mois. Il n'y avait pas d'argent. Il ne pouvait y avoir de blouse blanche et de jupe à plis neuves. Je devrais abandonner le rôle, et l'enseignante devrait choisir quelqu'un d'autre.

Elle ne comprenait pas que c'était impossible. Abandonner après avoir été choisie était simplement tout à fait impossible. J'ai pleuré. J'ai gémi. J'ai boudé. Je n'ai jamais pensé que le coût d'une blouse blanche et d'une jupe à plis neuves équivalait au budget d'épicerie d'une semaine; que nous mangions du ragoût de poumon parce que le poumon ne coûtait que dix cents le kilo et que c'était tout ce qu'on pouvait se permettre. Alors ma mère et moi sommes entrées en guerre, nous servant de toutes les armes verbales que nous avions. Je lui ai dit qu'elle était une mauvaise mère. Elle m'a dit que j'étais trop grosse pour porter une jupe à plis et que j'aurais l'air d'un bébé éléphant. Nous savions exactement où viser – les parties les plus vulnérables et tendres de la psyché. Quand mon père est rentré à la maison, nous étions toutes deux des victimes.

Mes parents ont discuté longtemps à voix basse et après le dîner, ma mère m'a emmenée au magasin au coin de l'avenue Blake, et m'a habillée pour la valeur d'une semaine de nourriture d'une blouse blanche et d'une jupe à plis marine. Elle avait raison sur un point. J'avais l'air d'un bébé éléphant.

Le lendemain, à l'école, la classe formait une longue file pour entrer à l'auditorium, pour la première répétition. Mlle Stellwagon pinça le tissu d'une épaule du costume de la protagoniste et la tint à distance, en menant la file à l'avant de la salle. On nous dit de nous asseoir, et nous avons pris place, dans un calme inhabituel, dans les deux premières rangées du centre, sous l'écriteau qui disait NE FAIS PAS À AUTRUI CE QUE TU NE VOUDRAIS PAS QU'ON TE FASSE À TOI-MÊME.

Mlle Stellwagon a commencé par monter une scène de lutins identiques, vêtus de sacs de jute à l'arrière de la scène, les sermonnant à l'avance contre tout écart de conduite. Marchant de façon autoritaire vers le centre de la scène, elle a pointé l'index vers moi, et m'a fait signe de monter et de commencer l'annonce.

Avec autant de nervosité que de désir de plaire, je me suis précipitée de mon siège vers elle, le bout de mon soulier brun s'accrochant dans l'escalier de la scène. Dans un bruit sourd qui a résonné dans mon cœur durant les vingt années suivantes, je suis tombée en pleine face aux pieds de mon enseignante de quatrième année, plis de jupe relevés, postérieur exposé.

Elle a jeté les yeux sur moi, le regard glacé et impitoyable. Les mots, formellement exprimés dans un anglais parfait, sont tombés de sa bouche dure et froide comme des pierres : « Lève-toi et retourne à ta place. Tu ne pourras jamais être l'annonceur de notre pièce. Imagine si tu tombais durant la représentation? Toute la classe serait une risée à cause de toi. »

J'ai regardé de mon siège Melvin Taub me remplacer et j'étais là, engourdie par la honte, tandis que les aiguilles de l'horloge avançaient péniblement jusqu'à quinze heures. Je sentais les regards de tous mes camarades de classe sur moi, m'asphyxiant.

Quand la cloche a sonné, j'ai couru de la porte au bas de la rue, passé mon propre appartement, et jusqu'à la rue Wyona, chez ma grand-mère. Elle attendait à la fenêtre, et elle n'avait qu'à voir mon visage pour savoir la peine que je portais. Elle a ouvert les bras, et je m'y suis réfugiée en pleurant. Son tablier sentait les pommes et la cannelle, et j'ai enfoui mon visage dans sa corpulence, son toucher effaçant la douleur, comme des doigts magiques.

« Viens, *mameleh,* et aide-moi à finir le strudel », dit-elle en yiddish. Nous avons roulé la pâte ensemble, l'étendant sur la grande table de la salle à manger, en prenant soin de ne pas la briser. Elle m'a donné le bol de quartiers de pommes, saupoudrés de cannelle, de sucre et de zest de citron, et m'a dit de déposer les pommes également sur la pâte. Ensemble, nous avons placé des noix de beurre sur les pommes. Puis, pour la première fois, elle m'a permis de rouler la pâte par-dessus sans son aide. Le strudel intact s'étendait d'un bout de la table à l'autre, les pommes prêtes à éclater sous la pâte fragile. Ma grand-mère a regardé mon travail, et je pouvais voir le plaisir dans son visage. Elle m'a entourée de ses bras et m'a dit en yiddish : « Tu as fait ça toute seule! Pour la première fois! Je vais le dire à ton grand-père! Je suis si fière de toi. »

En sécurité dans la maison de ma grand-mère, rue Wyona, je savais que je pouvais de nouveau faire face au monde.

Selma Wassermann

Une poupée de Noël

Dieu nous remarque, et il nous surveille. Mais c'est par l'intermédiaire d'une autre personne qu'il comble nos besoins.

Spencer W. Kimball

Souvent, en tant qu'adultes, nous avons tendance à nous souvenir des jouets de Noël que nous voulions enfants, mais que nous n'avons jamais reçus, et à oublier ceux qu'on nous a donnés. Plus tard dans la vie, nous nous payons la traite et nous procurons des collections de ces jouets jamais acquis. Des femmes collectionnent les oursons en peluche ou les belles boîtes à musique afin de compenser pour ceux qu'elles n'ont pas eus, étant petites filles, et des hommes aiment collectionner les voitures et les trains miniatures pour remplacer ceux qu'ils ont souhaité en vain trouver sous l'arbre de Noël.

Je crois que c'est pourquoi, du plus loin que je me souvienne, j'ai collectionné les poupées : des grosses, des petites, des poupées de toutes tailles, tous styles et toutes formes. Et je suppose que c'est pourquoi j'expose fièrement ma collection à tous les Noëls.

Les événements d'un matin de Noël, il y a très très longtemps, ont peut-être inspiré ma dévotion et mon intérêt pour les poupées. Tout a commencé l'année où ma famille a déménagé avec mes grands-parents immigrants, dans leur maison de deux étages de l'ouest de la ville.

Petite fille grandissant dans une maison d'immigrants, j'ai connu une époque où l'argent et les emplois étaient rares pour notre famille, et les seuls cadeaux que nous pouvions nous permettre lors des fêtes et des anniversaires étaient une abondance d'amour familial et de merveilleux repas de pâtes maison de ma grand-mère.

Par tradition, ma famille célébrait la veille de Noël en assistant à la messe de minuit solennelle à l'église voisine. Il était aussi conforme à la tradition d'accrocher les longs bas de coton noirs de grand-maman au manteau de la cheminée chaque veille de Noël. Le matin de Noël, je m'éveillais et trouvais les bas remplis de fruits et de noix, généreux cadeau de « l'ange de Noël », du moins selon grand-maman. Le père Noël ne nous avait jamais rendu visite, seul l'ange de Noël venait porter des fruits et des noix.

Venant d'une petite ville pauvre d'Italie, où il fallait lutter pour joindre les deux bouts, grand-maman et grand-papa désapprouvaient la tradition du Nouveau Monde de dépenser de l'argent durement gagné pour des présents frivoles. Pour cette raison, je restais à l'intérieur le jour de Noël, avec un mal de ventre feint, plutôt que de faire face aux voisins de mon nouveau quartier, qui avaient tous reçu de beaux jouets flambant neufs le matin de Noël.

Toutefois, le temps passant, grand-maman et grand-papa ont commencé à être plus tolérants à l'égard des idées modernes et des rituels de leur nouveau pays et, finalement, ils ont accueilli les nouvelles traditions de donner des cadeaux à Noël.

Je me souviens exactement de cette veille de Noël où grand-maman et grand-papa ont décoré leur tout premier arbre de Noël. C'était en décembre 1945. La famille venait tout juste de célébrer la naissance d'un nouveau bébé. C'était un temps de grande joie et de bonheur familial, qui poussa grand-papa à annoncer galamment que, la veille de Noël, pour la première fois dans sa maison, il y aurait un arbre de Noël décoré et sous cet arbre, un cadeau généreux pour chaque membre de la famille.

Cette année-là, mon grand-père était commis dans un magasin à rayons achalandé du centre-ville. C'est là qu'il m'avait vu admirer un charmant carrosse de poupée en osier tressé à la main. Le carrosse de poupée était un article en demande durant cette saison, chaque petite fille de mon quartier en avait un, sauf moi. Je désirais ardemment posséder une de ces poussettes pour m'intégrer au groupe de mes petites amies modernes.

La veille de Noël, j'étais la première à ouvrir mon cadeau de grand-papa. J'ai déchiré à la hâte le papier d'emballage brun ordinaire. Un moment plus tard, j'ai eu la magnifique surprise de découvrir le superbe carrosse de poupée que j'avais vu dans la vitrine. Grand-papa, qui savait à quel point je voulais imiter mes nouvelles amies, avait dépensé toute sa prime de Noël pour me l'acheter.

Je n'ai pas pu dormir ce soir-là, j'avais trop hâte au matin de Noël. Cette année, j'aurais un tout nouveau jouet à partager avec mes amies.

À la première lueur de l'aube, j'ai couru dehors dans la cour avant, mon beau jouet neuf bien serré dans les mains. J'ai fait rouler mon carrosse comme un paon tandis que grand-maman et grand-papa me regardaient fièrement de la cuisine. J'ai paradé ma poussette de long en large du trottoir jusqu'à ce que, finalement, un groupe de mes petites amies se rassemble avec curiosité autour de mon nouveau jouet. J'étais là, anticipant des louanges et des paroles d'envie, mais mon sourire s'est plutôt transformé en larmes.

Comme grand-maman et grand-papa observaient par la fenêtre, ils ont entendu mes petites amies s'amuser cruellement et rire de mon carrosse de poupée vide. Il semble que mon grand-père bien intentionné avait « mis la charrue avant les bœufs » pour ainsi dire, ou en ce cas « le carrosse avant la poupée ». Il m'avait donné un carrosse de poupée mais avait oublié que je n'avais pas de poupée!

J'étais là, honteuse devant mes camarades. Humiliée, je suis retournée à la maison avec mon carrosse vide. Grand-papa, qui voulait la paix à tout prix, a essayé de me consoler en offrant de m'acheter une poupée neuve pour mon anniversaire. J'appréciais son bon geste, mais mon anniversaire était dans un mois, et j'avais besoin d'une solution immédiate. C'est grand-maman, dans sa sagesse infinie, qui a découvert la solution à mon problème et fait de ce Noël un jour dont je me souviendrai toujours. Du plus loin que je me souvienne, ma famille élargie a toujours été là pour moi, et ce jour-là n'a pas fait exception.

Après quelques minutes, je suis ressortie de la maison, mais cette fois, je faisais l'envie de toutes les petites filles du quartier. Même si je n'avais pas de poupée à moi, j'avais une toute nouvelle bébé-cousine, qui faisait très bien dans mon carrosse de poupée. Grand-maman avait revêtu le bébé de ses plus beaux habits et l'avait placée dans mon carrosse de poupée, me permettant de promener le poupon autour du pâté de maisons, pour une balade inoubliable.

Cinquante années plus tard, je me souviens de ce matin de Noël comme si c'était hier. Je me souviens aussi qu'une des petites filles m'a offert d'échanger sa poupée contre ma petite cousine, et que grand-maman n'a jamais su à quel point j'ai failli conclure le marché. C'était toute une tentation, mais j'ai finalement dit : « Non, je vais garder celle-ci. Toutes ses parties sont mobiles! »

Cookie Curci

3

LA SAGESSE D'UN GRAND-PARENT

Les chaînes ne gardent pas une famille ensemble. Ce sont des fils, des centaines de fils minuscules qui retiennent les gens ensemble.

Simone Signoret

Un bon remède

> *Quand vous serez prêt, venez à moi. Je vous emmènerai dans la nature, celle qui vous apprendra tout ce que vous devez savoir.*
>
> Rolling Thunder, guérisseur cherokee

J'ai des souvenirs heureux de mon grand-père, quand j'étais petit garçon.

Il était grand physiquement, mais à mes yeux, il était aussi plus grand que la vie elle-même. Comme Amérindien cherokee, il aimait raconter les histoires anciennes qui avaient été transmises de génération en génération au sein de la tribu, laquelle habitait les montagnes Great Smoky de la Caroline du Nord. Sa passion pour la vie et son amour de la nature m'ont été transmis par l'expérience, dans ces montagnes à l'ouest de la Caroline du Nord.

Par une chaude journée de printemps, quand j'étais jeune garçon, mon grand-père et moi étions assis sur un gros rocher au bord de la rivière Oconaluftee, à Cherokee. Je regardais une petite mare d'eau prise dans l'indentation d'un rocher. Les grosses roches étaient érodées par le mouvement de l'eau, et nous pêchions parfois sur les rochers et regardions le poisson voyager en aval entre les rochers. Ce jour-là en particulier, j'étais plus intéressé par les menés bougeant dans la mare d'eau qui semblait prisonnière des rochers. J'ai dû regarder sans fin les menés, me demandant comment ils retournaient au grand cours d'eau et à leurs parents pour leur sécurité. Après tout, j'avais mon grand-père avec moi pour me protéger. Qui les protégerait du chaud soleil et d'être mangés par un animal ou un autre poisson? *Wow,* me suis-je dit, *je suis content de ne pas être un poisson!*

Mon grand-père me jetait un coup d'œil de temps à autre pour voir ce que je faisais. Il m'a vu regarder les petits poissons et a demandé : « Qu'est-ce que tu vois quand tu regardes dans l'eau? »

Voulant toujours plaire à mon grand-père et lui montrer à quel point j'étais vraiment intelligent, j'ai regardé rapidement en aval et lui ai dit : « Je vois les petits poissons nager en rond, mais ils n'ont nulle part où aller. »

« As-tu peur pour eux ou pour toi? » Mon grand-père posait souvent deux questions à la fois.

« Le soleil est chaud et j'ai peur qu'ils aient trop chaud dans si peu d'eau. Et s'ils ne retournent pas près de leurs parents dans la rivière? » Il me parla en douceur : « Tu sais, peut-être qu'ils sont bien dans ce petit bassin d'eau. Ils pourraient aller dans la grande rivière et un poisson plus grand pourrait arriver et les manger pour dîner. »

« Grand-père, qu'est-ce qu'ils vont manger pour rester en vie? Et s'ils restent là et qu'ils deviennent trop gros pour ce petit bassin d'eau? » Je crois que j'avais aussi appris de mon grand-père à poser deux questions à la fois.

« Mon petit-fils, dit-il, tu n'as pas à t'inquiéter parce que la Nature en prendra soin. Quoi qu'il arrive, cela fait partie du grand plan de la vie. C'est le plan du Grand Manitou. »

Je suis certain d'avoir eu l'air perplexe à cette déclaration, mais je ne savais pas vraiment quoi demander. Même à ce jeune âge, je savais qu'il serait silencieux pour me permettre de répondre, puis il m'en dirait davantage.

« Qu'est-ce que tu vois quand tu regardes dans l'eau? » demanda mon grand-père. Je regardais de près pour voir l'eau se précipiter en aval. Mes yeux voyaient furtivement les poissons, les mouches toucher l'eau, les coléoptères aquatiques bouger rapidement au fond de l'eau, un morceau de bois flottant au gré de l'eau et les magnifiques plantes vertes. J'ai dû lui expliquer toutes ces choses.

Il y eut une longue pause, puis il dit : « Que vois-tu d'autre? Regarde profondément dans l'eau. »

J'ai regardé aussi intensément que je pouvais, puis il a dit : « Regarde à la surface de l'eau maintenant. » Mes yeux se sont remplis d'eau comme je fixais du regard, désireux de rendre mon grand-père fier de mon habileté à voir tout ce qu'il voyait.

« Ah, je vois mon reflet », ai-je répondu fièrement. Il dit doucement : « C'est bon. » J'ai esquissé un sourire.

« Ce que tu vois, c'est toute ta vie devant toi. Sache que le Grand Manitou a un plan pour toi, tout comme le petit poisson de la mare. Parfois, nous ne comprenons pas pourquoi les choses arrivent comme elles le font, mais il y a un plan. »

À ce moment, j'avais oublié les petits poissons et j'ai demandé : « Quel est le plan du Grand Manitou pour toi et moi? »

« Bien, fit-il, mon destin se déroule de lui-même à mesure que je vieillis. Je suis un homme âgé maintenant, et je dois être le "gardien des secrets" seulement pour toi. Tu seras le gardien des histoires et de presque tout ce que tu connaîtras dans la vie pour venir en aide aux autres. Tu es un gardien de toutes les choses vivantes. »

En écoutant mon grand-père, l'excitation m'a gagné. « Même le gardien des rochers et des petits poissons? » me suis-je exclamé. « Oui », dit-il en souriant, « parce que ce sont tous tes frères et sœurs, même les rochers, parce qu'ils ont eu les mêmes éléments que toi et moi. »

Ce jour spécial semble si loin derrière moi aujourd'hui. Peu après cette journée, mon grand-père a été emporté pour faire du meilleur travail, selon ce qu'il disait, dans la « grande voûte céleste au-dessus de nous, où toutes choses sont parfaites ».

Ce dont je me souviens le mieux de ce jour-là est qu'il m'a enseigné à remercier chaque jour pour toutes les choses, même les petits poissons et les rochers sur lesquels nous nous asseyions ensemble.

Comme il disait : « Souviens-toi toujours de prendre le chemin du bon remède et de voir le bon reflet de tout ce qui se passe dans la vie. La vie est une leçon, et tu dois bien apprendre la leçon pour voir ton véritable reflet dans l'eau, ainsi que dans la vie elle-même. »

J. T. Garrett

« Grâce à grand-papa, nous n'aurons plus de difficulté à trouver la voiture au centre commercial. »

TRUDY, de JERRY MARCUS. Reproduit avec la permission spéciale de King Features Syndicate.

Apprendre à écouter

Les grands-mères ont le temps qu'elles n'ont jamais eu quand elles étaient mère – le temps de raconter des histoires, d'écouter les secrets et de faire des câlins.

Dr M. De Vries

« Quand je vais être grande, je vais être un garçon! » m'a annoncé ma petite-fille de quatre ans. Ignorant le regard inquiet sur le visage de son père, elle a mordu tranquillement dans un morceau de pizza.

Mon fils m'a lancé un regard alarmé de l'autre côté de la table. « Hilary », dit-il à sa fille, « nous en avons déjà discuté. Tu sais que tu ne peux pas te transformer en garçon. »

« Mais c'est ce que je veux », sourit-elle.

« Ça ne le fera pas se produire. D'ailleurs, c'est bien d'être une fille. Les filles sont aussi intelligentes que les garçons. Elles peuvent faire tout ce que les garçons font. »

« Non, c'est pas vrai. »

En écoutant mon fils débiter une longue liste de carrières accessibles aux filles et de sports qu'elles pouvaient pratiquer, j'aurais aimé savoir de quelle manière aider. À dire vrai, j'étais plutôt nouvelle comme grand-mère. Mon fils s'était marié tôt, avait rapidement fait trois enfants – puis s'était soudain retrouvé parent célibataire, tâchant d'être un bon père et un bon pourvoyeur en même temps. Tout s'était passé si vite, je n'avais pas eu la chance de parfaire ma technique de grand-mère.

Et autre chose : Hilary était une fille, et je n'avais pas eu l'expérience d'élever des petites filles. J'avais deux fils et deux beaux-fils. Je savais tout des scouts, du football, des Power Rangers et des concours d'éructation, mais rien du monde mystérieux des petites filles. Étant femme moi-même aurait dû m'être utile, mais pourtant pas. Les choses avaient beaucoup changé depuis que j'étais petite.

Après le dîner, Hilary et ses deux jeunes frères ont joué dans la salle familiale où leur grand-père regardait la télé, tandis que mon fils était avec moi dans la cuisine.

« Je ne sais pas quoi faire, maman », dit-il devant une tasse de café. « Ça vient de commencer cette semaine. Hilary est rentrée de jouer et m'a dit qu'elle voulait être un garçon. Je n'y ai pas prêté attention sur le moment, mais après qu'elle en a parlé trois ou quatre fois, j'ai commencé à m'inquiéter. Elle est la seule fille dans une maison d'hommes. Crois-tu que je traite ses frères mieux qu'elle? »

« Bien sûr que non. Ne passe pas trop de temps à t'en faire avec ça, ce n'est probablement qu'une passade. Elle l'oubliera après un bout de temps. » J'étais aussi perplexe que mon fils, mais je tentais d'être rassurante. Hilary devait passer la nuit chez nous. C'était un traitement de faveur de rester chez grand-maman, où elle pouvait jouer sans être dérangée par ses petits frères importuns, rester debout plus tard et recevoir plein d'attention rien que pour elle.

Ce soir-là, en la regardant dessiner à la table de la cuisine avec de beaux crayons neufs, j'ai songé à mes propres grands-parents. J'avais aimé ma grand-mère et j'adorais écouter ses histoires qui parlaient d'avoir grandi sur une île au Canada, la cadette de sept filles d'une famille de pêcheurs. Mais c'était grand-papa que j'adorais vraiment. Durant les premières années de ma vie, mon père était outre-mer avec la marine en Corée, alors grand-papa était mon père substitut. Je me rappelle que je le suivais dans la cour, bavardant joyeusement avec lui comme il soignait ses rosiers. Un homme doux avec un sens de l'humour délicat, il me laissait porter son chapeau gris et marcher lourdement dans ses souliers. Avais-je souhaité devenir un garçon en grandissant alors, simplement parce que j'admirais grand-papa? Je ne pouvais pas me rappeler.

En rangeant la vaisselle du dîner, j'ai pensé encore à mon grand-père. Je n'avais pas été la seule personne à aimer sa compagnie. Tout le monde le recherchait – la famille, les amis, les partenaires en affaires. Qu'est-ce qui faisait que les gens voulaient lui confier leurs problèmes et leurs victoires? Je croyais connaître la réponse : grand-papa avait une excellente écoute. Du moment où j'ai trottiné dans ses pas jusqu'au jour où il est décédé quand j'avais 35 ans, je savais que je pouvais tout dire à grand-papa – et il écoutait respectueusement, sans juger. Même s'il y a eu des moments où il a dû désapprouver mes décisions ou mes opinions, il respectait mon droit de dire ce que je pensais. Est-ce que j'écoutais aussi bien que grand-papa?

Le lendemain, je reconduisais Hilary à la maison à l'heure de pointe. Ma petite-fille était assise sur le siège à côté du mien, bavardant sans arrêt sur les amis de son quartier, ses frères et son chat Francis. Nous nous sommes arrêtées à un feu rouge, et Hilary a dit sur un ton neutre : « Grand-maman, je vais être un garçon quand je vais être grande. »

Cette fois-ci, je n'allais pas lui proposer une dizaine de raisons pour lesquelles elle devrait être contente d'être une fille. J'ai décidé d'écouter tout simplement. « Alors tu veux être un garçon. Pourquoi donc? »

La réponse est venue immédiatement : « Parce que je veux chiquer du tabac! »

Je me suis contenue pour ne pas rire. « Je vois. Qui connais-tu qui chique du tabac? »

« L'oncle Jack de mon amie Lucy. Je l'ai vu faire quand il leur a rendu visite. C'est vraiment super! »

« Oh? »

« Ouais. Tu portes le tabac sur toi dans une poche, puis tu le craches par terre! J'ai demandé à son oncle Jack si je pouvais avoir de son tabac, mais il a dit que seuls les garçons pouvaient en chiquer. C'est pour ça que je veux être un garçon! »

Les deux frères d'Hilary l'ont accueillie avec un enthousiasme bruyant. Leur grande sœur leur avait manqué, même si elle n'était partie qu'une journée. Bientôt, les trois enfants furent sur le trottoir à faire des bulles que je leur avais apportées, alors j'ai eu la chance de parler à mon fils.

« Tu ne devineras jamais pourquoi Hilary veut être un garçon », ai-je commencé, puis je lui ai rapporté notre conversation en route. Mon fils hurlait de rire.

« Eh bien », dit-il enfin, « je vois que ce n'est pas aussi sérieux que je le croyais. Mais qu'est-ce que tu lui as dit après qu'elle t'a parlé de l'oncle Jack de Lucy et de la super poche de tabac? »

« Oh, je crois que nous avons bien traité la chose », dis-je, réprimant un sourire. « Je lui ai simplement dit qu'elle n'avait pas besoin d'être un garçon pour chiquer du tabac. Je lui ai dit que c'est un pays libre et que, lorsqu'elle sera grande, elle pourra chiquer tout le tabac qu'elle veut. »

Ann Russell

La pierre lisse

Quand j'étais garçon, je ne savais pas que j'aimais ma grand-mère. Il était plus amusant d'être avec elle qu'avec la plupart des gens, et je la voyais comme le centre de toutes les bonnes choses. Elle faisait de la tire qui fondait dans la bouche et donnait des cristaux de vanille qui jouaient sur notre langue. Elle pouvait trouver toutes les herbes dont on pouvait avoir besoin pour un mal d'estomac, une toux ou des muscles endoloris, quelque part dans les bois près de sa ferme. Elle racontait de meilleures histoires que tout ce qu'on pouvait entendre ailleurs et elle me comprenait quand je tentais de démêler les parties embrouillées de ma vie.

Ce qui me reste de mes souvenirs d'elle, c'est la façon dont elle aidait les gens – moi compris – à dissiper la confusion. Elle ne faisait pas de sermon et n'expliquait pas comment les choses devraient être, elle ne faisait que marcher à mes côtés et ensemble, nous regardions le monde.

Un été, j'avais quatorze ans et du mal à grandir, j'ai passé le mois de juin chez elle. Mes parents, je crois, étaient empressés de se débarrasser de moi après l'année scolaire. Je n'ai aucune idée maintenant de la raison pour laquelle je luttais avec eux comme je le faisais, mais je sais que riposter semblait important. Je ne laissais personne me piétiner même si je savais que j'avais tort de rentrer tard, ou de prendre l'auto sans permission ou d'aller en ville pour voir un film.

Ma grand-mère habitait un petit village dans les montagnes du Kentucky. Tout le monde la connaissait, et tout le monde me connaissait. Elle ne conduisait pas et n'avait pas de voiture, alors ma conduite automobile ne posait pas de problème, et il n'y avait nulle part dans le comté où veiller tard parce que la plupart des gens étaient des fermiers et « se couchaient à l'heure des poules », comme on disait.

Je passais mes journées à travailler sur la terre, aidant à réparer des clôtures ou à transporter des roches, et souvent, l'après-midi, ma grand-mère et moi allions marcher. J'appelais ça une « randonnée ». Elle disait que c'était une « marche » parce que « randonnée » voulait dire qu'on allait quelque part.

« Chéri », me dit-elle ce jour-là, « nous ne savons pas où nous allons. Nous ne faisons que nous promener dans la création et observer les choses. »

Nous avons marché un certain temps à l'orée des bois qui bordaient sa propriété et menaient à un ruisseau au débit rapide dont l'eau était claire et délicieuse même en été. Elle marchait d'un pas aisé mesuré qui lui laissait le temps d'apercevoir les trèfles à quatre feuilles ou les champignons. Nous arrêtions à maintes reprises pour observer quelque chose : le terrier sombre d'une couleuvre ou le nid d'un carouge à épaulettes.

J'avais quelque chose en tête, mais je ne savais pas exactement quoi. Après un certain temps, nous avons descendu la rive rocheuse du ruisseau et pataugé dans l'eau fraîche qui dévalait. J'aimais la regarder rouler sur les rochers du lit du ruisseau et la sentir couler entre mes orteils.

Le tronc déraciné d'un vieil érable traversait presque le ruisseau à un endroit, et ma grand-mère a ôté ses chaussures et les a laissées sur la rive. Puis elle a marché dans l'eau vers le vieil arbre et s'y est assise, de sorte qu'elle avait de l'eau jusqu'aux chevilles.

Pour une raison ou une autre, je me suis mis à ramasser des pierres. De petits cailloux ovales, gris et blancs. Des pierres en forme de petits biscuits secs et – objet principal de ma quête – des pierres presque rondes. J'étais très sélectif à propos de ce que je choisissais de garder et souvent je rejetais quelque chose que j'avais trouvé après l'avoir examiné de près et trouvé qu'il ne répondait pas à mes attentes.

Puis je me suis entendu dire : « Mon père ne ferait jamais cela. »

« Faire quoi, chéri? »

« S'asseoir sur un tronc et me regarder chercher des pierres. »

« Oh », dit-elle. Et rien d'autre.

Je suis descendu jusqu'au bord du ruisseau où se trouvaient souvent les meilleures pierres, et j'ai poursuivi ma recherche dans la lumière tachetée, filtrée par les feuilles. L'air était doux et sentait un peu la menthe. Mon père occupait beaucoup mes pensées ces derniers temps, parce que j'avais tellement de difficultés avec lui.

Il était médecin, et il me semblait qu'il croyait connaître tout ce qu'il y avait à connaître. Il me poussait assez fort, à mon avis. À ce moment précis, alors que je pensais à lui, j'ai mis ma main dans l'eau et en ai retiré un morceau de quartz blanc parfaitement rond. Il était presque rond comme une bille. J'ai couru dans l'eau pour le montrer à ma grand-mère.

Elle me l'a pris des mains et l'a tenu entre le pouce et l'index. Elle l'a regardé longtemps, le retournant sous tous les angles dans la lumière.

« Très joli », dit-elle. « Tu vas le garder? »

« Oh! oui, c'est sûr. Il est parfait, non? »

« On dirait », dit-elle. Elle me le redonna. Puis elle dit : « Pourquoi ne prends-tu pas des roches sur la rive plutôt que de te donner toute cette peine de chercher dans l'eau? »

« Les pierres ne sont pas belles sur la rive. »

« Qu'est-ce que tu veux dire? Une pierre, c'est une pierre. »

Je l'ai regardée de près pour voir si elle me taquinait, et j'ai vu qu'elle était très sérieuse.

« Non, grand-maman », ai-je dit patiemment. « Les pierres sur le bord sont toutes rugueuses. »

« Tu aimes les pierres lisses? »

« Oui. » J'ai regardé mon nouveau trésor et pensé encore une fois comme j'étais chanceux de l'avoir trouvé.

« Tu sais comment elles deviennent comme ça? Lisses comme tu les aimes? »

« C'est l'eau qui fait ça », dis-je, content de le savoir.

« Oui. Et elle le fait en frottant les pierres ensemble. Encore et encore, année après année. Jusqu'à ce que toutes les parois rugueuses aient disparu. Et alors les pierres sont belles. Un peu comme les gens. »

Je l'ai regardée droit dans les yeux – ils étaient presque de la couleur des bleuets – étonné que soudainement, d'une certaine manière, je savais ce qu'elle voulait dire.

Elle passa sa main dans mes cheveux, les ébouriffant. « Pense à ton père comme à de l'eau, chéri, et un jour, quand tu seras un homme superbe, tu comprendras comment tu es devenu ainsi. » Et c'est tout ce qu'elle m'a dit ce jour-là sur les choses importantes. Et c'était suffisant.

Walker Meade

Par le carreau

Perchée sur la crête d'un arroyo du désert, notre propriété devient un passage pour la faune. Nous guettons les animaux et les oiseaux qui viennent nous visiter. Une saison, une mère caille a fait son nid sur le sol de notre atrium ouvert, où nous pouvions épier sa couvée en développement par les carreaux.

Lorsque nos petits-enfants sont venus du Midwest nous visiter, c'est la petite Hannah de sept ans qui a pressé son nez contre la vitre et est devenue la compagne en poste de la mère caille. Hannah s'assoyait sur le plancher de tuiles, gardant le nid de l'intérieur de la maison pendant de longues périodes. Quand nous voulions trouver Hannah, nous savions où regarder. Je me suis assise avec elle assez longtemps, trouvant le calme qui n'est pas souvent accessible quand les visites des petits-enfants sont brèves et que l'énergie est à son plus haut niveau. Assises ensemble, nous regardions la famille de cailles dégager une aura spéciale autour de nous. Nous étions à quelques centimètres des oiseaux, pourtant nous ne les effrayions pas à cause de la vitre qui nous séparait. Si nous étions immobiles et silencieuses, nous pouvions voir les cailleteaux, qui apprenaient les voies de la nature, s'agiter et se gratter autour de leur mère.

Hannah et moi étions ensemble à regarder le jour où la mère caille a commencé à emmener ses cailleteaux dans le désert, franchissant le rebord de dix centimètres. Un petit bond. Un sautillement. En haut, par-dessus. Un petit bond. Un sautillement. En haut, par-dessus. Chaque oisillon faisait la gymnastique requise pour quitter le nid protégé et entamait sa conquête de l'inconnu. La mère appelait chacun d'eux doucement, les encourageant. Tous sont partis selon le plan établi, jusqu'au tour du cailleteau le plus petit. L'oisillon sautillait encore et encore mais n'arrivait pas à franchir le rebord de ciment pour rejoindre le reste de la famille. C'était trop haut. La mère encourageait et cajolait, puis a finalement abandonné le petit dernier dans l'encadrement de soupirail pour s'occuper du reste de sa couvée qui cherchait des graines à proximité. Hannah et moi écoutions les piaulements déchirants du bébé à plumes abandonné. Nous étions également perturbées. On m'avait dit qu'une fois que les cailles quittent le nid, elles ne reviennent pas, mais je ne voulais pas faire part de cette information à Hannah. Je savais qu'elle s'attendait à ce que je résolve le problème. Son regard soutenait le mien, cherchant ma réponse.

Puis j'ai eu une idée. J'ai pris un morceau solide de carton épais et j'ai expliqué mon plan à Hannah. Nous nous sommes précipitées dehors avec le matériel de fortune. J'ai laissé Hannah mettre la rampe en place pour le dernier oisillon, l'installant en angle pour présenter une pente facile vers le sommet du rebord. Nous sommes vite retournées à la fenêtre intérieure.

Lorsque l'oisillon a tâtonné sur le carton et déguerpi pour rejoindre les autres, nous avons poussé un soupir de soulagement. C'était affaire de carton et de bon sens, de sympathie et de simple sagesse.

Les mots d'un poème d'Emily Dickinson me sont venus en tête, et nous sommes allées voir sur l'étagère et avons trouvé ses mots. Hannah et moi pouvions maintenant leur donner un nouveau sens.

Ou si j'aide un merle faiblissant
À retrouver son nid,
Je n'aurai pas vécu en vain.

Ce matin-là, dans le désert ensoleillé, ma petite-fille Hannah et moi n'avions pas vécu en vain.

Connie Spittler

Grand-papa et moi à la pêche

Un petit garçon se fit demander : « Où habites-tu? » « Là où vit mon grand-père » fut sa réponse.

Source inconnue

Mon grand-père était une figure paternelle de toutes les façons dont mon vrai père aurait dû l'être. Il m'a enseigné le respect, une éthique du travail, l'humour, l'importance des histoires, le savoir-vivre et l'entregent, le sens d'une poignée de mains, à tenir une promesse, l'engagement, à apprécier mon éducation, les complexités d'une relation, et probablement le plus important… à pêcher.

Une grande part de sa sagesse m'est venue en tenant une canne à pêche sur le quai à son chalet du lac. J'ai été façonné à son image par ses paroles qui flottaient au-dessus de l'eau, dans la canne à pêche et dans mon âme. J'ai écrit ce poème pour résumer certaines de ces leçons qui m'ont été enseignées dans la vie :

Mon grand-papa

Les petites coupures vont devant et les plus grosses,
derrière.
Sers-toi de ta tête, mon garçon! Un cerveau, il faut
que ça serve!

Et quand tu changes ce filtre, frotte un peu d'huile
sur le rebord.
Autrement, tu vas brûler ton moteur au milieu
du voyage.

Quand j'allais à l'école, je marchais un kilomètre
et demi dans la neige.
Je chassais le dîner en route pour la maison.
Un faisan ou une lapine.

Si tu veux prendre du gros poisson, tu attaches
ta ligne comme ceci.
Agace-le un peu. Ne tire pas trop fort ou tu vas
le rater.

Garde les yeux sur la route mon garçon! Ne va pas
trop vite! Ralentis!
Et ne parle pas à ta grand-mère de ces laits frappés
en ville!

Traite-la comme une dame, mon fils. Chaque jour
de ta vie.
Respecte-la et prends soin d'elle. Ta mère… ta fille…
ta femme.

Mon grand-papa me manque.

Michael W. Curry

Le panache mystérieux de mamie

Quand on est jeune, on apprend; quand on vieillit, on comprend.

Source inconnue

Elle était épatante! Mais mamie rejetait catégoriquement le titre, disant : « Personne n'est plus épatante que votre propre mère. »

Voici un aperçu de ma grand-mère. Forte et indépendante, elle a conduit la première voiture en ville, a porté des pantalons quand c'était encore scandaleux et n'a jamais levé le nez sur une blague osée. Mamie vivait à toute allure, illuminant la vie de tous ceux qu'elle rencontrait. Je me demandais pourquoi les coups durs de la vie ne semblaient jamais l'accabler.

Les tâches domestiques, même la fabrication du savon de saindoux, étaient exécutées sans effort et dans la bonne humeur. Je la regardais aller à pas précipités, vidant les cendriers dans le ramasse-miettes. Comme c'était spécial! Pourtant, à la vue d'un enfant qui s'ennuyait, elle laissait immédiatement tomber sa serviette et venait s'asseoir pour lui montrer un jeu de patience.

Baignant dans la chaleur de sa présence enjouée, je la regardais placer la dernière pince à cheveux dans sa chevelure brillante traitée au henné.

« Tu veux m'accompagner à l'épicerie, mon chou? »

« Oh! oui. » J'étais toujours fière de marcher à ses côtés. Grande et mince, et si impeccablement vêtue (elle était la seule grand-mère qui portait des talons aiguilles – distinction importante pour moi), mamie marchait énergiquement, lançant des « Bonjour, ma petite demoiselle. Mon lapin, comment va ta charmante maman aujourd'hui? » alors que les enfants du quartier lui envoyaient la main et lui criaient « Bonjour, Mme K. » Ils sentaient qu'elle était une femme qui connaissait les enfants et croyait en eux.

Les livreurs et les visiteurs s'attardaient toujours dans l'élégante maison de mamie. Riant et bavardant, elle discutait de politique et de recettes avec le même enthousiasme, son fume-cigarette doré dans les airs, ponctuant son discours avec grâce. Encadré d'une forte mâchoire carrée et de pommettes proéminentes, son merveilleux sourire et ses yeux verts étincelants surveillaient les signes de problèmes. Le bourru devenait joyeux; la vulgarité était traitée avec délicatesse. Mamie redonnait force aux affligés, calme aux hystériques et chacun repartait se sentant touché par son amour. Pourquoi, me demandais-je, ne semblait-elle jamais de mauvaise humeur?

Devenue veuve à 52 ans, elle m'invitait plus souvent à passer la nuit. Les matins, m'éveillant au son de sa voix rauque chantant dans la cuisine, apportaient de nouvelles aventures culinaires.

« Votre petit-déjeuner est servi, ma reine. » Feignant d'être ma femme de chambre, mamie tirait une chaise d'un grand geste. Il y avait à ma place, mise élégamment, une mangue juteuse et mûre ainsi qu'un œuf à la coque debout dans un délicat cocotier. Le cristal et la fine porcelaine étaient utilisés tous les jours, jamais rangés.

Certains soirs, après avoir vidé la table de la salle à manger, mamie jetait un chandail sur ses épaules et sortait dans la nuit. Finalement, j'ai demandé : « Mamie, où vas-tu… puis-je venir? »

« Non, ma chérie », gloussait-elle. « C'est mon temps pour être seule. » Je sentais un air de mystère.

Un soir, après que mamie est sortie, je suis passée par la fenêtre de ma chambre et je l'ai suivie – de loin, les histoires de Nancy Drew m'avaient bien appris. Mamie parcourut rapidement deux pâtés de maisons éclairées et entra à l'église du quartier (les églises ne fermaient jamais à l'époque). Je me suis cachée derrière une énorme colonne tandis que mamie s'agenouillait dans le banc, sans missel dans les mains. Après quelques instants, elle a baissé la tête. Quand elle l'a finalement relevée, j'ai vu, à la lumière des dizaines de bougies, que son visage ruisselait de larmes. Mamie pleurait! Elle regardait fixement l'autel. Lentement, très lentement, les coins de sa bouche se sont mis à remonter. La belle courbe s'accentua. Enfin, ce sourire unique et resplendissant était revenu. Elle resta assise un moment de plus, comme si elle achevait une transaction d'affaires, puis se leva brusquement, fit sa génuflexion et s'en alla.

Une fois bien au chaud dans mon lit, j'ai médité ce que je venais d'apprendre. Apporter mes chagrins à l'église. Les y laisser. En face de l'adversité, esquisser un sourire; sous peu, il sera authentique. Mamie avait des problèmes comme nous tous; elle refusait simplement d'y succomber.

Lynne Zielinski

C'est le cœur qui unit les petits-enfants et les grands-parents.

Source inconnue

Coup de circuit

Parfois, vous ne savez pas à quel point vous êtes courageux jusqu'à ce que la catastrophe survienne et que vous constatez, à votre étonnement, que vous faites ce qui doit être fait.

Wilfred Rand

J'avais dix ans. Cet été-là, la vie, c'était la balle molle, grimper aux arbres, la chasse aux têtards et la bicyclette, dans cet ordre.

La rue de notre ville était faite pour la balle molle. Un roulant bien frappé pouvait se rendre à un kilomètre et demi plus bas sur ce « terrain » pavé. Heureusement, il y avait très peu de circulation pour interrompre notre pratique et nos parties. Quand une voiture approchait, nous nous rangions près du trottoir, saluant le conducteur ou la conductrice qui passait.

Étonnamment, je ne me souviens d'aucun accident, incident ou problème issu de cet arrangement… sauf un. Seulement un.

À l'instant où cette balle molle a frappé mon bâton, j'ai su que j'avais fait une gaffe. Une grosse. Dans un quartier doté de maisons des deux côtés de la rue, la marge d'erreur était limitée. Des heures et des heures de pratique ont grandement amélioré nos chances de garder la balle entre les trottoirs et, par conséquent, d'éviter les maisons, les pelouses et les voitures garées dans les allées. Toute balle frappée au-delà d'un des deux trottoirs était donc nécessairement fausse.

Suivant immédiatement l'éclatement assourdissant de cette énorme vitre, mes coéquipiers ont fui vers des terres inconnues. C'était vraiment une situation grave et ce n'était pas le temps de s'attarder au fait évident que mes amis étaient une bande de froussards.

Les Hanson n'étaient quand même pas des trolls. Du moins, aussi longtemps que personne ne venait faire un faux pas sur leur gazon. Jusque-là, ils n'avaient jamais tué d'enfant du quartier, à ce que je sache. Mais c'était une faute grave.

Étant d'une famille de huit enfants et fille de laitier, je savais que, en grande partie, l'argent était pour l'essentiel et pas à prendre à la légère. Je savais aussi, instinctivement, que mon papa remplacerait cette fenêtre. J'étais une enfant mineure. Mon père était mon père et responsable de moi – pour le meilleur et pour le pire. Il paierait la fenêtre parce que je l'avais brisée. Aussi simple que cela. Les Hanson avaient un immense trou béant devant leur maison, et je l'y avais mis.

J'ai finalement déposé mon bâton, ne voulant pas apporter une arme fumante avec moi. Soudain, chaque jambe pesait 50 kilos, en remontant péniblement l'allée menant à la véranda de la Maison des horreurs.

Nul besoin de frapper. Mme Hanson n'a pas perdu de temps à me saluer, la porte étant grande ouverte, et elle m'a escortée à l'intérieur vers cette nouvelle vue imprenable de la scène du crime. Comme un juge de bois stoïque, la chaise haute de son petit-fils meublait sobrement cette pièce même. Mme Hanson disait : « Et s'il avait été dedans? » Même si le bébé n'était pas dans la maison, que la chaise haute était à quelques mètres de la fenêtre et que la moustiquaire était encore intacte, je me sentais comme si j'avais tué le bébé.

Longtemps après, j'ai été relâchée et j'ai marché sur le trottoir, vers la maison. Je me demandais s'il était possible de me sentir plus mal. Je devais maintenant faire face à mon père avec ce que j'avais fait.

J'ai été surprise de voir M. Terryberry sortir de la maison. C'était un voisin de l'autre côté de la rue et il n'était jamais venu chez nous auparavant. Son fils et sa fille faisaient partie de mon équipe de balle molle de rue – partie de la bande de froussards.

Je me suis demandé si ses enfants lui avaient dit ce que j'avais fait. Ou peut-être était-il un témoin oculaire, et il était venu moucharder à mon père.

Je savais qu'on ne me frapperait pas. Je savais qu'on ne me crierait pas après. Mais mon père dirait sans doute « Seigneur! » dans son agitation, il grognerait sans doute quelques secondes avant de marcher chez le voisin pour s'excuser et mesurer le trou où allait la fenêtre. Puis il partirait en voiture acheter la vitre de remplacement. Il serait déçu. Et ce serait ma faute.

Quand j'ai passé la porte et que je suis entrée au salon, mon père était là pour me voir. J'évitais de le regarder en face, mais j'ai bien entendu ce qu'il m'a dit : « Je suis fier de toi. »

Épatant. Il devait y avoir un énorme malentendu. Désireuse de le renseigner et de faire sortir la vérité, j'ai riposté : « C'est moi qui ai frappé la balle. »

« Je sais », dit mon père. Il avait des yeux pleins de bonté. « M. Terryberry a vu toute la scène. » J'étais encore confuse. Je ne comprenais pas bien. Mon père, Monsieur Caractère, était fier de moi?

Il m'a dit que M. Terryberry avait vu son fils me lancer la balle, qu'il m'avait vue la frapper, qu'il avait vu la fenêtre voler en éclats et qu'il pouvait à peine en croire ses yeux quand ses enfants et les autres ont pris la fuite et m'ont laissée seule pour affronter l'épreuve. Il croyait que j'allais sûrement lâcher le bâton et suivre les autres. Il a dit qu'il était agréablement surpris de me voir plutôt faire face à Mme Hanson.

M. Terryberry a dit à mon père : « Je suis aussi fier de votre enfant que j'ai honte des miens. » Et c'est M. Terryberry qui a acheté la nouvelle vitre – et n'acceptait aucune discussion.

Mon père était fier de moi et j'étais au septième ciel… jusqu'à ce qu'il dise plus de bâton dans la rue – seulement une balle et des gants. Mais, le sixième ciel n'était pas si mal.

Alison Peters

PICKLES. © 2001, The Washington Post Writers Group. Reproduit avec autorisation.

Le petit copain de grand-papa

L'espoir, c'est mettre la foi en œuvre quand douter serait plus facile.

Jean Wasserman McCarty

Comme Steven était dans une position mal assurée sur la rive du lac Malone dans l'ouest du Kentucky, son grand-père regardait son « petit copain » tenter désespérément de faire en sorte qu'au moins un des nombreux galets plats qu'il avait amassés fasse des ricochets à la surface de l'eau reflétant le soleil. « Lâche pas, fiston! » lui criait son grand-père avec moult enthousiasme. « Grand-papa », demanda Steven de sa voix changeante de pré-adolescent, « pourquoi est-ce que je ne suis pas bon dans tout ce que j'essaie? Je veux être un grand lanceur comme tu l'étais! »

Son grand-père lui toucha doucement l'épaule en observant les yeux de son petit-fils se remplir de larmes. « Petit copain, laisse-moi t'expliquer pourquoi tu es déjà un grand lanceur et que tu seras un meilleur lanceur que ton vieux grand-père. Est-ce que je peux te donner un petit conseil, fiston? »

Steven regarda intensément son héros dans les yeux et répondit : « Oui, grand-papa! Je ferai n'importe quoi pour être bon comme toi! »

Son grand-père l'assit sur une bûche creuse et le tira près de lui. « Petit copain, je veux que tu te souviennes de ce que je vais te dire et tout ce que je demande, c'est que tu n'oublies jamais ce que j'ai dû apprendre durement. Promets-tu de t'en souvenir? » Sans une pause, Steven assura son grand-père qu'il se souviendrait de tout ce qu'il lui dirait.

Son grand-père poursuivit : « Si tu crois que quelqu'un est meilleur que toi, souviens-toi toujours que tu es le seul à penser que l'autre est meilleur. » Son petit-fils lui lança un regard interrogateur et surprit son grand-père par sa réponse.

« Alors, tu dis que je dois me servir de ma tête. C'est ça que tu dis, grand-papa? »

« En plein ça, petit copain! Bien des gens mettent l'accent sur ce qu'ils font mal, mais les gagnants trouvent ce qu'ils font bien. » Son petit-fils répondit par une autre brillante réflexion basée sur ce qu'il avait entendu dire par son grand-père. « Alors il faut que je me dise que je suis bon? » demanda-t-il. Son grand-père sourit et continua.

« Non seulement tu dois te dire que tu es bon, mais tu dois toujours croire que tu es un as! Tu vois, petit copain, tu as de la détermination et du courage. Je t'ai observé lancer ces galets pendant plus de deux heures, et quiconque persiste aussi longtemps a ce qu'il faut pour être un gagnant, même s'il est occasionnellement un peu dépité! »

En remontant la côte vers la maison que le grand-père de Steven avait bâtie pour lui et sa femme vingt ans auparavant, son grand-père prit la main de son petit copain et lui livra la dernière perle de sagesse que Steven allait entendre lui offrir : « Tu vas être au monticule du lanceur la saison prochaine, et je serai là aussi, si Dieu le veut. Quand tu seras sur ce monticule, je veux que tu te répètes ce que je vais te dire quand tu amorces le lancer de chaque balle. Écoutes-tu, fiston? »

Steven regarda son grand-père et répondit avec audace : « Oui, Monsieur! »

« Bon, alors je veux que tu répètes ceci après moi. "Quand j'ai le moral à plat, je sais que Dieu me relèvera!" » Son petit-fils le répéta trois fois avant qu'ils n'atteignent finalement la véranda.

La saison suivante arriva, et Steven regarda dans les estrades en cherchant le visage fier et toujours ardent de son grand-père. « Maman, je ne vois grand-papa nulle part! Où est-il? » demanda-t-il à sa mère très croyante. « Steven, grand-papa ne sera pas ici aujourd'hui parce que Dieu l'a rappelé auprès de lui la nuit dernière. » Steven se mit à pleurer et sa mère le consola d'une étreinte ferme et réconfortante. « Steven, avant de mourir, grand-papa m'a dit hier soir de bien te dire qu'il t'aime et de répéter ce qu'il t'a dit de te dire à toi-même sur le monticule. » Les yeux brun foncé de Steve revinrent à la normale comme il essuyait ses larmes sur la manche de sa chemise de baseball. Les yeux secs, il déclara immédiatement : « Quand j'ai le moral à plat, je sais que Dieu me relèvera. » Les yeux de sa mère se remplirent de larmes comme elle lui tapotait le dos et regardait en direction du monticule du lanceur. Il se rendit au monticule, et sa mère l'entendit encore répéter ce que son grand-père lui avait enseigné de dire.

Avec deux prises et trois balles lancées de travers en fin de neuvième manche, la foule regarda Steven s'arrêter, s'agenouiller sur un genou, murmurer quelque chose et se relever bien droit et fier. Il fixa le batteur dans les yeux et cria assez fort pour que toute la foule entende : « Quand j'ai le moral à plat, je sais que Dieu me relèvera. » Étrangement, il tenait la balle comme les galets que son grand-père l'avait vu lancer en ce jour ensoleillé, seulement une année plus tôt. Steven prit position, les yeux toujours dans les yeux du batteur. Avant de lancer, il se souvint des autres paroles sages de son grand-père – « Si tu crois que quelqu'un est meilleur que toi, souviens-toi toujours que tu es le seul à penser que l'autre est meilleur. » Il lâcha la balle avec un furieux et curieux lancer de côté qui intimida le frappeur plus qu'un peu, car il ne la vit jamais s'incurver au-dessus du milieu du marbre. « Retiré! » cria l'arbitre et à l'étonnement de Steven, la foule, composée en grande partie des parents des deux équipes, se leva et donna une ovation à Steven. Son équipe et l'équipe adverse se précipitèrent et le portèrent hors du terrain.

Les choses se calmèrent après tous ces honneurs, et Steven remarqua un vieillard qui venait vers lui. « C'est tout un lancer que tu as fait là, fiston », déclara le vieil homme avec le même regard fier que son grand-père avait souvent arboré.

« Monsieur, merci beaucoup. » Steven semblait confus et demanda : « Monsieur, est-ce que je vous connais? » Le vieil homme sourit et effleura l'épaule de Steven avant de dire : « Non, fiston, tu ne me connais pas, mais ton grand-père me connaissait. » Steven s'exclama avec enthousiasme : « Vous connaissiez mon grand-papa? »

Les yeux du vieillard s'embuèrent de larmes lorsqu'il dit à Steven : « Ton grand-père m'a retiré exactement comme tu viens de le faire avec ce garçon, quand nous avions à peu près ton âge. Il m'a dit quelque chose que je n'oublierai jamais juste avant que je signe avec la Ligue nationale de baseball. » Les yeux de Steven brillaient comme il attendait ce qu'allait dire le vieil homme ensuite. « Ton grand-père m'a dit que mon meilleur atout dans les ligues majeures ne serait ni mon lancer, ni ma manière de frapper. Il m'a dit que si jamais je croyais que quelqu'un était meilleur que moi, de toujours me souvenir que j'étais le seul à croire que l'autre l'était. Ce qu'il ne m'a jamais dit, c'est ce que tu as crié quand tu étais au monticule. Ta mère m'a fait un interurbain hier soir et m'a demandé de venir. J'avais le moral à plat pendant le voyage pour me rendre ici, mais grâce à toi, fiston, Dieu m'a relevé! »

Brian G. Jett

4

Transmettre un héritage

Chacun de nous laisse une empreinte
sur ce monde, qui témoigne que nous étions ici,
de qui nous étions et de ce que nous avons fait.
Votre seul choix est
quel genre d'empreinte laisser.

Sidney B. Simon

Grand-mère nature

Nul besoin d'être une super mamie pour que vos petits-enfants vous adorent. Un souvenir précieux peut durer toute une vie.

Janet Lanese

Quand j'étais petite fille, j'étais une des neuf cousins germains qui passaient les vacances d'été ensemble au chalet de mes grands-parents. Mes cousins plus âgés faisaient de la voile et du ski nautique, et les plus jeunes garçons jouaient avec leurs camions dans le sable, au bord de l'eau.

C'est là que ma grand-mère me trouvait assise seule dans la véranda grillagée, me sentant à l'écart et pas à ma place. Elle prenait ma menotte et me vendait l'idée d'une marche dans la nature, ce qui n'était pas difficile.

Les marches dans la nature avec ma grand-mère étaient toujours une aventure. Nous regardions des étendues de mini-champignons rose gomme flotter sur des monticules de mousse vert lime bordés de lichen mince, qui ressemblaient à des soldats de plomb avec des chapeaux.

Une fois, nous avons trouvé un rond enchanteur – un cercle naturel de champignons d'un diamètre d'un peu plus d'un mètre. D'autres fois, nous trouvions des calypsos bulbeux ou des marguerites jaunes, des carottes sauvages, des diclybrées du Canada ou des bleuets sauvages.

Plus loin dans le bois, il y avait des troncs d'arbres en décomposition qui abritaient des araignées, des salamandres et des calumets de paix indiens. Partout où nous allions, nous trouvions d'intéressants insectes, cailloux et plantes.

Au printemps, je lui rendais visite en Ohio, et nous nous dirigions vers les bois pour trouver des fleurs sauvages – de l'ail doux, des trilles ou des calathéas remarquables. Nous avancions sur le tapis forestier amolli par les pluies du printemps. À travers les dos de violon, passé le tabac du diable et par-dessus le pain de perdrix, jusqu'à ce que nous trouvions son modèle. Je tenais le journal ouvert pendant qu'elle y pelletait quelque vingt plants d'ariséma de Stewardson ou plus. Ils étaient destinés à de petits gobelets de papier qui seraient livrés à un programme Bon départ d'un centre-ville.

Peu importe l'époque de l'année, nous trouvions toujours une aventure et un merveilleux trophée à rapporter à la maison – un vieux nid de guêpes, des larves de monarque à élever, de grandes pommes de pin ou des glands de différentes formes. Chaque nouvelle découverte me rappelait que Dieu était avec moi en ce monde rempli de merveilles, et que je n'étais pas seule sur cette planète.

Vingt ans plus tard, je me suis retrouvée mère célibataire avec deux fillettes. Me remémorant la joie paisible de mes marches avec ma grand-mère, je prenais mes fillettes par la main et nous partions pour les bois. C'est au cours de ces marches avec mes propres enfants que j'ai finalement connu la joie de partager les secrets de la nature avec de jeunes enfants. L'honneur de présenter à une enfant sa première rainette ou couleuvre, ou d'observer son visage quand un monarque fait battre ses ailes pour la première fois au bout de son doigt. Cela a contribué à mettre les choses en perspective.

J'ai trouvé la solitude pendant ces longues marches tranquilles, où le simple plaisir de trouver une mante religieuse ou d'écouter le bruissement des arbres me remuait le cœur et renouvelait ma paix. Et encore une fois, comme aux jours de ma propre enfance, c'était comme si je savais qu'à la fin de ma longue marche, il y aurait au moins un petit miracle divin pour me rappeler que je n'étais pas seule sur cette planète.

Au moment où j'écris ces lignes, il y a quarante ans que j'ai marché avec ma grand-mère. Mes filles sont diplômées et vivent dans leur propre chez-soi. C'est lors d'une récente visite à ma grand-mère, qui a maintenant quatre-vingt-dix-huit ans, qu'elle m'a rappelé ces merveilleuses marches enrichissantes dans les bois.

Assise en face d'elle, tenant sa main frêle, j'avais envie de parler de nos marches. Je voulais lui dire enfin ce que les enfants oublient souvent de dire. Je voulais lui dire « merci » de m'avoir légué une merveilleuse tradition et un héritage que j'allais transmettre à mes propres petits-enfants. Je voulais la remercier pour m'avoir remarquée, assise toute seule dans la véranda quand j'étais si petite. Et je voulais partager l'enchantement d'avoir découvert ensemble l'univers de Dieu.

Le chagrin et la frustration sont montés en moi quand je me suis rendu compte qu'elle ne pouvait pas vraiment me comprendre. Ses yeux bleus s'étaient embrouillés avec la cécité et son ouïe avait disparu. Je savais qu'elle se sentait toute seule, emprisonnée dans un corps qui avait abandonné bien avant que son esprit ne soit prêt. Aussi seule que je m'étais sentie enfant, au chalet d'été.

Comment lui dire ce qu'avait signifié pour moi qu'elle me sorte de ma solitude? Comment la rejoindre dans sa solitude? Comment raviver la joie de nos aventures et découvertes? J'étais accablée par les évidentes probabilités. Je ne pouvais pas la faire voir, entendre ou marcher. J'étais impuissante.

Quand elle a fait sa sieste d'après-midi, je suis sortie prendre une marche. C'était un beau jour d'octobre frais, et je me suis mise à prier. J'ai d'abord demandé à Dieu de me pardonner de ne lui avoir jamais dit le cadeau qu'elle était pour moi. Puis je l'ai supplié de me montrer comment la rejoindre. En marchant, j'avais distraitement commencé à ramasser des glands et des feuilles d'automne. J'ai regardé et là, dans mes mains, j'ai vu la réponse de Dieu.

J'ai passé l'heure suivante à remplir un panier des trésors de la nature aussi texturés que possible. Il y avait des potirons bossés verruqueux et des pommes de pin à épines, des glands lisses et des feuilles d'automne craquantes. J'ai même trouvé un kiosque de cultivateur qui m'a vendu une petite citrouille très ondulée avec des plis si creux qu'elle avait l'air d'un accordéon orange. Elle était couronnée d'une queue rugueuse toute tordue et tournée comme un bois de grève.

Je suis retournée à la maison. Quand ma grand-mère s'est levée pour dîner, je lui ai mis le panier sur les genoux. Elle y a mis la main et a sorti les trésors un à un. Elle a nommé chacun correctement, en décrivant de mémoire la couleur – feuilles d'érable pourpre, potirons verts et jaunes, glands beiges, citrouille orange, duvet argenté des asclépiades, feuilles de chêne brunes. Elle leva chacun pour en saisir l'odeur piquante, et rit jusqu'à ce que ses yeux se remplissent de larmes.

Après quarante ans, je montrais à grand-maman les merveilles de la nature d'une toute nouvelle façon. En me concentrant sur cc qu'elle pouvait faire plutôt que sur ce qu'elle ne pouvait pas faire, elle a pris une marche dans la nature à l'aide de ses doigts et de son odorat.

Ce qu'on dit doit être vrai, que lorsqu'on perd un sens, les autres deviennent plus puissants. Parce que toucher et sentir ces trésors du panier était si fort que cela ramenait la mémoire de tous les autres sens de grand-maman. Pendant un moment, elle était ma « complice » forte et robuste découvrant les mystères au creux des bois.

Dieu nous avait donné une marche dans la nature dans un panier. Et comme toujours, la paix divine remplissait mon cœur tandis qu'un autre petit miracle me laissait savoir que je n'étais pas seule sur cette planète, après tout.

Sally Franz

Un valentin pour grand-maman

Les familles vivront à travers les histoires que nous racontons à nos enfants et à nos petits-enfants.

Carolyn J. Booth et Mindy B. Henderson

Ce n'était qu'une farce inoffensive, c'était tout. Et ce n'était pas comme si la vieille madame Hayes ne le méritait pas. La façon qu'elle avait de nous crier après pour lui avoir emprunté quelques-unes de ses précieuses framboises, comme si nous avions volé de l'or à Fort Knox… eh bien, elle l'avait cherché.

Du moins, c'est ce qu'il nous semblait alors que George finissait d'attacher la ficelle à la boîte rouge en forme de cœur. Nous avons ricané quand Ron a ajouté la touche finale : deux roses rouges en plastique, collées au couvercle de la boîte de valentin vide.

« Je me demande ce qui va la surprendre le plus », ai-je demandé tandis que George et Albert s'exerçaient à éloigner la boîte hors de portée, en tirant sur la ficelle de cerf-volant usagée que nous y avions attachée, « voir la boîte de bonbons sur son perron ou la regarder s'envoler quand elle va essayer de la prendre? »

Nous avons ri en regardant George faire courir Albert après la boîte vide autour du garage poussiéreux. Pour un Navajo de dix ans grassouillet, Albert faisait une assez bonne imitation du boitillement voûté de Mme Hayes et de son air constamment renfrogné. Et nous avons hurlé de rire quand il a pris un balai et a fait semblant de le monter dans l'air hivernal en criant : « Je suis la vieille madame Hayes, la vieille bique la plus ratatinée de l'Ouest! »

Ron a été le premier à remarquer mon père dans l'entrée. En quelques secondes, tous ont partagé l'anxiété de Ron, sauf

Albert qui, inconscient de la présence de papa, continuait à tourner autour du garage, caquetant et hurlant, jusqu'à ce qu'il arrive face à face avec notre observateur silencieux.

Pendant quelques instants, le seul mouvement dans la pièce soudainement silencieuse est venu de nos bouches. Albert a fait une grimace, cherchant dans sa tête une manière de cacher les preuves rassemblées si nettement contre lui – et nous.

Papa a rompu l'immobilité en marchant lentement vers la boîte de bonbons vide gisant aux pieds d'Albert. Il l'a prise et l'a tenue par la ficelle, la regardant se balancer d'avant en arrière d'un œil incriminant. Puis, il a regardé dans les yeux les six garçons effrayés qui observaient anxieusement chacun de ses gestes. Et, comme à son habitude, il a regardé aussi dans leurs cœurs.

« Il ne semble pas si lointain le temps où je jouais moi-même des tours à la Saint-Valentin » dit-il en déposant la boîte en forme de cœur sur l'établi. Au début, il était difficile d'imaginer mon digne père jouer un tour semblable à celui que nous préparions. Mais ensuite, je me suis souvenu d'une photo que j'avais vue de lui enfant, avec des cheveux roux, des taches de rousseur et un sourire espiègle. C'était possible, me suis-je dit.

« Une fois, à la Saint-Valentin, mes cousins et moi avons décidé de jouer un bon tour à ma grand-maman Walker », poursuivit-il. « Pas parce que nous ne l'aimions pas. Elle était la grand-mère la plus douce qu'un garçon puisse avoir, et nous l'aimions. Nous nous sentions seulement un peu démons et avions décidé de nous amuser un peu à ses dépens.

« Tôt dans la soirée, nous nous sommes faufilés jusqu'à sa porte avec une boîte de peinture rouge. Grand-maman était dure d'oreille, alors nous n'avions pas à nous soucier de ne pas faire de bruit. Ce qui était une bonne chose, parce que chaque fois que nous pensions à quel point ce serait amusant de voir grand-maman essayer de prendre un valentin frais peint à sa porte, nous ne pouvions nous empêcher de rire.

« Ce ne fut pas long à terminer. Ce n'était pas très artistique, mais pour une bande d'enfants de cultivateurs et une vieille dame qui ne voyait pas bien, cela ferait l'affaire. Dès que nous avons été satisfaits de la peinture, nous avons donné des coups de pied dans la porte et avons couru nous cacher derrière les arbustes pour regarder le spectacle.

« Il y avait un tas de ricanements tandis que nous attendions dans la neige que grand-maman ouvre la porte. Quand elle est enfin apparue, elle s'est tenue dans l'entrée un moment, regardant dans l'obscurité, ses cheveux gris bien tirés dans son chignon habituel, s'essuyant les mains sur son tablier blanc habituel.

« Elle a dû entendre la commotion dans les arbustes parce qu'elle a regardé dans notre direction en parlant assez fort pour que nous l'entendions : "Qui peut bien frapper à ma porte à cette heure?" J'avais mal à l'estomac et aux joues à force de me retenir de rire. Puis elle a regardé sur son perron. Même à quinze mètres, nous pouvions voir la joie illuminer son regard quand elle a aperçu l'éclat de rouge à ses pieds.

« "Oh, quelle merveille!" s'est-elle exclamée. "Un valentin pour grand-maman! Et je croyais qu'on allait m'oublier encore cette année!"

« Elle se pencha pour recueillir son cadeau. C'était le moment que nous avions attendu, mais pourtant ce n'était pas aussi amusant que prévu. Confuse, grand-maman tâtonna la peinture fraîche un moment. Elle s'est vite rendu compte de notre farce. Son ravissement d'être revenue à la mémoire d'un soupirant lors de la journée des amoureux fut de courte durée.

« Elle a tenté de sourire. Puis, avec toute la dignité qu'elle pouvait avoir, elle s'est tournée et est rentrée dans la maison, essuyant distraitement la peinture rouge sur son tablier blanc propre. »

Papa a fait une pause, laissant l'immobilité s'installer une fois de plus sur la bande de garçons attentifs. Pour la première fois, j'ai remarqué que mon père avait les yeux humides. Il respira à fond. « Grand-maman est morte plus tard cette année-là, dit-il. Je n'ai jamais eu d'autre chance de lui donner un vrai valentin. »

Il prit la boîte de bonbons de l'établi et me la rendit. Il n'y eut plus un autre mot; il s'est retourné et a quitté le garage.

Plus tard le même soir, une boîte rouge en forme de cœur avec deux roses en plastique a été placée sur le perron de Mme Hayes par six garçons hilares. Nous nous sommes cachés derrière les arbustes couverts de neige pour voir comment elle allait réagir à recevoir une pleine boîte de bonbons et de noix.

Sans ficelle.

Joseph Walker

Lune de la moisson

Le secret du bonheur ne consiste pas à faire ce que l'on aime, mais à aimer ce que l'on fait. Tenez parole, cela dit qui vous êtes.

J. M. Barrie

Mon grand-père avait une petite ferme où il élevait des bœufs et cultivait des grains de pâture. Il travaillait aussi vaillamment en usine et était pasteur rural. Il était un bon voisin connu pour tenir parole.

Quand venait le temps de la moisson, il assemblait sa vieille moissonneuse-bateuse à maïs à un rang et l'huilait pour la saison. Il la tirait assis derrière un petit tracteur Ford 9-N avec une charrette attachée à l'arrière. C'était un assemblage bruyant, contrairement aux machines modernes que l'on voit de nos jours dévorer les armées de grain doré par énormes bouchées.

Toute son exploitation agricole était comme ça. Rudimentaire. En fait, sa vie était aussi comme ça. Il travaillait dur, aidait les autres, et l'on pouvait compter sur lui pour tenir ses promesses. C'est tout cela qui a été rendu si difficile, un automne, lorsque des circonstances pénibles se sont acharnées sur lui.

Il avait promis de récolter quelques rangs de maïs qui poussaient autour des collines de la ferme d'un ami, mais après avoir récolté son propre maïs, la petite moissonneuse de grand-papa a toussé, crachoté et lâché. Elle serait hors d'état de servir jusqu'à ce qu'une pièce particulière soit commandée, ce qui prendrait beaucoup trop de temps pour aider cette année. Les chances d'être en mesure d'aider son voisin ont ensuite encore diminué, car l'usine où travaillait grand-papa s'est mise à exiger des heures supplémentaires. Afin d'y conserver son emploi, il devait quitter la ferme avant l'aube et ne revenait chez lui que bien après le coucher du soleil.

Un soir d'automne, alors que la moisson tirait à sa fin, sa femme et lui se sont assis à la table de la cuisine à siroter un café noir amer et à tâcher de trouver une issue à leur dilemme.

« Tu ne peux rien faire », dit ma grand-mère. « Tu vas devoir lui dire que tu ne peux pas l'aider au maïs cette année. »

« Eh bien, cela ne me convient simplement pas », dit mon grand-père. « Mon ami dépend de moi. Je ne peux pas vraiment laisser la récolte de mon voisin pourrir dans le champ, vrai? »

« Si tu n'as pas la machinerie, tu ne peux pas le faire », dit-elle.

« Eh bien, je pourrais le faire comme nous faisions avant. Je pourrais le récolter à la main », dit-il.

« Quand crois-tu avoir le temps de faire ça? » demanda-t-elle. Avec les heures supplémentaires que tu fais, tu serais debout toute la nuit… d'ailleurs, il ferait trop noir. »

« Il y a un soir où je pourrais le faire! », dit-il, se précipitant vers l'étagère à livres. Il saisit l'*Almanach des fermiers* et se mit à le feuilleter jusqu'à ce qu'il trouve ce qu'il cherchait. « Ah! Il y a encore une pleine lune en octobre. » Il se trouvait que la lune de la moisson n'était pas encore passée. On dit qu'elle s'appelle ainsi parce qu'elle donne aux cultivateurs plus de lumière et plus de temps pour leurs récoltes. « Si le Seigneur nous donne du temps clair, je crois que je peux le faire », dit-il.

Ainsi, quelques jours plus tard, après un long quart de travail à l'usine, mon grand-papa se dirigea vers le champ où ma grand-maman vint à sa rencontre en camion avec un dîner et un thermos fumant de café noir et fort. Le temps était froid mais clair, et la lune brillait. Il a travaillé toute la nuit pour tenir sa parole.

Je connais bien cette histoire parce que j'ai passé des heures sur ce vieux tracteur à parler avec grand-papa. Nous avons même souffert de ce même café amer ensemble. Je suis fier de dire que mes parents m'ont donné son nom.

Parfois, lorsque je suis tenté de faire les coins ronds ou d'échapper à mes responsabilités, je pense à mon grand-père avec sa faux coupant de grands pans de maïs dans la lumière de la lune de la moisson. J'entends les épis de maïs frapper le fond de la charrette et la musique des oies traversant le ciel froid d'octobre. L'obscurité du matin d'automne frileux m'enveloppe l'esprit et je vois mon grand-père, sa besogne enfin terminée, se traîner jusque sur le siège du vieux tracteur et s'en aller chez lui. Derrière lui, dans le clair de lune pâlissant, rang après rang de maïs se tiennent au garde-à-vous par respect pour un homme qui tient sa parole.

Kenneth L. Pierpont

Passer le flambeau

Presque toute l'honnête vérité qui se dit en ce monde sort de la bouche des enfants.

Oliver Wendell Holmes

L'été de 1964, un lac dans les forêts du nord.

« Lève-toi! Lève-toi! » murmure ma mère.

Mes yeux s'ouvrent d'un coup. La confusion m'embrouille le cerveau. Où suis-je? Quelque chose ne va pas? Je regarde rapidement autour de moi.

Je suis prise en sandwich entre des couvertures de laine usées et le matelas crevé d'un vieux lit de métal sur la véranda de notre chalet familial en bois rond. N'ayant presque pas changé d'aspect depuis que mes grands-parents l'ont construit en 1929, il est perché sur une colline, entouré de pins et de l'odeur de moisi des bois.

Sous mes paupières endormies, j'aperçois la balançoire vert foncé de la véranda, la table aux pattes de bouleau et le verre fumé de la lanterne au kérosène qui reflète le calme du lac plus bas.

Ayant échappé aux chaudes terres de maïs de chez moi pour quelques semaines d'été, je me crois au paradis sur Terre. Mon visage ressent la fraîcheur de l'air du petit matin. Je me détends et me pelotonne plus profondément dans la chaleur des couvertures.

« Lève-toi! » murmure de nouveau la voix de ma mère. « Tu dois venir maintenant. Le lever de soleil est une splendeur! »

Le lever de soleil? Me lever pour voir le soleil se lever? Qui croit-elle berner? La dernière chose que cette fille de quatorze ans veut faire est de quitter un lit chaud pour aller voir un lever de soleil, magnifique ou autrement. Il est cinq heures du matin et on gèle dehors.

« Dépêche-toi! » insiste ma mère.

Prenant soin de ne pas faire claquer la porte moustiquaire, elle se met à dévaler les quarante-neuf longues marches en vitesse vers le lac en bas.

Dans le lit jumeau face au mien, ma sœur de dix-sept ans, Nancy, bouge. Elle repousse les couvertures et tombe sur le plancher. Pour ne pas être en reste, je fais un effort suprême et m'arrache du lit aussi. Dans nos chemises de nuit en coton mince, nous nous emparons des couvertures d'armée kaki de la Deuxième Guerre mondiale de mon père qui sont au pied de nos lits et en entourons nos épaules.

Quand nos pieds nus touchent le plancher froid de la véranda, le réveil est foudroyant. Notre pas s'accélère. L'une de nous n'attrape pas la porte moustiquaire. Elle claque. Comme une paire de punaises d'eau zigzaguant sur le lac en évitant les mâchoires des poissons, nous faisons notre chemin avec précaution parmi des rochers glissants et des aiguilles de pin piquantes en bas des quarante-neuf marches en rondins couvertes de rosée menant à la rive du lac.

Quand nous sentons que nous avons sauvé nos pieds de tout crapaud corné ou de grosses araignées noires assez folles pour être debout à cette heure, nous prenons notre souffle et levons le regard. La silhouette de notre mère se profile contre l'aube rosée, la première lueur captant le roux doux de ses cheveux. Elle a raison. C'est un splendide lever de soleil.

De l'autre côté du lac, un éclat du rouge le plus brillant arrive au sommet de la forêt obscure. Des tons de lavande, de rose et d'ambre vibrent dans le ciel comme un kaléidoscope céleste. Loin là-haut dans le bleu doux, une étoile isolée brille encore. Une brume argentée se détache délicatement du lac lisse. Tout est tranquille. Dans le silence sacré, ma mère, ma sœur et moi sommes respectueusement debout ensemble contre un fond de grands pins, et nous observons la magie de l'aurore de Dieu qui se révèle.

Soudain, la courbe d'un soleil brillant éclate à travers la forêt sombre. Le monde s'éveille. Nous regardons un héron bleu prendre son envol d'une rive lointaine et voler au-dessus des eaux tranquilles. Deux canards font un amerrissage ondulé près de notre quai tandis que la beauté noire et blanche d'un huard effleure la rive d'une île voisine, chassant sa nourriture matinale.

Respirant l'air frais, nous resserrons toutes trois nos couvertures. Les teintes délicates du lever de soleil tournent à la brillance d'un nouveau jour, et la dernière des étoiles s'éteint. Ma sœur et moi regardons une fois de plus, courons en haut de l'escalier et sautons dans nos lits pour attraper quelques heures de sommeil de plus.

Ma mère hésite davantage à quitter l'amphithéâtre du lever de soleil. De mon lit nouvellement réchauffé, il faut un certain temps avant que je l'entende atteindre la dernière marche et fermer doucement la porte moustiquaire.

L'été de 1994, un lac dans les forêts du nord.

« Levez-vous ! Levez-vous ! » murmurai-je à mes fils adolescents dormant dans les mêmes vieux lits de métal de la véranda de notre chalet familial.

« Venez voir le lever de soleil ! C'est merveilleux ! »

Étonnamment, je regarde cette quatrième génération de dormeurs du chalet se tirer de leur confort douillet. Ils s'emparent des couvertures d'armée kaki de la Deuxième Guerre mondiale au pied de leurs lits et sortent en trébuchant par la porte de la véranda. Elle claque. Avec précaution, ils évitent les roches glissantes et les aiguilles de pin piquantes en descendant les quarante-neuf marches en rondins couvertes de rosée menant à la rive du lac.

Leur grand-mère de soixante-quatorze ans est déjà là. Ses cheveux roux, maintenant striés de blanc, reflètent les premières lueurs.

Elle accueille ses petits-fils avec le calme d'un grand sourire, resserre sa couverture et se tourne vers l'est pour observer une fois de plus l'aurore de Dieu.

Les visages de mes fils regardent attentivement les riches teintes du lever de soleil monter dans le ciel tel le plumage éclatant d'un oiseau fantastique. Avant longtemps, le bruit d'aile d'un héron bleu ou le chant mélodieux d'un huard éveille le lac.

« N'est-ce pas magnifique? » chuchotai-je.

Les garçons acquiescent silencieusement en hochant la tête. Leur grand-mère leur sourit. Bientôt, ils attrapent le bout de leurs couvertures usées et montent en vitesse les marches pour regagner la chaleur accueillante de leurs lits.

Ma mère et moi demeurons un peu plus longtemps. Près l'une de l'autre, nous regardons les volutes de brume perlée se lever et le ciel s'épanouir dans les teintes d'une rose du matin. Ce matin, nous sommes gâtées par le glissement gracieux d'un aigle loin au-dessus. Les doux rayons du soleil du matin nous réchauffent le visage.

Finalement, nous entamons notre ascension des vieilles marches en rondins. À mi-chemin, je reprends mon souffle et regarde derrière pour voir ce que fait ma mère. Mais elle n'y est pas. Elle a changé d'idée, et à travers la cime des arbres, je la vois, encore sur la rive, flânant dans la lumière.

Marnie O. Mamminga

Il était un héros, comme tous les grands-pères

Mon grand-père ne m'a pas seulement fourni un guide de vie; il a vécu sa vie pleinement et m'a montré comment le faire – avec amour et bonté surtout.

McAllister Dodds

Il y a un certain temps, une légende est entrée dans ma vie de la façon la plus ordinaire, sous les traits d'un grand-père. Son nom était familier, et je savais ce qu'il faisait bien avant de le rencontrer dans un gymnase chaud et humide, à moitié vide, d'une école secondaire. Nous regardions un match de basketball. J'y étais pour voir mon fils et lui, son petit-fils. Ils jouent dans la même équipe – une assez bonne équipe, comme une foule d'autres équipes assez bonnes qui jouent dans tous les gymnases de la ville le samedi après-midi. Leurs admirateurs s'expriment énergiquement et sont intimement liés aux joueurs. Des mères. Des pères. Des frères et sœurs qui n'ont rien d'autre à faire. Parfois des grands-parents. Je le voyais toutes les semaines.

Son passé en faisait quelqu'un d'extraordinaire, et de temps à autre, j'observais les gens s'arrêter et lui donner une poignée de mains. Je supposais qu'il y était habitué, de même qu'à la déférence et aux chuchotements qui le suivaient où qu'il aille, il y a longtemps. Je me demandais si cela rendait la vie plus facile ou difficile, mais en le regardant, j'ai décidé qu'il s'était aussi habitué à cela, et il était évident que même si cela lui plaisait, il avait dû y céder une place. Une bonne place agréable, sans doute, mais certainement moins bonne que celle de regarder son petit-fils.

Au fil des ans, son petit-fils et mon fils sont devenus amis. Ils faisaient des choses que tous les amis d'une école secondaire font. Cinéma. Football. Basketball. Mais intercalé dans la routine, il y avait toujours le rappel de la légende.

« Maman, est-ce que je peux aller au déjeuner du Temple de la renommée avec Jeb et son grand-papa? »

Et les visites chez Jeb étaient suivies de : « Nous sommes allés chez le grand-père de Jeb. Il a une salle de trophées super. »

« J'imagine bien », répondais-je.

« Non, c'est *vraiment* super. Il a une copie de son buste du Temple de la renommée. »

Je ne sais pas pourquoi, mais chaque fois que le rappel revenait, il me prenait par surprise.

La semaine dernière, après l'école, sans autre raison qu'il aime dessiner, mon fils est revenu à la maison et a reproduit une photo publicitaire autographiée que le grand-père de Jeb lui avait donnée. Il y a travaillé pendant des heures. Finalement, il me l'a apportée.

« C'est très bon » ai-je dit et, pour la première fois, j'ai bien regardé la photo. Elle avait été prise plus de quarante ans auparavant. J'ai comparé la photo avec le dessin. « Tu as parfaitement rendu le corps », ai-je dit.

Et c'était vrai. Il avait copié en détail le corps d'un athlète bottant un ballon de football. Mais le visage de la photo et celui du dessin étaient différents. Le visage que John a dessiné n'était pas celui d'il y a quarante ans. Le visage du dessin était le visage mature qu'il connaissait. John avait dessiné le visage du grand-papa.

« Mais ce n'est pas mon meilleur », dit-il.

« Bien, ce n'est pas une copie parfaite, mais c'est très bon. Tu devrais le lui donner. »

Le lendemain matin, mon réveille-matin a sonné à cinq heures et comme à l'habitude, je suis restée au lit et j'ai écouté les nouvelles à la radio. L'annonceur parlait de L'orteil.

Je savais avant qu'ils ne le disent pourquoi L'orteil faisait la manchette. Les légendes font la manchette quand elles disparaissent.

J'ai écouté un bout de temps, et je suis descendue. Le dessin était sur la table de la cuisine. « Lou Groza, Temple de la renommée, 1974 », y lisait-on.

Quand John est revenu des funérailles, il a mentionné un passage qu'on avait lu. Il était intitulé « Des petits yeux te regardent ».

« Et que disait-il? » ai-je demandé.

« Il disait que les gens plus âgés devraient faire attention à ce qu'ils font parce que des petits enfants les regardent. Parce que pour les petits enfants, les gens plus âgés sont des héros. »

Les gens plus âgés. Pas les vedettes du sport légendaires. Des grands-papas et des grands-mamans et des oncles et des tantes et des pères et des mères ordinaires.

Cette fois-ci, le grand-papa et la légende étaient simplement le même homme.

J'avais tort au sujet du dessin. Il était parfait.

Sue Vitou

Les garçons d'Iwo Jima

Les services que nous rendons aux autres sont le loyer que nous payons pour notre chambre sur Terre.

Wilfred Grenfill

Chaque année, je me rends à Washington, D.C., avec la classe de deuxième secondaire de Clinton, où j'ai grandi, pour enregistrer leur voyage sur vidéo.

J'aime beaucoup visiter la capitale de notre pays et, chaque année, je rapporte avec moi des souvenirs spéciaux. Le voyage de cet automne fut particulièrement mémorable.

Le dernier soir du voyage, nous sommes arrêtés au monument d'Iwo Jima. Ce monument est la plus grande statue de bronze du monde et reproduit l'une des photographies les plus célèbres de l'histoire – celle de six braves soldats hissant le drapeau américain au sommet d'une colline rocheuse dans l'île d'Iwo Jima, au Japon, durant la Deuxième Guerre mondiale.

Nous sommes descendus des autobus et nous sommes dirigés vers le monument, où j'ai remarqué une silhouette solitaire au pied de la statue. Comme je m'approchais de lui, il a demandé : « D'où venez-vous? » Je lui ai dit que nous venions du Wisconsin. « Hé! Je suis aussi un *Cheesehead*! Venez me voir, gens du Wisconsin, et je vais vous raconter une histoire. »

Il s'appelait James Bradley et il était à Washington pour prendre la parole au service commémoratif du lendemain. Il était là ce soir-là pour dire au revoir à son père, qui était décédé. Je l'ai enregistré sur vidéo quand il nous a parlé et j'ai reçu sa permission de diffuser cet enregistrement.

Visiter les monuments de Washington, D. C., est spectaculaire mais ne se compare en rien à l'information que nous avons reçue ce soir-là. Lorsque nous nous sommes rassemblés autour de lui, il s'est mis à parler avec déférence…

« Je m'appelle James Bradley et je viens d'Antigo, au Wisconsin. Mon papa est sur cette statue, et je viens d'écrire un livre intitulé *Flags of Our Fathers* qui est présentement numéro cinq sur la liste des best-sellers du *New York Times*. C'est l'histoire des six hommes que vous voyez derrière moi. Les six hommes qui ont hissé le drapeau.

« Le premier homme qui a planté le poteau dans le sol est Harlon Block. Harlon était un des meilleurs joueurs de football de son État. Il s'est enrôlé dans le corps des marines avec tous les membres plus âgés de son équipe de football. Ils allaient jouer un autre type de jeu. Un jeu appelé « guerre ». Mais ce ne fut pas un jeu. Harlon a connu une mort horrible à l'âge de vingt et un ans. Je dis cela parce qu'il y a des généraux qui se plantent devant cette statue et parlent de la gloire de la guerre. Il faut que vous sachiez que la plupart des gars à Iwo Jima avaient dix-sept, dix-huit et dix-neuf ans.

« Vous voyez cet autre gars? C'est René Gagnon, du New Hampshire. Si vous enleviez le casque de René au moment où cette photo a été prise, et que vous regardiez dans les sangles de ce casque, vous trouveriez une photo. Une photo de sa petite amie. René l'a mise là pour sa protection parce qu'il avait peur. Il avait dix-huit ans. Des garçons ont gagné la bataille d'Iwo Jima. Pas des hommes âgés. L'autre gars ici, le troisième du tableau, était le sergent Mike Strank. Mike est mon héros. Il était le héros de tous ces garçons. Ils l'appelaient "le vieux" parce qu'il était tellement âgé. Il avait déjà vingt-quatre ans. Quand Mike motivait ses hommes au camp d'instruction, il ne disait pas "Mourons pour notre pays." Il savait qu'il s'adressait à de petits garçons. Il disait plutôt : "Faites ce que je vous dis et je vous ramènerai à vos mères."

« Le dernier gars de ce côté-ci de la statue est Ira Hayes, un Indien Pima de l'Arizona. Ira Hayes a survécu à Iwo Jima. Il est allé à la Maison-Blanche avec mon père. Le président Truman lui a dit : "Vous êtes un héros." Il a dit aux journalistes : "Comment puis-je me considérer un héros quand 250 de mes camarades sont arrivés dans l'île avec moi et que seulement vingt-sept d'entre nous s'en sont sortis vivants?"

« Le gars suivant, en tournant autour de la statue, est Franklin Sousley, de Hilltop, Kentucky. Un garçon montagnard qui aimait s'amuser. Franklin est mort à Iwo Jima à l'âge de dix-neuf ans. Lorsque le télégramme annonçant sa mort à sa mère arriva, il se retrouva au magasin général de Hilltop. Un garçon pieds nus courut remettre ce télégramme à la ferme de sa mère. Les voisins l'entendirent crier toute la nuit jusqu'au matin. Les voisins demeuraient à un demi-kilomètre de là.

« Le gars suivant, si l'on contourne encore la statue, est mon père, John Bradley d'Antigo, au Wisconsin, où j'ai grandi. Mon père a vécu jusqu'en 1994, mais il ne donnait jamais d'entrevues. Vous savez, mon père ne se voyait pas comme un héros. Tout le monde croit que ces gars-là sont des héros parce qu'ils sont sur une photo et un monument. Mon père savait la vérité. Il était infirmier. John Bradley du Wisconsin était un soignant. À Iwo Jima, il a probablement tenu plus de deux cents garçons qui se mouraient. Et quand les garçons mouraient à Iwo Jima, ils se tortillaient et hurlaient de douleur.

« Lorsque j'étais petit garçon, mon enseignant de troisième année m'a dit que mon père était un héros. Quand je suis retourné à la maison et que je l'ai dit à mon père, il m'a regardé et il m'a dit : "Je veux que tu te souviennes toujours que les héros d'Iwo Jima sont les gars qui ne sont pas revenus – *ne sont pas* revenus."

« C'est donc l'histoire de six bons jeunes hommes. Trois sont morts à Iwo Jima, et trois autres sont revenus en héros nationaux. En tout, sept mille garçons sont morts à Iwo Jima, dans la pire bataille de l'histoire du corps des marines. Ma voix me lâche, alors je vais terminer ici. Merci de m'avoir accordé votre temps. »

Soudain, le monument n'était plus seulement un vieux morceau de métal avec un drapeau flottant au-dessus. Il a pris vie devant nos yeux grâce aux paroles sincères d'un fils qui avait, en effet, un père qui était vraiment un héros.

Peut-être pas un héros pour les raisons auxquelles la plupart des gens croient, mais un héros néanmoins.

Michael T. Powers

PICKLES. © 2000, The Washington Post Writers Group. Reproduit avec permission.

Les histoires que racontait grand-maman

Le courage est une sorte d'endurance de l'âme.

Laches

Je me souviens que j'avais cinq ans et que je connaissais les histoires sur ma grand-mère et mon grand-père et la façon dont ils sont arrivés aux États-Unis. Ils sont venus tous deux à différents moments, grand-papa venant d'Espagne et ma grand-mère portugaise, de Trinidad. Avec ces histoires venaient le récit de leur rencontre et différentes anecdotes de membres de la famille depuis longtemps disparus. J'étais toujours fascinée d'être divertie par ces histoires, même à l'âge adulte alors que je les avais entendues tant de fois auparavant. Cependant, un soir, le récit du passage de ma grand-mère aux États-Unis est devenu une méthode d'enseignement que je n'oublierai jamais.

Ma sœur et sa famille déménageaient dans l'Utah, qui aurait aussi bien pu être Mars comparativement aux rives ensoleillées de la Floride, où nous avions tous émigré des trottoirs de New York, là où mes grands-parents avaient planté leurs racines américaines. L'heure était venue de se dire au revoir. Ma sœur tentait d'être forte avec son mari pour ne pas perturber les autres membres de la famille. Ma grand-mère me regardait attentivement faire mes adieux. D'abord à ma sœur et à mon beau-frère, puis à mon neveu de deux ans, Jesse, et enfin, l'au revoir le plus déchirant et le plus difficile, à ma magnifique nièce de douze ans, Carmen. Elle et moi avions toujours eu un lien particulier, et je l'entendais sangloter avec moi en caressant ses tresses acajou et en pensant à tous les événements marquants de sa vie dont je ne ferais plus partie. Levant les yeux quelques instants, j'ai vu les visages baignés de larmes de ma famille, mais j'ai remarqué que ma grand-mère était la seule qui était calme. Avant de pouvoir réfléchir à ce que j'avais vu, Carmen s'était échappée et s'était enfermée dans la salle de bain pour pleurer seule. Nous avons tous tenté de lui faire ouvrir la porte, mais en vain. Puis nous l'avons entendu dire : « Je vais laisser entrer tante Susan. » Une fois à l'intérieur et la porte fermée, nous nous sommes assises par terre ensemble en pleurant. Rien de ce que je lui disais ne pouvait la consoler. Je me sentais tellement impuissante. J'étais là, la seule femme de la famille à sortir de l'université avec une maîtrise, et une enseignante dont le travail consistait à aider les enfants à comprendre, mais je n'avais pas de paroles sages pour l'enfant qui compte plus pour moi que ma propre vie.

Bientôt, ma grand-mère de quatre-vingt-dix ans a frappé faiblement à la porte. Sa voix presque inaudible à travers la porte a dit : « J'aimerais raconter une histoire à Carmen. » Carmen ouvrit lentement la porte et la charpente d'un mètre et demi de ma grand-mère est entrée doucement. Carmen et moi étions debout ensemble, et j'écoutais ma grand-mère entamer le récit de son voyage aux États-Unis. Soudain, j'observais un grand professeur au travail. L'histoire que j'avais toujours trouvée divertissante servait présentement à enseigner la foi, l'espoir et le courage. Ses yeux fouillaient ceux de ma nièce avec la fierté et la dignité de ma famille qui m'avaient été léguées il y a longtemps. En peu de mots, mais réconfortants, l'histoire de comment ma grand-mère, à quinze ans, a laissé sa grand-mère et ses tantes derrière elle, a commencé. Monter à bord du navire en direction d'Ellis Island, remplie de crainte de ne jamais les revoir n'était aucunement différent de la peur de Carmen, deux générations plus tard. Le récit s'est conclu quand la famille de ma grand-mère est arrivée aux États-Unis, un an plus tard. J'ai vu le visage de ma nièce passer du désespoir à l'espoir en quelques minutes. Je me suis alors rendu compte que ma grand-mère était une femme très sage. Elle savait depuis le début qu'il nous fallait exprimer la peine de notre séparation et que, lorsque le temps serait venu, elle raconterait simplement la vieille histoire que nous avions tous entendue tant de fois au cours des ans.

Ce soir-là a changé la façon dont j'écoute les vieilles histoires maintenant. À ce jour, je cherche au-delà du divertissement et j'écoute la signification profonde des histoires de ma grand-mère. Ce sont des histoires de courage, de fierté, d'amour, de bonheur et de tristesse qui ont toutes leurs propres messages cachés pour apaiser, réconforter et guider les générations qui l'ont suivie. Avec l'âge vient vraiment la sagesse.

Susan Garcia-Nikolova, M.S.

Les vers et tout

Le rire est le paratonnerre du jeu ainsi que le partage public et privé de la joie.

Source inconnue

J'étais dans la cuisine de mes grands-parents et je regardais la vapeur s'enrouler au-dessus de la grande marmite sur la cuisinière. C'était un rituel annuel d'aussi loin que je puisse me rappeler. Grand-papa faisait des confitures.

Incapable de se tenir debout longtemps en raison de genoux arthritiques, grand-papa amenait ses jus à ébullition, puis tirait une des chaises de cuisine pour s'asseoir près de la cuisinière. Avec un coude appuyé sur le comptoir, il remuait la grande marmite avec une cuillère de bois. Je m'approchais sur la pointe des pieds pour voir, mais j'étais trop petite. De ce que je pouvais dire, cependant, grand-papa ne pouvait s'étirer suffisamment pour voir, lui non plus.

« Comment peux-tu dire quand c'est prêt, grand-papa? »

« Je peux. »

Il souriait devant mon agitation impatiente. La plupart des enfants aiment la confiture, mais pour moi, celle de grand-papa était spéciale. Elle était faite avec les prunes que nous cueillions dans la cour. Pendant qu'il cueillait celles qui se balançaient haut dans les branches du petit prunier, je ramassais celles qui étaient tombées. Vertes, trop mûres ou meurtries, mes contributions étaient jetées avec les siennes dans le seau.

En lavant les prunes dans l'évier, grand-papa les triait et jetait discrètement les fruits inadéquats. Puis nous étuvions les prunes, filtrions le jus et préparions les pots. Il est fort possible que j'aie été davantage une nuisance qu'une aide, mais grand-papa ne s'est jamais plaint et n'a jamais perdu patience.

Je me souviens de la première fois où il m'a donné sa recette.

« Faire de la bonne confiture, c'est un art. » Puis il dit en baissant le ton : « Les vers et tout, Pammy, c'est le secret. Les vers et tout. »

Horrifiée, je suis certaine que je faisais la grimace en lui affirmant que je ne mangerais jamais de vers. Pas question! Grand-papa rejetait la tête en arrière et éclatait de rire. L'amusement dansait dans ses yeux.

Puis enfin, la confiture était prête à manger. Les pots de confiture étaient alignés en rangs sur la table, et le soleil brillait par la fenêtre derrière. La teinte marron foncé devenait rouge écarlate, et les couvercles dorés luisaient. Nous étalions la confiture à la cuillère sur du pain que nous pliions en sandwich.

Je regardais grand-papa prendre la première bouchée. Sûrement que s'il y avait eu des vers, il n'en mangerait pas, n'est-ce pas? Me sentant assurée qu'il s'agissait d'une autre blague de grand-papa, j'ai commencé à manger moi aussi.

Grand-maman nous regardait tous deux avec suspicion.

« Merle, lui as-tu dit qu'il y avait des vers dans ces prunes? Miséricorde! Ne l'écoute pas, ma fille. Il dit ça seulement pour avoir plus de confiture à lui. »

Grand-papa riait à gorge déployée en étalant plus de confiture sur le pain.

Chaque année, c'était la même chose. En remuant le jus sur la cuisinière, grand-papa partageait avec moi sa recette. Il baissait le ton et se penchait pour me voir les yeux quand il disait : « Les vers et tout, Pammy. C'est le secret. » Puis venait le rire. J'imaginais que c'était un secret qu'il transmettait à moi seule. Il est fort possible toutefois qu'il parlait tout bas pour que grand-maman ne l'entende pas de la pièce voisine.

L'année après la mort de grand-papa, mon nouveau mari et moi sommes déménagés dans une petite maison à la campagne. Il y avait un charmant petit prunier sauvage dans la cour. J'ai attendu avec impatience que les petites prunes vertes et dures mûrissent pour que je puisse m'essayer à faire des confitures. Il a fallu presque une semaine de cueillette quotidienne pour en avoir suffisamment pour faire une seule marmite de confiture. Avec soin, j'ai trié, lavé et vérifié de nouveau les fruits.

Selon ce dont je me rappelle pour avoir observé grand-papa toutes ces années auparavant, j'ai réussi à faire une confiture de prunes passable lors de ma première tentative. Fière de ma réalisation, j'ai montré la tablette remplie de pots de confiture à mon père.

Il en a pris un et admiré la lumière du soleil qui faisait briller le verre en rouge. J'imaginais ses pupilles gustatives saliver à l'idée de sa première bouchée. Puis j'ai mentionné que je m'étais servie de la recette de grand-papa.

Le regard de ravissement s'est effacé du visage de papa quand il s'est tourné lentement pour me regarder. Puis il a demandé : « Les vers et tout? »

J'ai fait signe que oui.

À la fin de sa visite, papa n'a pris qu'un pot pour emporter à la maison. Son manque d'enthousiasme pour mes talents culinaires ne me dérangeait pas toutefois.

En étalant une cuillerée sucrée sur un morceau de rôtie, je me disais en souriant, ça en fait plus pour moi!

Pamela Jenkins

Vivace

La prévenance est une habitude – un mode de vie qui vaut la peine d'être cultivé et pratiqué.

Brough Botalico

C'est dans le jardin en face de la maison de briques rouges de mes grands-parents que fleurissaient jonquilles, tulipes, crocus et iris. Les autres bulbes demeuraient enfouis, encore cachés dans l'obscurité de la terre humide. Quand les jours allongeaient et s'étiraient vers l'été, les lis rose violacé et les lis d'un blanc pur en forme de trompettes émergeaient aussi du sol gras et des débris de feuilles.

Au printemps, un vieil ami qui connaissait mes grands-parents depuis beaucoup plus d'années que je n'étais en vie venait aider à enlever les contre-fenêtres. L'air était doux, et toute menace de temps hivernal semblait écartée.

Une fois la tâche terminée, ma grand-mère et lui se rendaient devant la maison où ma mère et trois tantes avaient passé leur enfance.

Là, dans le terrain à côté de la véranda avant, une collection de fleurs colorées courbaient gracieusement dans la brise, sous la protection d'une statue de saint François d'Assise.

Ma grand-mère s'est arrêtée pour admirer la plate-bande.

« Depuis quelques semaines, je les regarde », dit-elle, faisant une pause pour contempler, « et il me semble que les fleurs sont encore plus belles que d'habitude, on dirait qu'il y a plus de couleurs. »

L'ami eut un petit rire étouffé. « Eh bien, dit-il, c'est probablement dû aux bulbes supplémentaires que Joe a plantés en secret l'automne dernier. »

Joe était mon grand-père, et même si c'était ma grand-mère qui tirait le plus de fierté des fleurs magnifiques devant leur maison chaque année, c'était lui qui était le principal jardinier.

L'ami secoua la tête : « Il n'y avait que Joe pour te cacher une chose comme ça. » Il poursuivit : « Je suppose que les fleurs le disent mieux que toute parole, de toute façon. Et il n'a jamais été du genre à faire des histoires, pas plus qu'il n'aimait que les autres en fassent – surtout quand les histoires étaient à son sujet. »

« Eh bien pour l'amour du ciel », dit ma grand-mère, « quand a-t-il bien pu le faire? Nous étions ensemble presque tout le temps. »

« Je crois que toutes les fois où il est allé travailler à ses projets dans le garage, il n'y était pas nécessairement. Et tu avais tes réunions de femmes à l'église. »

Ils étaient tous deux debout devant les fleurs.

« Et il voulait que ce soit une surprise pour toi ce printemps. » L'homme cligna des paupières rapidement à quelques reprises et s'éclaircit la gorge en regardant autour de la cour. « Est-ce que je peux faire autre chose pour toi aujourd'hui, Mary? »

Elle hocha doucement la tête. « Non, tu m'as tellement aidée déjà. Merci mille fois. »

« Bon », dit-il brusquement, s'éclaircissant la gorge, « alors je dois m'en aller maintenant. »

Il descendit la glace de sa voiture avant de s'engager dans l'allée. « Mary, sois certaine de me dire s'il y a quoi que ce soit dont tu as besoin. »

Elle sourit et salua de la main.

La voiture disparut en bas de la rue, et ma grand-mère alla dans la balançoire de la véranda. Elle s'assit dans un rayon de soleil, petite silhouette solitaire aux boucles grises, se balançant doucement d'avant en arrière. Elle regardait les fleurs, baignée dans la chaleur du soleil et des pensées à propos de son mari romantique.

Depuis qu'elle l'avait connu, il lui avait toujours donné des cadeaux délicats. Ils étaient un couple qui avait survécu à une enfance durant la Dépression et qui plus tard avait consacré beaucoup de son énergie et de ses ressources financières à élever quatre enfants. Les frivolités étaient un concept qui leur était étranger, et les cadeaux qu'il lui avait donnés n'étaient jamais flamboyants ou coûteux. Les quelques bijoux qu'il lui avait présentés avaient été durement gagnés après des mois et des mois d'épargne scrupuleuse.

Elle chérissait ses bijoux, mais c'étaient sans doute les autres cadeaux qui avaient encore plus de sens pour elle. Le prix d'achat avait été moindre, mais elle appréciait la pensée derrière ces cadeaux, qui les rendait si précieux.

Durant leurs fréquentations, il lui avait donné des livres qu'ils lisaient ensemble sur des bancs de parc. Quand il était outre-mer durant la guerre, mon grand-père lui écrivait presque tous les jours, et lui envoyait des photos et des babioles quand il le pouvait. En 1944, il est revenu sain et sauf, et ils ont commencé leur vie commune. Même s'il était revenu d'Europe et qu'ils pouvaient se voir tous les jours, il lui écrivait encore parfois des lettres d'amour.

Même durant les années bien remplies à être parents de bébés en pleurs, à l'apprentissage de la propreté, à s'occuper de genoux éraflés, de pièces scolaires et de bals de graduation, il prenait du temps pour être romantique, lui faisant de petits cadeaux. Les cadeaux et les messages surgissaient toujours, au cours des cinquante-six ans de leur mariage.

Elle tourna son regard bleu encore une fois vers les fleurs, humant les doux parfums. Une larme coula sur sa joue, et les fleurs devinrent une aquarelle floue alors que les larmes noyaient ses yeux.

Il trouvait toujours une façon spéciale de lui rappeler et de lui laisser savoir à quel point il l'aimait.

Même maintenant, trois mois après que le cancer l'a pris si abruptement, un ange jardinier lui soufflait des baisers, portés par les parfums et les couleurs des pétales de fleurs.

Tinker E. Jacobs

« Est-ce que je peux parler à grand-maman ?
Est-ce que je peux parler à grand-maman ?
Est-ce que je peux parler à grand-maman ? »

LE CIRQUE FAMILIAL de Bil Keane. Reproduit avec la permission de Bil Keane.

Le sucrier d'argent

Je retournais chez moi après avoir rendu visite à mes grands-parents. En attendant de passer au contrôle de sécurité de l'aéroport, j'ai remarqué une vieille dame devant moi qui s'efforçait d'ouvrir son sac de voyage. Apparemment, il y avait quelque chose dans son sac qui avait l'air « bizarre » sur la radiographie.

Après avoir vidé le contenu de son sac sur la table, elle en tira un sucrier d'argent. L'inspecteur de la sécurité examina l'objet puis laissa passer la dame. Comme elle avait peine à remballer ses affaires, j'ai offert de l'aider. Nous avons tout remis dans son sac, mais le déballage et le remballage l'avaient plutôt perturbée. J'ai tenté de la calmer, et nous nous sommes dirigées vers la porte.

Nous avons regardé nos cartes d'embarquement et nous nous sommes rendu compte que nous étions assises l'une à côté de l'autre. Nous avons parlé de bien des choses durant le vol de trois heures, y compris de nos familles. Elle m'a dit qu'elle allait visiter son arrière-petit-fils. Sa femme venait de donner naissance à sa première arrière-arrière-petite-fille, et elle voulait arriver au Vermont pour la voir avant qu'il ne soit « trop tard ».

« Vous voyez, j'ai le cancer, expliqua-t-elle, et je ne vais pas durer encore longtemps. Je veux seulement pouvoir voir mon nouveau petit-enfant et donner à ses parents le sucrier d'argent. Il appartient à la famille depuis de très, très nombreuses années. Mon arrière-arrière-grand-mère l'a donné à mon père il y a plus de quatre-vingts ans. »

Elle regarda le porte-bagages au-dessus de nos têtes, où j'avais mis son sac et le sucrier. « Oui, continua-t-elle, ce sucrier est peut-être usé par toutes les mains aimantes qui l'ont poli au fil des ans, mais c'est un bien de famille et il doit être remis en personne. »

En causant, j'ai découvert que je connaissais son arrière-petit-fils. Il était fournisseur du petit magasin où je travaillais à l'époque.

En descendant de l'avion, je l'ai remerciée de sa très agréable conversation. Avec une lueur dans les yeux, elle acquiesça : « Oui, ma chère, le temps a vraiment filé. »

J'ai porté son sac pour elle et elle m'a tenu le bras comme nous approchions de la zone des arrivées. Sont venus à sa rencontre son arrière-petit-fils avec sa nouvelle arrière-arrière-petite-fille, qui avait l'honneur de porter le même nom que son arrière-arrière-grand-mère, Marion.

Le lustre et le brillant du sucrier d'argent semblaient revenir comme la famille s'enlaçait. Les larmes coulaient sur les joues de la vieille dame quand elle a vu le petit minois souriant de Marion reflété dans le petit vaisseau d'argent.

Je leur ai souhaité une merveilleuse visite, et je n'ai pas vu son arrière-petit-fils avant deux ou trois semaines plus tard. Il m'a dit à quel point son arrière-grand-mère avait aimé notre « petite conversation ». Quand je lui ai demandé comment elle allait, il m'a dit qu'elle était décédée une semaine après son arrivée.

Apparemment, à peine quelques jours plus tôt, elle avait écrit l'histoire du sucrier d'argent pour la petite Marion dans l'espoir qu'un jour elle aussi transmette son précieux héritage familial à la génération suivante, comme son arrière-arrière-grand-mère Marion l'avait fait pour elle-même – en personne.

Karen Carr

La coquille de ma grand-mère

Ma grand-mère était un formidable professeur, et son influence sur moi ne fait que grandir avec le temps.

Source inconnue

Au-dessus de ma cheminée, il y a une toile d'une petite fille avec une conque. Comme elle la tient dans la lumière, le soleil brille au travers, transformant la surface interne lisse en satin rose luisant. Peu importe la saison, le soleil de la toile remplit mon cabinet de travail d'une luminosité d'été.

Contemplant le tableau, je me rappelle l'histoire de sa création. La petite fille pose pour son père, un peintre. Ses bras deviennent lourds, son cou lui fait mal, elle a très envie de se reposer un peu. « El, El, regarde dans le coquillage », lui murmure son père, et elle se souvient du privilège que constitue poser pour lui, tant ses tableaux sont recherchés. « Juste un peu plus longtemps, promet-il, et puis nous arrêterons pour le thé. »

Eleanor était ma grand-mère, et la toile – une de celles dont son père n'avait pas pu se séparer – a été transmise de génération en génération. D'aussi loin que je me souvienne, la coquille figurant dans le tableau reposait sur le bureau de ma grand-mère. L'hiver, quand le brouillard glacé de la mer roulait jusqu'à nous, elle la tenait sous la lampe et son reflet rosé la remplissait de nouveau de la chaleur de l'été.

Grand-mère l'avait trouvée échouée sur la rive rocailleuse de la petite île du Maine où était la résidence d'été de sa famille. Elle me disait comment, quand la brume argentée du matin se levait, ses sœurs, son frère et elle couraient dans les grands prés avec leurs cerfs-volants ou cueillaient des bouquets de fleurs sauvages ou ramassaient la laine laissée sur les buissons par les moutons de l'île sauvage. Les enfants cherchaient des mûres et observaient les oiseaux avec leur père, qui leur enseignait le nom des oiseaux et tous leurs chants. Après le thé, ils exploraient souvent les vastes plages à la recherche de trésors de pirates. C'est lors d'une de ces aventures que grand-mère a trouvé la coquille, polie par les vagues, blanchie par le soleil d'été. Comme les générations antérieures à elle l'ont fait, elle a placé la coquille sur son oreille et a entendu le bruit de la mer.

Quand ma mère est née, grand-mère avait quitté cette île et créé une autre résidence d'été pour ses propres enfants. Ils passaient des heures à voguer dans de petits dériveurs, à faire galoper leurs poneys dans les marais et à ramasser des coquillages sur la grande plage blanche qui bordait la baie de Cape Cod. Dans cette nouvelle maison, grand-mère a recréé nombre de ses amours d'enfance : elle a semé des fleurs sauvages dans les prés, dessiné des plates-bandes de vivaces et planté des mûres. Et de la véranda, elle pouvait regarder au-delà de la rivière à marées et voir les balbuzards faire leur nid dans un grand pin.

Quand nous, les petits-enfants, sommes arrivés au monde, elle a réservé une partie du jardin pour que nous connaissions la joie de planter des légumes et des fleurs. Comme nous étions fiers de placer un plat de notre récolte de radis – des boules rouges bien frottées et propres – sur la table de la salle à manger ornée de vases remplis de nos fleurs. Elle nous a enseigné le chant des oiseaux et nous a dit qu'ils retournaient chaque été dans ses bois et ses prés, tout comme nous le faisions. Et elle nous laissait écouter la mer dans sa coquille.

Chaque automne, quand ma famille et moi retournions chez nous dans le Midwest, je me languissais des sons du littoral; le cri des mouettes tournoyant au-dessus de nous, la longue plainte de la corne de brume, tellement profonde que je la sentais plus que je ne l'entendais. L'odeur vive de l'air salin était remplacée par la fumée des feux de feuilles. Mais les marées et la nature sauvage me manquaient. Grand-mère connaissait mon désir ardent.

Une année, peu après l'Action de grâce, le facteur a livré une grande boîte postée au Massachusetts. Maman l'a cachée dans cet endroit secret où elle cachait toutes les boîtes qui arrivaient en décembre. Le matin de Noël, j'ai ouvert le cadeau de grand-mère et j'ai vu, nichée dans du papier de soie, le rose et le blanc délicats de sa coquille. Je l'ai prise et l'ai portée à mon oreille, et c'était l'océan que j'entendais murmurer. Dehors, la neige tombait doucement, mais dans la coquille, dans le creux de ma main, les vagues clapotaient contre un rivage d'été.

Cette année, j'ai ma propre petite-fille. Sa naissance annonce le début d'une nouvelle génération. Quand elle nous rendra visite, je vais tenir la coquille à son oreille et elle va entendre le son qui a toujours attiré les femmes de notre famille vers l'océan. C'est le son de son propre cœur.

Faith Andrews Bedford

L'amour de ma famille est mon domaine.

Horatio Nelson

Les cadeaux de mamie

Les enfants ont plus besoin de modèles que de critiques.

Joseph Joubert

« Qu'est-ce que tu cherches? » me demande mon mari, Peter, qui me regarde fouiller dans une boîte dans un de nos placards.

« Les choux farcis. » C'était toujours une tradition familiale de Hanoukka, servis avec des galettes de pommes de terre croustillantes. Je n'ai pas vu la recette de ma grand-mère Miriam depuis des années, mais je sais exactement où la trouver : dans la grande boîte de souvenirs que j'ai étiquetée « De mamie » quand j'avais treize ans.

La boîte contient des photos d'une bambine toute ronde dans un flotteur éclaboussant autour d'elle dans une piscine. J'étais terrifiée à l'idée de me noyer dans la section profonde, mais Miriam m'a enseigné à flotter sur le dos en tenant mes épaules et en m'assurant qu'elle ne me lâcherait jamais.

La boîte contient également une carte de cérémonie de remise de diplômes, où les mots « Tu me rends toujours si fière de toi. Je t'aime, mamie » étaient écrits d'une main fine et tremblante. Elle contient aussi son alliance en or, celle que je portais quand j'ai prononcé mes vœux de mariage en janvier dernier.

Miriam connaissait les choses les plus étonnantes. Elle pouvait épeler Mississippi à l'envers. Elle pouvait empêcher une omelette de coller au fond d'une poêle. Elle pouvait défaire les nœuds de ma longue chevelure emmêlée sans me faire mal.

Quand j'avais six ans et qu'elle était dans la soixantaine, elle m'a montré à danser le charleston. « J'ai été figurante dans un film de Gloria Swanson, tu sais », disait-elle, levant une jambe haut devant elle pour me le démontrer. « C'était une scène dans une réception où dansaient des tas de gens, et le réalisateur m'a mise au premier plan parce qu'il trouvait que j'avais des jambes superbes. »

Les soirs où mes parents sortaient dîner et qu'elle nous gardait, nous nous costumions avec des bracelets et des boas et nous chantions « Boogie Woogie Bugle Boy » à un public imaginaire. Ma grand-mère et moi étions des âmes sœurs. Nous riions et pleurions pour les mêmes choses, et nous nous comprenions l'une l'autre. Je lui ai dit que nous ferions le tour du monde ensemble, et elle m'a montré comment toucher les étoiles en fermant un œil et en les balançant au bout de mes doigts.

Elle m'a montré comment polir mes ongles d'orteils d'une teinte de rouge parfaite et n'a jamais révélé mon secret quand je rôdais dans le salon en chaussettes de sport. Quand ma mère me grondait de m'être pendue la tête en bas aux barres de suspension ou d'avoir conduit mon vélo sans les mains, mamie hochait la tête et me faisait un clin d'œil. « Vas-y », me murmurait-elle à l'oreille. « Fais de ta vie quelque chose de spectaculaire. »

Elle a été la première personne qui m'a encouragée à rêver et à coucher ces rêves sur du papier. Lorsqu'elle est devenue presque clouée au lit et qu'elle tremblait à cause de la maladie de Parkinson, je me faufilais dans sa chambre – un espace improvisé que nous avions séparé de la salle à manger par une cloison – au milieu de la nuit et je me glissais sous ses couvertures. Nous fixions le plafond, observant l'obscurité devenir l'aube, et nous nous racontions des histoires. Nous appelions les fissures du plâtre nos images de nuages et plissions les yeux pour voir une galerie de personnages prendre forme dans les ombres.

« Juste là, il y a une ballerine à une jambe », m'a-t-elle dit un jour, pointant le menton vers une éclaboussure de peinture. « La vois-tu? »

J'ai fait signe que oui, m'efforçant de voir une femme *en tutu et en pointes.* « Elle a perdu sa jambe parce qu'elle a trop dansé dans des chaussures trop étroites », murmura-t-elle pour ne pas que mes parents nous entendent et me chassent dans mon lit. « Elle n'aurait jamais dû les acheter en solde chez Macy's. »

Les leçons de Miriam sont celles qui me sont restées – pas les formules d'algèbre ou les conjugaisons de verbes espagnols que j'ai étudiées pendant des années. Elle m'a enseigné les rudiments importants : ce qui constitue une pincée de sel, comment utiliser de l'eau de Seltz pour enlever une tache sur une chemise de soie, comment coudre un bouton pour qu'il reste en place. Elle m'a aidée à apprécier les choses simples, comme les sandwichs aux tomates et au fromage à la crème, les serviettes chaudes sorties de la sécheuse et les moments calmes au crépuscule quand le monde entier est drapé dans un rideau de lumière bleutée. Elle aimait le printemps plus que tout, quand l'air était tiède et la brise, douce. « C'est un temps doux », m'expliquait-elle. « Ni trop chaud, ni trop frais, juste doux. »

Mais je n'ai pas besoin de fouiller dans ma boîte pour me rappeler les leçons de Miriam. Mes sens me les ramènent souvent, et elle de même : le parfum de gardénia de sa lotion pour les mains au comptoir d'un magasin à rayons, une chanson des Andrews Sisters qui joue chez le dentiste, le goût trop sucré de son cordial préféré aux cerises. Parfois, je vois un derrière de tête dans l'autobus et je reconnais les cheveux blanc neige doucement ondulés. Ou je me surprends à rire de son rire, un cri joyeux et senti qui secoue mes épaules et me fait mal aux joues.

Je me souviens de toutes ces petites paroles de sagesse qu'elle m'a inculquées, sur la vie, l'amour et la perte : « Chaque fois qu'une porte se ferme, une fenêtre s'ouvre », « Il y a un couvercle pour chaque pot », « Ce qui est fait est fait ».

Mon mari appelle ces dictons des histoires de bonne femme et se moque de moi quand je tire sur mon oreille gauche chaque fois que j'éternue, comme elle me l'a conseillé (pour conjurer le mauvais sort). Mais je chéris ses dictons. Les leçons de Miriam m'ont aidée à traverser de nombreux moments pénibles – quand j'ai perdu mon emploi, quand j'ai rompu avec mon copain, quand j'ai échoué à un examen ou quand j'ai simplement fait brûler le dîner.

En remuant une énorme casserole fumante de choux farcis sur ma cuisinière, je vois le passé comme si c'était hier : ma sœur Debbie et moi faisons tourner un *dreidel* et mangeons du gâteau de Hanoukka, tandis que ma mère et ma grand-mère s'affairent avec diligence dans la cuisine. Miriam saupoudre une pincée de sucre dans la casserole de choux et presse juste assez de jus de citron pour « lui donner un coup de fouet ».

Et je ne peux m'empêcher de penser que « la vie est ainsi faite » – parfois douce, parfois aigre, et c'est toujours un défi que de mélanger parfaitement les deux aspects.

Sheryl Berk

Le secret du pot de sucre de grand-maman

La meilleure partie de la vie d'une femme de bien consiste dans ses petits gestes anonymes et oubliés de bonté et d'amour.

William Wordsworth

La Deuxième Guerre mondiale venait d'être déclarée. En apparence, il ne semblait pas y avoir beaucoup de changement au ranch de grand-maman. Grand-papa travaillait tous les jours aux champs et dans les vergers, comme il l'avait toujours fait, et grand-maman s'occupait des tâches et des récoltes comme d'habitude. Mais en fait, il y avait eu un grand changement dans la vieille ferme familiale. Le ranch était privé de la main-d'œuvre de leurs cinq fils les plus jeunes, qui étaient désormais en service militaire actif quelque part dans le Pacifique. Grand-maman et grand-papa devaient travailler deux fois plus dur pour compenser l'absence de leurs cinq fils robustes.

Durant la Deuxième Guerre mondiale, un drapeau fourni par le gouvernement, doté de cinq étoiles bleues, flottait à la devanture de la vieille maison de ferme de mes grands-parents. Cela signifiait que cinq de leurs fils combattaient à la guerre. Sans les garçons pour labourer, le ranch manquait de personnel. Grand-maman redoublait d'efforts désormais pour récolter les fruits abondants. Durant ce temps, chaque membre de la famille mettait l'épaule à la roue pour aider, y compris les petits-enfants comme moi. Malgré cela, c'était une période difficile pour grand-maman : le rationnement était en vigueur, il y avait peu d'argent pour les petits luxes et, pire que tout, il y avait la constante inquiétude de savoir si ses cinq fils lui reviendraient sains et saufs.

Le vieux ranch était un endroit charmant, surtout au printemps quand les vergers étaient blancs de belles fleurs de pruniers, et que le chant des alouettes berçait les champs et les collines rondes de la vallée avoisinante. C'est sur cette belle ferme et sur leur retour vers grand-maman et grand-papa que leurs cinq fils se sont concentrés durant toutes les années de guerre.

L'été, tandis que le reste de la famille récoltait les prunes, grand-maman était dans la cuisine et mitonnait de délicieux mets italiens. Nous nous assoyions tous sur des couvertures étendues sur le sol du verger, goûtant non seulement les plats délectables, mais aussi la satisfaction de faire partie d'un projet familial aussi important.

Pour inciter les fruits mûrs à tomber, grand-papa se servait d'un long bâton de bois muni d'un crochet de fer à l'extrémité pour attraper une branche et secouer les prunes qui se détachaient des arbres. Alors nous nous mettions à ramper, portant des genouillères que grand-maman avait cousues à nos salopettes, et ramassions les prunes dans des seaux de métal. Nous déposions les seaux de prunes dans de longs plateaux de bois, où les petites prunes violacées étaient rapidement séchées par le soleil et devenaient des pruneaux d'un brun riche.

Après une longue et rude journée, je marchais main dans la main avec grand-papa dans les vergers tandis qu'il évaluait ce qui avait été accompli durant la journée. J'aimais manger des prunes fraîches cueillies de l'arbre, léchant le jus sucré sur mes doigts.

À chacune de ces promenades, grand-papa se penchait et prenait une poignée de terre, la laissant s'écouler lentement et amoureusement de sa main robuste et calleuse. Alors, avec fierté et conviction, il disait toujours : « Si tu prends bien soin de la terre, la terre prendra bien soin de toi. » C'était ce respect et cette foi en la terre qui ont aidé à soutenir sa génération.

Quand le soir tombait sur le ranch, nous nous rassemblions tous sur la véranda calme et fraîche. Grand-papa s'installait confortablement dans sa berceuse, sous la faible lueur d'une ampoule vacillante couverte de papillons nocturnes, et il lisait là les dernières nouvelles de la guerre dans le journal, tentant de repérer où se trouvaient ses cinq jeunes fils.

Grand-maman s'assoyait toujours tout près dans la balançoire, allant d'avant en arrière et récitant son chapelet perpétuel. On pouvait entendre le petit grincement de la balançoire de grand-maman et le murmure de ses prières longtemps dans la nuit. L'immobilité de la maison calme reflétait péniblement l'absence des cinq jeunes hommes. C'était la partie de la journée la plus difficile pour grand-maman, le silence de la maison vide était un rappel douloureux que ses fils étaient très, très loin, combattant pour leur patrie.

Le dimanche matin, grand-maman était de nouveau dehors sur la véranda, récitant son chapelet avant de commencer à faire à manger dans la cuisine. Ensuite, grand-papa et elle s'assoyaient à la table de la cuisine et comptaient les coupons de rationnement pour la semaine à venir, et le peu d'argent qu'il y avait pour payer les factures. Après, grand-maman prenait toujours une partie de l'argent et le mettait dans le pot de sucre, qu'elle déposait sur une tablette élevée de la cuisine. Je lui demandais souvent à quoi servait l'argent du pot. Elle disait simplement : « Une faveur très spéciale. »

La guerre a fini par finir, et les cinq fils de grand-maman sont rentrés à la maison, miraculeusement sains et saufs. Après un certain temps, grand-maman et grand-papa ont pris leur retraite, et la ferme familiale fait désormais partie d'une autoroute moderne.

Je n'ai jamais su à quoi servait l'argent du pot de sucre jusqu'à une semaine environ avant le dernier Noël. Impulsivement, peut-être parce que je ressentais la magie de Noël et le besoin de renouer avec son sens spirituel, je suis arrêtée dans une petite église que je venais de croiser sur la route. Je n'y étais jamais entrée auparavant et, en y pénétrant par la porte de côté, j'ai été stupéfaite d'arriver face à face avec le vitrail le plus magnifique que j'ai jamais vu.

Je me suis attardée à examiner de plus près la beauté complexe du vitrail. Il illustrait la Sainte Mère et son enfant. Tel un bijou exquis, il reflétait la gloire du tout premier Noël. En étudiant chaque détail du travail superbe, j'ai trouvé, à mon grand étonnement, une petite plaque à la base de la fenêtre qui mentionnait « Pour faveur reçue – donné en 1945 par Maria Carmela Curci-Dinapoli ». Je n'en croyais pas mes yeux! Je lisais les mots mêmes de grand-maman. Chaque jour où grand-maman avait dit ses prières pour ses fils soldats, elle avait aussi économisé quelque argent qu'elle avait pu amasser dans son pot de sucre sacré pour payer le vitrail.

Le don discret de ce vitrail avait été sa façon de dire merci à Dieu pour avoir épargné la vie de ses cinq fils chéris.

L'église où le vitrail avait été placé à l'origine avait depuis longtemps été démolie. Au fil des générations, la famille avait perdu la trace de son existence. Le fait d'avoir trouvé ce vitrail dans le temps de Noël, plus de cinquante ans plus tard, a non seulement ramené un flot de souvenirs précieux, mais m'a aussi donné la foi dans les petits mais merveilleux miracles.

Cookie Curci

Grand-maman Hattie

On ne développe pas le courage en étant heureux dans son couple chaque jour. On le développe en survivant aux temps durs et à l'adversité stimulante.

Barbara De Angelis

En regardant les cartes de Noël dans notre boîte aux lettres aujourd'hui, je suis tombée sur celle de ma chère vieille grand-maman. Elle ne rate jamais rien. N'a jamais manqué un anniversaire, un Noël ou un anniversaire de mariage depuis que je suis au monde. Toute une femme, cette vieille grand-maman Hattie. Il y a toujours une belle petite lettre à l'intérieur enveloppée autour d'un billet de cinq dollars neuf qu'elle ne peut se permettre d'envoyer.

J'ai lu la lettre – des nouvelles de ses pâtisseries de Noël et de la température (pas encore de neige là-bas non plus). Puis, comme toujours, il y avait un post-scriptum à la fin : « Juste une petite gâterie de Noël. Affectueusement, grand-maman. » Alors j'ai glissé le billet de cinq dollars dans ma chemise et lui ai promis que ma femme et moi ferions quelque chose d'exceptionnel avec l'argent. Du moins aussi exceptionnel que peuvent permettre d'acheter aujourd'hui cinq dollars.

Puis, en lisant le reste du courrier, j'ai trouvé une autre carte de grand-maman. Ça, c'est trop fort! Probablement notre carte d'anniversaire puisque nous nous sommes mariés le lendemain de Noël, le jour de son anniversaire de naissance. Elle n'oublie jamais. Je me trompais. C'était une autre carte de Noël avec une autre petite lettre et un autre billet de cinq dollars tout neuf qu'elle ne pouvait pas se permettre d'envoyer. Que dites-vous de ça?

Elle a dû être confuse et oublier de nous rayer de sa liste. Ou peut-être qu'elle n'a pas de liste. Elle le fait peut-être de mémoire, et une mémoire de quatre-vingt-sept ans peut jouer de tels tours parfois. Elle a peut-être pensé nous en avoir envoyé une sans en être certaine, alors elle en a envoyé une autre au cas. Ce serait bien elle. Plutôt que de courir la chance de manquer l'un d'entre nous par erreur, elle en envoyait deux pour être certaine. Peu d'entre nous qui *peuvent* se permettre les cinq dollars en feraient autant. Le plus damnant, c'est que je n'ose pas les lui renvoyer. Elle serait tellement embarrassée de son erreur, cela ne lui ferait aucun bien et je suis certain que nous pouvons le lui remettre de d'autres façons.

Grand-maman Hat n'a probablement plus beaucoup de Noëls à vivre, et le monde s'appauvrira quand elle partira. Elle est devenue chère à des amis, à la famille et à des étrangers pendant des années. Ma mère raconte une histoire à son sujet durant la Dépression.

À l'époque, grand-maman et grand-papa possédaient une laiterie. Elle se trouvait à la porte voisine de la maison, là où se situe maintenant le jardin, et ils l'exploitaient eux-mêmes. Ils vivaient près de la voie ferrée, et puisque c'était durant la crise, ils recevaient leur part de mendiants qui venaient demander la charité.

La famille de ma mère comptait de bons travailleurs, qui croyaient que tout le monde devrait en faire autant. D'accord, ils donnaient de la nourriture et du lait aux « fainéants », comme elle les appelait, mais ils devaient en échange nettoyer les bidons de lait, frotter les planchers, pelleter la neige ou l'équivalent. C'étaient les règles, et personne ne s'en plaignait.

Maman dit qu'ils sont devenus très populaires dans le circuit des mendiants et ils ont obtenu cette marque inévitable sur le montant de leur barrière. Un simple petit « x » à la craie blanche indiquait aux autres mendiants que c'était un endroit où un type trouverait l'aumône. C'était une pratique répandue à l'époque et censée être secrète. Mais grand-maman savait qu'elle était là. Elle n'a jamais fait de cas de la marque à la craie sur le poteau, sauf une fois.

C'était le temps de Noël, et ma mère n'était qu'une petite fille. Il n'y avait pas encore de neige, mais juste avant Noël, ils ont eu une forte tempête de vent et de pluie. En revenant de l'église ce dimanche-là, grand-maman a remarqué que la marque à la craie avait été effacée du poteau par la tempête.

Le temps se refroidit immédiatement comme il le fait dans les plaines du Midwest et il neigea à plein ciel. Ce jour-là, elle était dans la pièce du devant à réciter le chapelet avec grand-papa comme tous les dimanches. Ils voyaient les mendiants descendre du parc ferroviaire et aller là où les mendiants vont durant une tempête de neige. Ils avaient l'air tellement gelés et défaits, mais aucun d'eux n'arrêtait à la barrière ou ne frappait à la fenêtre de la laiterie comme à leur habitude. Elle réalisa soudain pourquoi. Bien sûr – le petit « x » n'était plus sur le poteau. Alors qu'une autre personne aurait pu être soulagée d'être laissée en paix le dimanche d'avant Noël, ma vieille grand-maman Hat, qui n'était pas si vieille alors, a mis son manteau, est allée droit au poteau et a tracé un beau grand « X » blanc là où personne ne pouvait le manquer.

Je ne sais pas s'ils ont nourri des mendiants ou non ce jour-là, parce que maman termine habituellement l'histoire là, mais peu importe. Cela me révèle quelque chose sur grand-mère, et j'ai longtemps porté cette histoire avec moi. Elle a mis le « X » sur le poteau jadis pour la même raison qu'elle nous a envoyé deux cartes de Noël cette année. Elle ne voulait manquer personne, même si cela lui coûtait cinq dollars de plus. Je pense toujours à cette histoire quand je commence à me sentir un peu fauché et maussade à la période de Noël; j'ai alors honte de moi.

Tom Bodett

Jeu de mains

Kayla, quatre ans, était installée sur les genoux de papi pendant qu'il lisait leur livre préféré du Dr Seuss – encore une fois.

Luttant contre le sommeil, ses doigts potelés pinçaient nonchalamment le réseau de veines qui couraient sur les mains de son grand-père. D'abord une, puis une autre, elle tira sur chaque veine bleu foncé pour en faire un repli qu'elle regardait s'estomper.

Soudain, elle se pencha en avant pour regarder de plus près. Papi la regarda inspecter sa peau vieillie et la comparer à sa propre main rose et potelée de bébé, touchant l'une, puis l'autre. Enfin satisfaite, Kayla leva le regard.

« Je crois que Dieu a pratiqué sur toi en premier, papi », dit-elle. « Parce qu'il a fait beaucoup mieux avec moi! »

Carol McAdoo Rehme

5

LORSQUE LES ENFANTS NOUS ENSEIGNENT

J'ai été chef d'entreprise
pendant plus de quarante ans.
J'ai pris des décisions importantes.
J'ai travaillé côte à côte avec des femmes
et des hommes de pouvoir.
Mais un petit-enfant m'a changé davantage
qu'aucune de ces personnes avec qui
j'ai travaillé, et j'ai appris davantage
en regardant mes enfants être parents
que je n'ai appris durant toutes ces années
au travail.

Un grand-père

Derrière le miroir

Si ce n'était de l'espoir, le cœur se briserait.

Thomas Fuller

Quand j'étais petite, nous habitions New York, à un coin de rue de chez mes grands-parents. Chaque soir, mon grand-père allait « faire sa petite promenade ». Au milieu des années soixante, ces étés, je me joignais à lui pour marcher, et il me racontait comment était la vie quand il était petit garçon.

En marchant devant les vitrines des magasins qui reflétaient le soleil couchant, il décrivait un monde de chevaux au lieu de voitures, de latrines au lieu de chasses d'eau, de lettres au lieu de téléphones et de bougies au lieu de lumières électriques. Comme il énumérait toutes ces difficultés, ma petite tête vagabondait et je lui ai demandé : « Grand-papa, quelle est la chose la plus difficile que tu as dû faire dans ta vie? »

Je m'attendais à un récit de labeur physique que ces temps difficiles exigeaient de lui, mais quand grand-papa a interrompu sa marche et fixé l'horizon en silence, je savais qu'il revivait une expérience beaucoup plus pénible que travailler de longues heures. Il s'est agenouillé et m'a pris la main. Les larmes aux yeux, il s'est mis à parler.

« Grand-maman est devenue très malade après la naissance de ta tante Mary. Ta mère et tes oncles étaient encore de petits enfants à cette époque. Grand-maman a dû aller longtemps dans un endroit appelé sanatorium pour aller mieux. Puisqu'il n'y avait personne pour prendre soin de ta mère et de tes oncles, j'ai dû les envoyer dans un orphelinat où les religieuses pouvaient prendre soin d'eux pour moi, de sorte que je puisse tenir deux et trois emplois jusqu'à ce que ta grand-mère aille mieux. La chose la plus difficile que j'ai eu à faire a été de laisser mes bébés là. J'allais les voir toutes les semaines, mais les religieuses ne me laissaient pas leur parler ou les tenir dans mes bras. Je pouvais seulement regarder mes enfants jouer à travers un miroir sans tain d'observation. Bien sûr, je leur apportais des bonbons chaque semaine, mais je ne pouvais qu'espérer qu'ils sachent que c'était de moi. Je gardais les deux mains sur le miroir durant les trente minutes où l'on me permettait de les voir, espérant qu'ils me voient et qu'ils viennent me toucher la main – mais ils ne l'ont jamais fait. J'ai enduré toute une année sans toucher mes enfants, mais je sais que c'était encore plus dur pour eux. Je ne me pardonnerai jamais de n'avoir pas convaincu les religieuses de me laisser les tenir dans mes bras. Mais elles disaient que je leur ferais plus de tort que de bien, et qu'ils auraient encore plus de difficulté à vivre là. Alors je les ai écoutées. »

Je n'avais jamais vu mon grand-père pleurer auparavant. Il m'a tenue près de lui, et je lui ai dit que j'avais le meilleur des grands-pères et que je l'aimais. C'était une étrange et marquante inversion des rôles, moi le rassurant tandis qu'il pleurait dans mes bras.

Nous avons poursuivi nos promenades pendant des années, jusqu'à ce que ma famille et mes grands-parents déménagent dans des villes différentes. Pendant quinze ans, cette marche spéciale avec grand-papa est demeurée notre secret.

Après le décès de ma grand-mère, mon grand-père a commencé à souffrir de pertes de mémoire et d'épisodes de dépression. J'ai tenté de convaincre ma mère de laisser grand-papa venir vivre avec nous, mais elle et lui ne s'entendaient plus.

Un jour, comme je la harcelais pour laisser grand-papa revenir chez nous, dans un accès de rage elle a répondu : « Pourquoi? Il ne s'est jamais soucié de ce qui nous arrivait! »

Elle était loin de se douter que je savais exactement de quoi elle parlait. « Il t'a toujours aimée et s'est toujours soucié de toi », ai-je dit. « La chose la plus difficile qu'il a jamais faite a été de vous mettre à l'orphelinat, toi et tes frères. »

« Tu ne sais pas de quoi tu parles!, répondit ma mère. Qui t'a dit ça? » Ma mère ne nous avait jamais parlé de son séjour là-bas.

« Maman, grand-papa m'a dit qu'il venait chaque semaine vous voir tous les trois. Il vous regardait jouer par derrière le miroir d'observation. Il vous apportait des friandises à chaque visite. Il a détesté ne pas être capable de vous prendre dans ses bras cette année-là! »

« Tu mens! » dit-elle sèchement. « Il n'est jamais venu. Personne n'est venu nous voir. »

« Comment est-ce que je serais au courant des visites et des gâteries qu'il apportait s'il ne me l'avait pas dit? » ai-je dit. « Il était là. Il était toujours là. Mais les religieuses ne le laissaient pas vous voir dans la même pièce parce qu'elles disaient que ce serait trop difficile pour vous quand il partirait. Maman, grand-papa t'aime et t'a toujours aimée! »

J'ai vu ses yeux s'écarquiller. Elle a retenu son souffle et puis, soudain, l'a relâché dans un soupir qui était presque un gémissement. Les larmes ont rempli le coin de ses yeux. Soudain, elle se rendait compte que tout ce temps, il y a des années, grand-papa se tenait derrière ce miroir, espérant que ses enfants puissent sentir sa présence, sentir son amour. La colère et la tristesse ont quitté son visage. Elle pouvait enfin laisser la chaleur et la force de l'amour de son père traverser le miroir sans tain.

Peu de temps après, mon grand-père est venu vivre avec nous. Enfin, l'amour de ma mère et de mon grand-père a transcendé le froid panneau de verre qui était resté entre eux durant toutes ces années douloureuses.

Laura Reilly

L'amazone devient princesse

Les membres de la famille venaient de partout au Nouveau-Brunswick cet été-là : Winston-Salem, Colorado Springs, Kalamazoo et Daytona Beach. Notre fille cadette allait épouser un jeune homme de Washington, D.C, et nous étions tous – oncle, tante, deux sœurs, nièces, neveu, beau-frère et parents – présents pour assister à l'événement.

Le nouvel époux avait déjà été marié. Avec le règlement du divorce, il avait obtenu la garde de deux enfants, un garçon de cinq ans et une fille de trois ans.

Non seulement gagnions-nous un nouveau gendre, mais nous devenions instantanément grands-parents de deux adorables enfants, David et Stephanie.

L'après-midi du mariage, les membres des deux côtés de la famille se sont rassemblés dans l'appartement du nouveau marié pour passer le temps et faire connaissance. Les deux enfants faisaient partie de ce groupe homogène.

D'après des conversations que j'avais eues avec ma fille, je savais que ces enfants étaient dotés de six grands-parents vivants. Ils avaient deux grands-mères, deux grands-pères et deux arrière-grands-mères.

Comment allions-nous nous intégrer à cette galaxie de grands-parents et d'arrière-grands-parents?, me demandais-je. *Comment les enfants allaient-ils désigner la grande personne dont ils parlaient et à qui ils parlaient? Et, par quels noms allaient-ils nous appeler, mon mari et moi?*

Le bavardage a cessé, alors j'ai été audacieuse et j'ai exprimé mes pensées à voix haute.

Le jeune David m'a regardée avec un sourire gêné et a parlé comme s'il y avait déjà pensé.

« Je vais t'appeler "Princesse" », dit-il.

Le silence s'est fait dans la pièce. Je crois que cette annonce a choqué les grands-parents autant que moi.

Pour une raison inconnue, David m'avait regardée et avait décidé que je devrais m'appeler « Princesse ».

Durant toutes mes années d'école, j'avais dépassé mes amies de filles de plusieurs centimètres. Je pesais plus que je ne le devais, même avec ma grande taille. Par conséquent, j'ai grandi en me voyant comme une amazone, jamais comme une princesse.

« Quel nom charmant », ai-je fait. « Je suis honorée et ravie que tu veuilles m'appeler ainsi. »

Sur-le-champ, je suis devenue « Princesse ». Peu après, ils ont appelé mon mari « Pop-pop ».

Dix ans ont passé depuis. Le jeune David a quinze ans, sa sœur Stephanie en a treize, et ils ont une petite sœur, Rebecca. Elle a huit ans.

Je repense souvent à ce moment et je le considère comme un point tournant dans ma vie. Oui, j'étais passée de la grande jeune fille dégingandée à une femme plus gracieuse avec des cheveux striés de blanc, et une confiance calme que seules peuvent produire des années de vie.

De temps à autre, il arrive qu'on me fasse un compliment, mais personne, pas même mon mari, ne m'avait jamais appelée « Princesse ». Personne, sauf David.

Je lui en serai toujours reconnaissante. Il m'a aidée à remplacer l'image gauche et gargantuesque que j'ai portée trop longtemps dans mon esprit par l'image d'une princesse.

Certains jours, je sais que j'ai davantage l'air d'une clocharde que d'une princesse. Mais un jour, il y a dix ans, un enfant de cinq ans a trouvé que j'avais l'air d'une princesse.

Peut-être était-ce la robe d'été jaune que je portais, ou le sourire jubilatoire sur mon visage qui signifiait que j'approuvais le choix du partenaire de vie de ma fille. Peu importe la raison, le nom m'a fait plaisir alors et encore aujourd'hui.

Quand je prends le téléphone et qu'une voix au bout du fil me dit : « Salut, Princesse. Devine ce qui est arrivé à l'école aujourd'hui », un grand sourire se dessine sur mon visage et la joie me remplit le cœur.

Et ça, c'est du bouillon de poulet pour mon âme!

Adeline C. Erwin

Chocolat noir Hershey

Si mon cœur peut devenir pur et aimant, comme celui d'un enfant, je crois qu'il ne peut sans doute y avoir de plus grand bonheur.

Kitaro Nishida

Je crois que nous connaissons tous une personne dans le voisinage qui est solitaire, et qui a très peu à voir avec quiconque dans la communauté. Vous connaissez ce genre de personne, n'est-ce pas? Eh bien, ce n'est pas exactement moi, bien que je n'en sois pas loin.

J'ai été marié de trop nombreuses fois pour en parler. En fait, il serait embarrassant de révéler le nombre exact. Tous ces mariages étaient très bons, en ce qui me concerne, mais ils ont pourtant pris fin parce que j'étais incapable de démontrer pleinement de l'amour ou de l'affection. Il m'était très facile d'être bon, gentil, honnête et responsable. Je veux dire, qu'y a-t-il d'autre que d'être bon, gentil, honnête et responsable? C'est tout ce que j'ai jamais connu ou que l'on m'a enseigné comme orphelin dans l'orphelinat de Jacksonville, en Floride.

Un jour, cette petite fille est apparue à ma porte, les mains sales et du chocolat partout sur son visage. « Ne bouge pas, et ne touche à rien! » lui ai-je crié, en courant chercher une débarbouillette. *Damnés enfants, ils ne peuvent rien faire sans me causer des ennuis,* me disais-je, comme je retournais lui laver les mains et le visage. Le reste de la journée, j'ai travaillé comme un gardien de prison à m'assurer que cette petite fautrice de troubles ne touche à rien de mes affaires personnelles. Toute la journée, tout ce que j'ai entendu c'est : « Est-ce que je peux avoir ceci? » et « Est-ce que je peux avoir cela? » Je croyais m'arracher le peu de cheveux qu'il me restait avant la fin de la journée. Grâce à Dieu, le téléphone a enfin sonné et les parents seraient en route pour venir la chercher. Mais, oh!

non! Ils n'étaient pas encore de retour en ville et voulaient savoir si je pouvais la garder pour la nuit. Cherchant les aspirines, j'ai secoué la tête et leur ai dit : « Je crois que je n'ai pas le choix. »

Plus tard, ce soir-là, j'ai mis Chelsey au lit, et comme j'allais quitter la pièce, elle m'a regardé et a dit : « Grand-papa, est-ce que tu m'aimes? »

« Bien sûr que je t'aime! » ai-je crié. « Je suis ton grand-papa! » Puis j'ai fermé la porte.

« Je t'aime aussi, grand-papa », ai-je entendu à travers la porte. Je suis resté quelques secondes debout, la tête appuyée contre le mur. J'ai ouvert la porte immédiatement et suis resté là au pied du lit, à la regarder. Elle est venue vers moi et m'a embrassé la main. Je me suis emparé de cette petite fille de trois ans et je l'ai étreinte aussi fort que je le pouvais. Je n'avais jamais su, avant cet instant précis, comment on ressentait le sentiment d'aimer et je ne m'étais jamais rendu compte que je ne le savais pas.

Aujourd'hui, grand-papa et sa petite chérie mangent du chocolat noir Hershey dans le fauteuil préféré de grand-maman, jusqu'à ce que grand-maman chasse à coups de balai grand-papa et Chelsey dans la chambre à coucher où ils regardent des dessins animés ensemble et mettent du chocolat partout. Cette petite fille n'aura plus jamais à demander à son grand-papa, plus jamais, s'il l'aime.

Il est vrai que nous devons apprendre à aimer avant de pouvoir commencer vraiment à vivre, même à cinquante-trois ans.

Roger Dean Kiser Sr.

Composez « P » comme dans paradis

Les enfants sont le pont vers le paradis.

Proverbe perse

Après la naissance de mon quatrième enfant, la distance et une santé chancelante empêchaient ma mère et ma fille de bien se connaître.

Au début, grand-maman était capable de prendre l'avion du New Jersey au Colorado pour une visite, mais avec le temps, la haute altitude est devenue nuisible à son bien-être et elle a été forcée de cesser ses voyages.

C'est ainsi qu'a commencé une relation postale et téléphonique pour ces deux-là. Amy envoyait ses dessins spéciaux à sa grand-mère et a appris à composer son numéro de téléphone interurbain. Avec de l'aide, elle téléphonait à sa grand-mère deux à trois fois par semaine pour bavarder, même très brièvement. Quand Amy a appris son alphabet, elle écrivait de courts messages également.

Pendant un an, les deux ont profité de leur amitié inhabituelle. Quand la grand-mère d'Amy est morte, Amy a posé des tas de questions, et insisté sur quelques-unes.

« Où est grand-maman? Pourquoi ne téléphone-t-elle pas? N'y a-t-il pas de téléphone où elle est? Pourquoi est-ce que je ne peux pas lui téléphoner? »

Bien sûr, j'ai essayé de lui expliquer la mort et sa permanence aussi doucement que possible et j'ai terminé par « Grand-maman est partie au paradis. »

C'était difficile de savoir si ma petite fille comprenait, mais je croyais avoir fait de mon mieux.

Un jour, alors que je pliais du linge, Amy a demandé : « Comment tu épelles paradis? »

Ses petits doigts ont peiné, et ça lui a pris du temps, mais elle l'a écrit, lettre après lettre, comme je lui ai dit.

Elle m'a remerciée et a déguerpi.

Peu après, en rangeant les vêtements, je l'ai trouvée en train de pleurer dans sa chambre.

Assise près d'elle sur son lit, je lui ai demandé : « Qu'est-ce qui ne va pas? Pourquoi tu pleures? »

Prenant le téléphone, elle dit : « Regarde. » Ce que j'ai fait.

Entre ses sanglots, elle a composé : P A R A D I S.

« Il n'y a personne là. Écoute », dit-elle en me tendant l'appareil. « J'ai même composé le code régional, comme tu me l'as appris. »

J'ai raccroché, entouré ma fille de mes bras et lui ai expliqué du mieux que je pouvais, encore une fois.

« Il n'y a pas de téléphones au paradis?, demanda Amy. Alors comment je peux parler à grand-maman? »

La seule réponse qui m'est venue a été : « Dans tes prières. »

« Tu veux dire comme je fais quand je parle à Dieu? »

J'ai fait signe que oui.

« Tu veux dire que grand-maman est avec Dieu? »

J'ai fait oui encore.

Amy a essuyé ses joues mouillées, et les a remplacés par un sourire.

« Ça, c'est bon », dit-elle.

Helen Colella

Avec les yeux des petits-enfants

Si vous croyez que les choses qui comptent sont celles que l'argent peut acheter,
Alors passez une journée avec des enfants, voyez le monde avec les yeux des petits-enfants.
Ils trouvent leur plus grande joie dans les plus petites choses,
Comme une course à travers l'arroseur rotatif et la façon de chanter de grand-papa.

On leur achète des jouets à Noël, ils préféreraient de beaucoup la boîte.
Ils aiment patauger dans les flaques d'eau et chercher de jolis cailloux.
Ils grimpent à un arbre et dansent à la corde et ne ratent jamais un pas.
Ils sont remplis d'émerveillement, et le monde est à leurs pieds.

Pour eux, il n'y a pas de différence entre des pissenlits et des fleurs.
Ils vont les toucher et les sentir et les regarder pendant des heures.
Pour avoir ces genres de valeurs que nous avions quand nous étions petits,
En rétrospective, il semble que nous avions vraiment tout.

Il faut observer les enfants et regarder dans leurs yeux,
Pour comprendre que ce qui compte le plus n'est pas ce que l'argent achète.
Retournez dans le passé en ce jour; souvenez-vous de ce que vous saviez,
Et vous trouverez votre paix intérieure dans l'enfant qui habite en vous.

Jill Grubb-Travoss

Quelque part, Babe Ruth a souri

Quel âge auriez-vous si vous ne saviez pas l'âge que vous avez?

Satchel Paige

Il y avait deux sièges du Yankee Stadium, le numéro quinze et le numéro vingt-deux, rangés au sous-sol de la maison de ses grands-parents depuis des années, inaperçus. De temps à autre, les membres de la famille tombaient dessus par hasard et se faisaient raconter l'histoire de leur acquisition. Il semble que, lorsque le Yankee Stadium a été reconstruit au début des années soixante-dix, des milliers de ces sièges ont été vendus à prix modique. Les amateurs assis aux numéros quinze et vingt-deux ont regardé les Babe Ruth, Mickey Mantle et Lou Gehrig écrire l'histoire du baseball. Peut-être que l'un d'entre eux a attrapé une balle frappée par une de ces légendes du baseball.

Quelqu'un avait approché mon gendre pour acheter ces sièges. Une offre généreuse a été faite, et la famille s'est réunie au sous-sol pour prendre une décision.

Le petit-fils Ryan, un joueur de neuf ans des petites ligues, revenant tout juste d'une partie de baseball et portant le numéro quatre de Lou Gehrig sur son uniforme, a protesté.

« Je ne peux pas croire que vous vendez ces sièges », dit-il. « Vous ne pouvez pas les donner à quelqu'un d'autre. » Il s'approcha de son grand-père, le premier propriétaire de ces sièges, avec un jeune regard d'incrédulité : « Pourquoi veux-tu faire cela maintenant? »

Ses parents, beaucoup plus avisés sur ces choses, ont expliqué qu'ils pouvaient tous tirer un profit intéressant s'ils les vendaient. Et maintenant, il y avait un acheteur.

« Tu ne comprends pas », dirent-ils à Ryan qui persistait. Évidemment, les adultes comprenaient mieux que lui. Ils étaient plus vieux. Plus sages. Et ils étaient certes plus réalistes quant aux questions financières. Chacun profiterait de l'argent reçu.

Les sièges ont été retirés de la poussière et des toiles d'araignée qui s'étaient amassées autour d'eux, puis placés au centre du sous-sol. Ils étaient abîmés et usés. Il n'y avait pas d'amateurs y prenant place maintenant, pas d'encouragements dans le stade les entourant, pas de grands du baseball à admirer avec émerveillement. Et pourtant, ils portaient une majesté qui fit taire même les adultes pendant quelques moments de recueillement.

Le débat consistait à savoir s'il fallait garder les sièges jusqu'à ce qu'ils prennent plus de valeur ou les vendre maintenant. Mais pendant que se déroulait la conversation, le joueur de petite ligue portant le numéro quatre sur son chandail s'est assis dans le siège numéro vingt-deux. Et pendant que la famille décidait que c'était la meilleure chose qui pouvait lui arriver, et que l'argent arriverait certainement à point, et qu'un tien vaut mieux que deux tu l'auras, pendant que tout cela se passait au sous-sol, le joueur de petite ligue s'est mis à pleurer. Il ne pleurait habituellement pas devant un public. Tout le monde était mal à l'aise.

« Je crois que nous ferions mieux de monter », dit son père. La discussion était terminée. La décision était prise. Les sièges seraient vendus.

Mais son fils ne bougea pas. C'était comme si Ryan était collé à la chaise. « Je ne peux pas me lever », dit-il. Il semblait vraiment ne pas pouvoir se lever, même s'il essayait.

C'est son grand-père qui s'est approché du garçon. « Peux-tu m'expliquer pourquoi tu es si bouleversé? » demanda-t-il.

Des paroles d'adulte sont sorties de la bouche de Ryan quand il a parlé, comme si quelqu'un d'autre les prononçait. « Les gens assis dans ces sièges les ont tous vus, les grands,

Gehrig et Mantle et Ruth. De ce siège même. » Ses jeunes mains ont caressé le siège. « Assis ici, je sais exactement comment ils se sentaient », dit Ryan. « Quelle merveilleuse sensation ! »

Évidemment tout le monde savait la bonne chose à faire, la chose réaliste aussi. Et la chose prudente à faire. Mais personne ne voulait arracher ce jeune joueur de baseball à son siège, surtout son grand-père qui se souvenait de ce qu'était être si jeune et amoureux du baseball.

C'était désormais le siège de Ryan. Tout le monde le réalisait dans le sous-sol. Et ils ont enfin compris ce qu'il essayait de leur dire. Aucune somme d'argent au monde ne pouvait acheter le siège numéro vingt-deux depuis que Ryan l'avait trouvé, pas plus qu'aucune somme d'argent au monde ne valait le regard de Ryan quand il a enlacé son grand-père pour le remercier.

Ce soir-là, un garçon de neuf ans portant le numéro quatre sur son chandail a emporté chez lui le siège numéro vingt-deux du Yankee Stadium.

Et quelque part, Babe Ruth a souri.

Harriet May Savitz

Grand-maman et la varicelle

Quand les enfants ne comprennent pas, ils comblent les vides.

Shirley Muck

Mes jumeaux n'avaient que sept ans quand leur grand-mère paternelle a annoncé qu'elle se remariait. Nous étions tous contents pour elle, puisqu'elle avait paru si seule depuis que grand-papa était décédé quelques années auparavant. Nous avons annoncé la nouvelle à nos garçons, qui étaient assis sur la banquette arrière de la voiture. « Grand-maman se marie de nouveau », avons-nous dit.

Jon a eu un air pensif pendant un moment. Il a demandé finalement : « Est-ce qu'elle va avoir d'autres enfants? »

Avant que nous ayons eu la chance de répondre, son frère jumeau Mike a lancé cette réponse : « Non! Elle peut pas. Elle les a déjà eus. C'est comme la varicelle. Quand tu l'as eue, tu ne peux plus la ravoir! »

Susan Amerikaner

Ce n'est pas le nom qui importe – c'est ce qu'il représente pour vous qui est la clé de son pouvoir.

Laura Spiess

Arcs-en-ciel de jour de pluie

Pour nous, la famille veut dire s'accueillir l'un l'autre et être présent à l'autre.

Barbara Bush

À moins de vivre dans les dunes de sable du Sahara, ce qui n'est pas notre cas, la pluie doit tomber. Elle a choisi aujourd'hui, le jour où K.C. est à la maison, en congé de la garderie. Je n'ai qu'à regarder par la fenêtre pour savoir que K.C. et moi n'emprunterons aucun sentier hors de nos quatre murs ce matin.

La pluie n'a pas dissuadé les dames de la maison de ficher le camp dans un centre commercial. K.C. et moi avons été abandonnés à inventer notre propre parcours.

Nous n'avons pas besoin des conseils d'ouvrages comme *Cent une choses à faire avec votre petit-enfant un jour de pluie.* Nos gènes bouillonnent de créativité et notre imagination se plaît à l'exprimer concrètement. Autrement dit, un jour de pluie n'est pour nous qu'un autre défi sur la voie supérieure de notre choix.

K.C. opte pour commencer dans la cuisine. Naturellement, nous avons déjà mangé nos céréales et notre lait, nos œufs brouillés avec du sirop d'érable, mais c'était à sept heures, tout de suite après notre émission de télévision. Il est maintenant neuf heures et demie, deux ou trois heures avant le repas du midi. K.C. et moi faisons des biscuits au beurre d'arachide.

K.C. travaille sur une chaise de salle à manger appuyée contre le comptoir de cuisine. Elle casse les œufs, je ramasse les coquilles brisées dans le bol. Je mesure, elle verse. Nous écrasons et brassons ensemble.

Une petite boule de pâte est mise de côté pour elle, et aussi vite que je peux, je confectionne des biscuits sur la tôle. Brièvement, elle musarde, pensant à sa pâte à modeler, façonnant des formes curieuses, peut-être des poupées vaudous ou des personnages de dessins animés; c'est difficile à dire, mais son intensité est enthousiaste. Je dois me dépêcher parce que, dès que le modelage est terminé, K.C. commence à manger la pâte à biscuits. Je ne peux pas la blâmer, j'aime ça aussi. Ma mère me disait toujours que ça me donnerait des vers. Je ne le croyais pas alors, je ne le crois pas maintenant. Les stratagèmes des adultes peuvent être si naïfs!

Les biscuits sont au four. Nous avons démoli la cuisine. Nous continuons vers la salle à manger. K.C. a décrété : « Faisons de la peinture! »

J'étends des journaux sur la table de la salle à manger pendant que K.C. revêt avec peine son tablier de plastique de l'ourson Pooh. J'approche peut-être le grand âge, mais j'ai encore un peu d'audace en moi. De mon endroit secret, je sors le matériel qui jette l'effroi dans le cœur des maniaques de la propreté maternelle où que ce soit. De grandes feuilles de papier. De la peinture au doigt.

« Regarde ce que j'ai trouvé », m'exclamai-je. K.C. regarde. Son sourire est si large qu'il fait remuer ses oreilles. Elle reconnaît immédiatement les pots de peinture que j'ai en main. Elle les a vus à la garderie. Nous nous approchons de la table et commençons.

Les choses se passent bien pour un bout de temps. Nous surpassons Dali. Van Gogh voudrait ravoir son oreille pour entendre notre joyeux badinage tandis que nous produisons des fioritures et barbouillis criards, des empreintes de mains, des formes confuses et des taches.

Dans son exubérance, K.C. applique accidentellement de la peinture sur mon bras. Bleu royal. Quand elle voit la tache, elle rit. Ne reculant devant aucun défi, je réplique avec du vert pomme sur son bras. C'est ainsi que ça commence. Nul doute, c'est beaucoup plus amusant que le papier.

Du bout des doigts aux aisselles, sur le visage et dans les cheveux. Au bout de dix minutes, nous sommes un désastre. Les chaises de la salle à manger ne sont pas épargnées non plus. Pas plus que le comptoir de la cuisine et la tôle à biscuits, car tout ce temps, j'ai fait des biscuits.

Pour commencer à manger les biscuits, il nous faut d'abord nous laver. Pas de problème. K.C. pousse sa chaise de salle à manger jusqu'à l'évier de la cuisine. Nous pataugeons et nous nous nettoyons, éclaboussant un peu d'eau autour de nous… quelques flaques sur le plancher, nous l'essuierons plus tard. Plusieurs serviettes ont l'air d'avoir subi une teinture. Une véritable âme d'artiste trouve à s'exprimer partout.

Nous ne sommes pas tout à fait propres; assez propres pour des biscuits et du lait, mais pas assez pour passer l'inspection des dames qui, inévitablement, rentrent à la maison.

Elles voient nos œuvres d'art encore humides sur les meubles et affichées sur les portes d'armoires de cuisine. Les biscuits qu'elles mangent les distraient un moment, mais pas longtemps. Elles ont vu l'état de leur cuisine, les chaises de la salle à manger, nos cheveux en technicolor car je n'ai pas eu le temps de les laver.

K.C. est escortée à la baignoire sans préavis. Je me défile rapidement au sous-sol pour changer la litière du chat. Personne ne me suit quand j'entreprends cette tâche.

Beaucoup plus tard, après le déjeuner, assagis, K.C. et moi nous cachons dans sa chambre pour regarder les *Teletubbies*. Comme par hasard, le segment « vraie vie » de l'émission porte sur la peinture. La scène s'ouvre sur un plancher couvert de papier, des cuvettes remplies de peinture et une dizaine d'enfants tous pieds nus. K.C. regarde attentivement.

Les enfants pataugent dans les cuvettes, dansent et glissent sur le plancher, laissant des empreintes de pieds, de mains, de genoux, de derrières. Ça semble amusant en diable!

« Je veux faire ça un jour », dit K.C.

Prudemment, je réponds : « Un jour. »

« Pas toute seule. Avec toi. »

« O.k., nous le ferons ensemble. »

K.C. retire ses chaussettes. « Maintenant! » crie-t-elle.

Je me demande si peut-être la litière n'a pas besoin d'être changée de nouveau. Je me mets à fredonner : « Si la pluie peut cesser… »

Arthur Montague

La vie n'est pas datée que par les années.
Les événements sont parfois les meilleurs calendriers.
Benjamin Disraeli

Que doit faire une grand-mère ?

Qu'est-ce qui est si simple que même un petit enfant peut la manipuler ? Une grand-maman.

Janet Lanese

Un des problèmes les plus urgents des grands-parents de nos jours est de savoir comment être grand-parent. Je ne porte certainement pas de robes à fleurs en coton ni de grand tablier couvrant, pas plus que je ne fais des biscuits à la mélasse chaque semaine comme le faisait ma grand-mère Kobbeman. Je ne m'assois pas sur une balançoire de véranda pour me bercer toute la soirée, et je ne regarde pas de feuilletons comme le faisait ma grand-mère Knapp. Quand j'ai eu 50 ans et que j'étais grand-mère, je faisais du ski nautique derrière le bateau de mon frère au Kentucky, et de la plongée en apnée pendant des heures au large de deux îles hawaïennes. L'année suivante, j'ai essayé tous les manèges les plus terrifiants de Disneyland.

Les grands-parents sont différents aujourd'hui. Nous avons des carrières à temps plein. Nous dirigeons des entreprises et courons des marathons. Nous sommes membres de clubs, surveillons le marché boursier, mangeons souvent à l'extérieur, faisons régulièrement de l'exercice et avons encore l'énergie de danser le twist à des noces.

Mes cinq petits-enfants habitent à l'extérieur de la ville, et je ne les vois pas tous les jours ou toutes les semaines. En fait, puisque leurs parents ont des carrières bien remplies et des vies de vire-vent comme moi, je suis chanceuse quand j'arrive à voir mes petits-enfants une ou deux fois par mois.

Quand Hailey avait quatre ans, elle est venue en visite « toute seule » pour la première fois. Elle allait être seule avec moi le samedi soir, toute la journée du dimanche et du lundi, et la moitié de mardi avant que sa mère ne vienne la chercher pour retourner à la maison. Le samedi soir et le dimanche furent un jeu d'enfant. Hailey, avec sa couverture préférée et son petit dernier bébé Beanie, et moi nous sommes blotties l'une contre l'autre dans mon grand lit. Nous avons bien dormi jusqu'à ce que Hailey s'assoie au milieu de la nuit et chuchote : « Grand-maman, tu ronflais. »

Le dimanche, nous avons été occupées toute la journée avec ma belle-fille et mon autre petite-fille qui étaient en visite pour la journée. Mais le lundi matin, quand Mlle Hailey et moi nous sommes éveillées et qu'elle m'a assurée que je n'avais pas du tout ronflé cette nuit-là, je me suis mise à m'inquiéter. *C'est lundi, un jour de travail. J'ai des livres à lire et à réviser, et une proposition de livre à soumettre. Il faut que je sois à mon bureau à domicile! Comment vais-je réussir à tout faire si je dois amuser Hailey toute la journée?*

Je m'en ferai plus tard, me suis-je dit. Parce qu'à ce moment il y avait les étreintes d'une petite fille à recevoir, des gaufres à griller et des oiseaux à nourrir sur la terrasse, avec mon assistante de quatre ans.

Alors, nous nous sommes enlacées et bercées, et nous avons mangé, et j'ai tenu la mangeoire des oiseaux pendant que Mlle Hailey versait six grosses tasses de graines minuscules dans la mangeoire et que seulement la moitié d'une tasse a abouti sur la terrasse.

Assise sur la balancelle de la terrasse à regarder les écureuils manger la nourriture des oiseaux, je me suis mise à m'inquiéter de nouveau. *J'ai une chronique à écrire et un exposé à préparer.* Et pourtant, je voulais être avec Hailey. Après tout, nous n'avions plus qu'une journée et demie avant que sa mère arrive. Mais mon travail. J'avais besoin de travailler, non?

« Mamie, est-ce qu'on peut sortir le hamac? On pourrait faire la sieste dedans! »

« Allons dans le hangar trouver le hamac », dis-je allègrement. Nous avons accroché les chaînes aux crochets dans les grands arbres de la cour, et sommes montées à bord. En regardant un chardonneret et deux cardinaux sautiller sur les branches bien au-dessus de nous, couchées sur le dos dans ce grand hamac double, j'étais certaine de prendre congé pour la journée et la moitié du lendemain. Complètement.

Hailey et moi avons fait de grands dessins dans l'allée, à l'aide d'un seau rempli de craies de trottoir. Puis elle a voulu grimper dans la vieille cabane d'oncle Andrew dans un arbre. Elle a balayé toutes les feuilles du plancher de la cabane, dont seulement la moitié me sont tombées sur la tête. Nous avons fait une longue balade à bicyclette sur la piste cyclable près de chez moi. Je marchais pendant que Hailey montait sa minuscule bicyclette avec les roues stabilisatrices.

« Mamie, est-ce qu'on peut aller au ruisseau? » Mlle Hailey a poussé des cris aigus en voyant l'eau.

« Bien sûr. Peut-être que nous attraperons une grenouille? »

Plus tard ce matin-là, nous avons sauté dans la voiture, sommes allées magasiner pour des chaussures et en avons trouvé une paire parfaite pour ma petite-fille aux pieds larges. Puis nous sommes allées à la salle de jeux de chez McDonald pour le déjeuner. Plus tard, nous avons mangé des Combos et des bonbons au cinéma où nous avons rigolé des chansons amusantes de *Danny, le chat superstar.*

« Mamie, es-tu certaine qu'il n'y a pas de règlements dans ta maison? »

« J'en suis certaine. »

« Pas d'heure de coucher? »

« Non. »

« Je peux rester debout jusqu'à ce que tu te couches? »

« Ouais. »

« Tard? »

« Bien sûr. On peut se lever tard demain. Reste assise sur mes genoux pour qu'on puisse se coller, et je vais te lire un livre ou deux. »

« Je t'aime, Mamie. »

C'est ainsi que j'ai appris le sens véritable des paroles que j'ai fait laminer au-dessus de mon ordinateur :

ÉCRIS DES CHOSES
QUI VALENT LA PEINE D'ÊTRE LUES
OU FAIS DES CHOSES
QUI VALENT LA PEINE D'ÊTRE ÉCRITES.

J'ai appris que faire des choses comme passer toute une journée et demie à jouer avec une petite-fille est infiniment plus important que d'adhérer à une routine de travail et d'accomplir des choses au bureau. J'ai appris que les grands-mères d'aujourd'hui doivent souvent laisser tomber leurs horaires, leurs réunions, leurs clubs, leurs activités, leur charge de travail et leurs rendez-vous, et parfois passer quelques heures à dessiner de drôles d'animaux dans l'allée ou à regarder les feuilles du fond d'un hamac, avec une petite tête de quatre ans blottie dans le creux de votre bras.

Patricia Lorenz

Le bulletin de grand-maman

Chaque génération transmet un souvenir durable
qui reste avec fierté et admiration.
Quel sera votre héritage?

Theodore N. Greenough

BULLETIN DE GRAND-MAMAN		
Matière	**Commentaires**	**Note**
Lecture	Grand-maman me fait la lecture depuis toujours. J'ai toujours aimé m'asseoir sur ses genoux quand elle me lit des histoires. Et quelquefois, elle s'arrête et me raconte une de ses propres histoires. J'aime beaucoup ça.	A
Histoire	Grand-maman excelle à raconter l'histoire de la famille, et l'on peut compter sur elle pour entendre des anecdotes fascinantes et embarrassantes sur papa et maman.	A
Écriture	Grand-maman m'écrit des lettres et des petits mots. Elle m'y écrit toujours qu'elle m'aime. Elle m'envoie des cartes à mon anniversaire et aux fêtes. Et elle m'encourage à écrire aussi. Elle me presse d'écrire mes cartes de remerciement et, même si je déteste le faire, j'ai appris à quel point elles peuvent avoir de l'importance.	A

Mathématiques	Grand-maman sait quand les choses « ne balancent pas » et elle ne craint pas de me le dire. Elle sait également comment épargner et est encore capable de contribuer à mon éducation.	A
Sciences sociales	Grand-maman sait que « l'on récolte ce qu'on a semé ». Elle a de nombreux gestes de bonté, chaque jour, pour ses parents et amis, les voisins et même des étrangers. Elle donne à des œuvres de charité parce qu'elle sait que c'est juste. Elle fait participer tous ses petits-enfants à ses gestes de bonté, parce qu'elle sait que nous devons apprendre cela nous aussi.	A
Éducation physique	Grand-maman sait jouer avec les autres. Elle fait de l'exercice, marche, monte à vélo, fait de la randonnée, suit des cours de kickboxing et pousse des chariots chargés sur des kilomètres d'allées. Elle a une chaise berceuse, mais est bien trop occupée pour s'en servir. Même si elle se plaint parfois de douleurs, elle bouge et s'active chaque jour.	A
Nutrition et diététique	Grand-maman sait vraiment cuisiner ! Elle connaît tous mes plats préférés et les prépare quand elle sait que je vais la visiter.	A

Assiduité	Elle est toujours présente. Elle est là à chaque événement qui compte pour moi. Je sais qu'elle sera là à m'encourager. Elle m'écoute vraiment bien.	A
Qualités personnelles	Grand-maman est simplement **amusante!** Elle semble toujours prête à jouer, juste un peu. Quand tout le monde paraît si sérieux, elle me jette un regard avec une lueur dans les yeux, et je sais que nous sommes sur la même longueur d'ondes. Elle peut être très sérieuse, mais elle ne se prend pas au sérieux. Elle est ma copine.	A
Commentaires généraux	Grand-maman est reçue haut la main. J'ai hâte d'être avec elle pour très, très longtemps.	

Meladee McCarty

La leçon d'amour de Courtney

La journée de juillet éclatait de soleil et de chaleur. Le genre de journée qui murmure : « Allons à la plage. » Les vendredis étaient chers à mon cœur parce que c'était le jour où nous gardions nos petits-enfants chéris, Mikey, trois ans, et Courtney, deux ans. Les emmener à la plage ne pouvait que rendre la journée plus délicieuse. Bien…

Ce qui semblait une merveilleuse idée à 10 h ne semblait plus si merveilleux à 11 h, quand j'ai commencé à décharger de la voiture toutes les commodités de la plage : une couverture, une glacière, des jouets, des serviettes, et deux bambins très turbulents. À quoi avais-je bien pu penser? Comment pouvais-je me débrouiller avec tout cela par moi-même du terrain de stationnement, qui se trouvait à un coin de rue de la rive du lac Michigan?

« Oh! mon Dieu, aidez-moi », ai-je prié, plantée debout et un peu accablée, attendant que l'œstrogène du matin fasse effet et me calme. À ce moment même, un groupe de jeunes hommes forts (remarquez le mot clé, forts) est passé.

« Excusez-moi », ai-je dit. « Vous semblez tellement en santé et forts. Aimeriez-vous porter quelques-unes de ces choses pour nous? Les enfants sont tellement excités, et je ne peux pas tout faire. » Le plus grand des trois, blond et bronzé comme un surfeur de la Californie, a souri et répondu : « Je serais heureux de vous aider. Je me souviens qu'enfant, ma grand-mère m'emmenait à la plage. »

Un peu plus tard, nous avons souhaité une bonne journée à nos cadeaux du ciel, comme nous établissions notre domaine à moins d'un mètre du bord de l'eau et que nous nous mettions à construire un tunnel secret qui nous conduirait vers Disney World. Mikey avait hâte de jouer dans l'eau, d'éclabousser et de « nager », mais pas Courtney, car l'ampleur du lac

Michigan et les vagues qui déferlaient semblaient effrayer son petit cœur. Mikey et moi avons joué dans l'eau tandis que Courtney était assise dans le sable, creusant, remplissant et vidant son seau de bon cœur. Aucune approche en douceur, aucune offre de la tenir dans mes bras n'a pu la persuader de venir dans l'eau. La peur brillait dans ses grands yeux bruns.

Soudain, un grand vent s'est levé et, en une seconde, le chapeau de paille de grand-maman a eu des ailes et a vogué sur les vagues. « Grand-maman, grand-maman, ton chapeau! » a crié Mikey avec animation.

« Je crois qu'il voulait aller nager, lui aussi. » Nous avons ri en regardant les vagues l'emporter encore plus loin. Puis, du coin de l'œil, j'ai vu Courtney marcher dans l'eau, son petit corps faisant des petits pas déterminés.

« Court, tu es dans l'eau? » cria Mikey joyeusement.

« Moi sercher sapeau mamie », répondit-elle en plaçant un petit pied devant l'autre. J'étais là en présence de notre Dieu, le Seigneur qui a créé cette belle journée, et ces petits-enfants qui vivaient dans mon âme même, et les larmes me sont venues aux yeux. Il y avait ici une enfant tellement remplie d'amour pur qu'elle a oublié ses peurs en entrant dans l'eau pour récupérer le chapeau de grand-maman.

Prenant Courtney dans mes bras, je lui ai chuchoté : « Je t'aime tellement », comme nous faisions au revoir de la main au chapeau de paille. Il m'avait coûté cinq dollars en solde, mais il m'avait enseigné une leçon d'un million de dollars.

L'amour triomphe de tout.

Alice Collins

La main de mon petit-enfant

Dans tes yeux, je vois l'avenir
Et un besoin de sauver la Terre...
Pour que tu puisses marcher dans les champs de Dieu
Et que tu saches que la vie a de la valeur.

En ta présence, je peux voir maintenant
Que Dieu est toujours là...
Et il t'a envoyé comme une lueur d'espoir
Quand je croyais que tout espoir était perdu.

Si je plante un arbre aujourd'hui, je saurai
Bien que son ombre ne me couvre pas...
Que je t'aurai offert un abri ici
Que tout le monde pourra voir.

Quand j'étais jeune, j'interrogeais Dieu
Je devais savoir la vérité...
Et il a fermé les yeux et penché la tête
Et il t'a envoyé comme preuve.

C'est au creux de ton rire
Que j'ai appris le sens de la vie...
Car le miracle de te connaître
A chassé tous mes doutes.

Avec le temps qui passait, comment pouvais-je savoir
Que le meilleur était à venir...
Par la main de mon petit-enfant, Dieu m'a tendu la sienne
Et il a trouvé l'amour en moi.

Jill Grubb-Travoss

6

Devenir grand-parent

On a demandé à une de mes amies
comment elle avait aimé avoir
son premier arrière-petit-enfant.
« C'était merveilleux », répondit-elle,
« jusqu'à ce que je réalise soudain
que j'étais la mère d'un grand-père. »

Robert L. Rice, M.D.

Une demi-écoute

Un bon message trouvera toujours un messager.

Amelia Barr

Un grand nombre de nos amis devenaient des grands-parents et nous disaient sans cesse : « Vous allez adorer être grands-parents. Il n'y a rien de tel. »

Ce sont les mêmes personnes qui ont des autocollants partout sur leur pare-chocs disant « Laissez-moi vous parler de mes petits-enfants ». Les mêmes personnes qui s'identifient comme étant « la grand-maman d'Édouard » ou « le grand-papa de Mélanie ».

Je ne doutais pas un seul instant qu'ils se délectaient de leurs rôles. Mais ce n'était pas pour John et moi. Nous arrivions au stade des rabais pour les aînés, et nous avions hâte au jour où nous pourrions enfin acheter notre autocaravane et voyager un peu. J'aime ma tranquillité, et John n'aimerait rien mieux que d'aller à la pêche et flâner un peu à l'ombre d'un grand magnolia, une boisson froide pour adultes à la main.

Nous avons élevé deux parfaitement beaux garçons pour qui l'expression « les garçons, on ne les changera pas » a sûrement été inventée. Il n'y a plus de couches souillées ou de dents qui percent ou de nuits sans fin à m'inquiéter quand l'un d'eux avait la fièvre ou la varicelle. Nous voulions échanger notre voiture familiale contre une belle petite Corvette rouge pomme à deux places – pas d'espace pour un siège de bébé ou des sacs à couches ou quoi que ce soit de nécessaire lors d'une excursion d'un jour à Disney.

Alors est arrivé Quinton – quatre kilos de joie pure – des fossettes et un sourire à vous faire fondre l'âme. Un peu d'impétuosité qui lui vient de plusieurs sources du côté de son père et une douceur qui est assurément une combinaison de ses précieux papa et maman.

D'accord, mes amis – vous avez essayé de nous le dire et nous avons écouté à moitié. Nous n'avions jamais rêvé que l'amour que nous ressentons pour un si petit être puisse atteindre une telle profondeur. Ou que nous pouvons à peine attendre d'entendre le téléphone sonner et de nous faire demander : « Pouvez-vous venir garder Quinton pendant que nous sortons manger? »

Tenir ce petit paquet tendre me donne un sentiment de calme comme je peux à peine croire. Même s'il est difficile par moments, je m'émerveille quand même de la douceur de ses traits, de l'odeur de cette peau de bébé si douce. Peut-être alors vais-je m'habituer au fait que mes cheveux grisonnants et ma peau ridée me qualifient pour le rôle de grand-mère de quelqu'un.

Et puis, quelqu'un peut-il me dire où je peux acheter un de ces ridicules autocollants de pare-chocs qui disent « Laissez-moi vous parler de mes petits-enfants »?

Debby Stoner

La vie,
quel merveilleux cadeau

Il vaut mieux perdre le compte en nommant vos bienfaits que de perdre vos bienfaits en comptant vos problèmes.

Maltbie D. Babcock

C'était la première semaine de décembre. Ma fille Julie et moi avions décidé d'aller faire notre magasinage de Noël. Nous avons toujours été très près l'une de l'autre, et j'ai toujours eu hâte à ce moment spécial avec elle. Nous faisions du magasinage « sérieux », puis nous mangions au restaurant et nous échangions nos nouvelles respectives.

Au déjeuner, nous avons discuté des cadeaux que nous achèterions à nos parents et amis. Je trouvais toujours que c'était une corvée, car je m'inquiétais de traiter mes cinq enfants sur un pied d'égalité, et de trouver quelque chose qu'ils n'avaient pas déjà. Julie, par contre, est une personne qui semble toujours trouver le cadeau parfait pour chacun. Il faut que tout soit de la bonne couleur, de la taille parfaite, de l'odeur parfaite! Elle va et vient, de magasin en magasin, pour trouver la meilleure aubaine.

Ce jour-là, en mangeant, notre conversation est passée des cadeaux de Noël aux bienfaits de la vie. Cela nous a rappelé à toutes deux ma maladie. Même si j'avais été gravement malade à quelques reprises, je me considérais encore, en grande partie, vraiment bénie. En fait, à plusieurs occasions, ma sclérose en plaques ou mon lupus étaient revenus, et mon médecin disait que c'était en effet un miracle que je sois toujours en vie. Peut-être était-ce un miracle, peut-être aussi que Dieu avait d'autres desseins pour moi.

Réalisant ma chance, quand Julie m'a demandé ce que je voulais pour Noël, j'ai essayé de lui dire, sans gâcher son humeur du temps des Fêtes, que je n'attendais ni même ne voulais de présent. Je lui ai expliqué que le seul fait d'être avec toute ma merveilleuse famille était tout ce que j'espérais.

Julie a semblé déçue par ma réponse. « Oh! maman », dit-elle, « tu es toujours tellement pratique! Il y a sûrement un petit quelque chose qui te fait envie. »

J'ai répété ce que j'avais dit : « J'ai un mari fantastique, de beaux enfants et maintenant deux très belles petites-filles. J'ai tout! Qu'est-ce qu'on peut désirer de plus dans une vie? » Je parlais de tout mon cœur. C'était vraiment ce que je ressentais. J'aimais tellement ma famille que le reste importait peu. Chaque jour, je remerciais Dieu de me donner un autre vingt-quatre heures à partager avec eux.

Soudain, sans y penser, j'ai ajouté : « Je sais que c'est égoïste, mais tu sais, j'aimerais vraiment avoir un petit-fils avant de mourir! Ça, ce serait génial! »

Julie a secoué la tête et dit : « J'abandonne! »

« Bien, tu m'as demandé ce que je voulais, non? J'ai toujours voulu un petit-fils! J'aime les petits garçons! Je n'oublierai jamais à quel point j'étais heureuse d'avoir ton frère après toutes vous autres, les filles! Oh, je vous aime tous également, c'est certain, mais les petits garçons ont quelque chose de spécial. Si tu peux trouver un moyen de me donner un petit-fils avant Noël, je vais le prendre et l'aimer sans me plaindre! »

« Tu es impossible! » ajouta Julie. « Finissons notre magasinage. Tu ne veux pas accepter un petit cadeau et pourtant, tu demandes le monde! Ah, les mères! »

Quelques heures plus tard, Julie m'a ramenée chez moi. Épuisée d'avoir magasiné, je l'ai enlacée et lui ai promis de lui dire si je pensais à quelque chose de « plus facile » qu'elle pourrait me donner.

En entrant dans la maison, la première chose que j'ai faite a été de vérifier les messages sur notre nouveau répondeur. Le clignotant rouge indiquait qu'il y en avait plusieurs.

Le premier message était d'une autre de mes filles dont la voix m'affirmait qu'elle s'inquiétait parce que j'étais partie si longtemps sans sa permission ! Je trouvais que c'était ironique en pensant à toutes les fois où mes enfants avaient oublié de me téléphoner quand ils allaient être en retard. Curieux comme le temps inverse les rôles. Le deuxième message me rappelait la tenue imminente d'un encan d'artisanat à l'église, et le troisième me confirmait un rendez-vous chez le dentiste. Qui avait besoin qu'on lui rappelle de telles choses? J'allais quitter la pièce quand j'ai entendu la dernière voix, celle de mon mari. Son ton semblait plus que confus.

« Barb! Es-tu là? Si tu es à la maison, alors prends l'appareil ! Ne m'entends-tu pas? Il faut que je te parle... V-I-T-E ! » Frustré, quand il s'est enfin rendu compte qu'il parlait à une pièce de matériel électronique, il a baissé le ton et dit : « S'il te plaît, chérie, quand tu arriveras... TÉLÉPHONE-MOI ! »

Wow! Ce n'était tellement pas l'homme calme auquel j'étais habituée ! Qu'est-ce que ça pouvait bien être? Je savais que je devais le rappeler immédiatement.

Ce que je fis. Ce fut non seulement un appel bouleversant, mais aussi une réponse imprévue à une prière, et ce petit quelque chose que je voulais pour cadeau de Noël. À peu près au même moment où je disais à Julie que j'aimerais avoir un petit-fils avant de mourir, une jeune fille d'une ville voisine avait téléphoné à mon mari au travail pour lui dire qu'elle était la mère d'un petit-fils que nous n'avions jamais rencontré! Nous étions tous les deux sous le choc. Cette femme a expliqué qu'elle avait eu une brève relation avec notre fils, était tombée enceinte et avait eu un petit garçon qui avait aujourd'hui sept mois ! Elle a dit qu'elle avait demandé à notre fils de nous mettre au courant du bébé. Toutefois, notre fils craignant que nous soyons déçus de lui si nous l'apprenions, avait fait promettre à cette fille de ne rien dire.

Pour une raison inconnue, ce jour-là, elle avait décidé que ce n'était pas juste à notre endroit de garder le secret plus longtemps à propos de ce petit-fils. Puisque notre numéro à domicile était confidentiel, elle avait téléphoné au bureau de mon mari et lui avait raconté l'histoire.

Mon mari m'a donné le numéro de la femme, et m'a précisé qu'elle lui avait dit que j'étais libre de prendre des dispositions pour rencontrer notre petit-fils, si je le voulais. Un petit-fils! Si je le voulais? J'étais incrédule comme Thomas. Je devais voir par moi-même. J'ai téléphoné à la femme et, en moins d'une heure, j'étais en route pour voir le bébé. Si elle disait la vérité, j'avais un petit-fils! Peu importe à quel point les détails de sa conception étaient compliqués, je savais que je l'aimerais. J'étais heureuse, triste, excitée et larmoyante tout à la fois.

Quand je suis arrivée à l'adresse donnée, j'ai été accueillie à la porte par la femme et ses autres enfants. Je sentais qu'ils essayaient tous de m'évaluer, et ça me rendait terriblement mal à l'aise. Ma première idée a été de me retourner et de m'enfuir. Quelque chose en dedans de moi m'a dit que je devais rester. J'ai tendu la main, elle l'a prise. Elle m'a invitée à entrer. Marchant devant moi vers une table, elle prit une enveloppe et me la remit : « Voici les documents de paternité, dit-elle. C'est la preuve que Toby est votre petit-fils. »

Je venais d'apprendre autre chose : son bébé s'appelait Toby. J'ai demandé quel était le nom de famille du bébé, et elle m'a répondu qu'il avait reçu le nom de mon fils la veille en cour.

Près de m'évanouir, je me suis affalée dans le fauteuil le plus près. Je ne m'étais pas rendu compte que la jeune femme avait quitté la pièce jusqu'à ce que je la voie revenir, portant un petit garçon. Elle est venue vers moi, a déposé le plus merveilleux petit bébé dans mes bras et a dit : « Mon fils, je crois qu'il est temps que tu rencontres ta grand-maman! » Toby m'a regardée droit dans les yeux et m'a fait le plus grand sourire… j'ai pleuré.

Dès ce moment, le petit Toby est devenu une partie très importante de ma vie. Mon fils et la mère du bébé avaient fait une grave erreur. Toutefois, Dieu lui-même avait créé le petit Toby, et Dieu ne fait pas d'erreurs. J'avais un petit-fils! Un merveilleux petit bout de chou! Quel cadeau de Noël précieux!

Plus tard ce soir-là, mon mari et moi avons eu un long entretien avec notre fils. Nous lui avons dit que nous savions pour Toby, et que j'étais peinée qu'il ait pu même penser, ne fût-ce qu'un instant, que son père et moi puissions l'aimer moins parce qu'il avait commis une erreur. Je lui ai dit que si nous n'aimons nos enfants que lorsqu'ils vivent leur vie comme nous croyons qu'ils le devraient, alors ce n'est pas vraiment de l'amour. Il m'a dit que, lorsque la mère de Toby avait découvert qu'elle était enceinte, elle avait songé à l'avortement. Nous avons pleuré ensemble, en remerciant Dieu qu'elle ne l'ait pas fait. Plus tard, nous avons même ri un peu de la rapidité avec laquelle Dieu semblait répondre à ma demande de cadeau de Noël.

Depuis lors, il y a eu de nombreux Noëls. Toby passe beaucoup de temps avec son père et avec nous aussi. Chaque jour, mais surtout à Noël, je suis tellement reconnaissante de ce cadeau très spécial que j'ai reçu, il y a huit ans.

Barbara Jeanne Fisher

Grand-maman Jan

Quand une porte du bonheur se ferme, une autre porte s'ouvre; mais souvent, nous regardons la porte fermée si longtemps que nous ne voyons pas celle qui s'est ouverte pour nous.

Helen Keller

Quand je suis entrée dans le parc en voiture, j'ai vu et reconnu Grace immédiatement. Elle était assise sur un banc à regarder les enfants gambader et jouer. *Pourquoi fallait-il qu'elle vienne?*, me suis-je dit. *Ne pouvait-elle pas me laisser être la « grand-maman » pour la journée?* J'avais attendu si longtemps.

Je suis allée vers elle, et Grace m'a regardée avec tendresse. « J'ai tellement pensé à vous ces dernières années. »

Elle était toujours présente à mon esprit, aussi – la femme qui était la grand-mère de l'enfant de ma fille.

Je suis retournée en pensée au moment où Amy, dix-sept ans à peine, m'a dit qu'elle était enceinte. Je m'étais démenée comme mère célibataire après que le père d'Amy et de Jennifer nous eut quittées sept ans auparavant, et je croyais que le pire était derrière nous, jusqu'à ce jour-là.

Amy a décidé de faire adopter le bébé. J'ai convenu que c'était la meilleure chose pour cette jeune fille confuse, et j'ai été touchée qu'elle me demande de l'aider à choisir les parents grâce à une formule d'adoption ouverte. Tout allait bien jusqu'à ce que je voie l'échographie, cette vie qui grandissait dans Amy. C'est alors que ça m'a frappée. Dans quelques mois, je devrais lâcher prise, dire adieu à ma petite-fille.

Leslie, la future mère adoptive, m'a affirmé : « Nous voulons que vous fassiez partie de sa vie. » Mais quel rôle pouvais-je jouer? La mère de Leslie, Grace, avait attendu soixante-trois ans pour gâter un petit-enfant. Jusqu'à quel point voudrait-elle me laisser de la place?

Après que Nicole est née, Amy a insisté pour l'emmener à la maison une semaine. « J'ai besoin de temps pour lui dire adieu. » Ce furent des jours spéciaux, des jours pour se fabriquer des souvenirs de son premier enfant, pour la tenir, chanter pour elle, lui écrire une lettre d'amour, puis la laisser partir. Pourtant, je ne pouvais même pas la dorloter comme je le voulais, craignant que m'attacher à cette enfant ne fasse qu'augmenter mon chagrin quand elle nous quitterait.

La première fois que j'ai rencontré Grace, elle est venue chez moi pour la cérémonie d'adoption. « Je sais que vous allez beaucoup l'aimer », ai-je dit, sèchement, me mordant la lèvre comme elles allaient s'en aller avec le bébé. Grace n'a rien dit mais m'a étreinte. Après que tout le monde fut parti, Amy et Jennifer n'arrêtaient pas de pleurer, et je leur affirmais sans cesse que c'était la chose à faire, que des bienfaits s'ensuivraient.

Les larmes d'Amy ont jailli de nouveau quand elle a partagé son histoire avec d'autres jeunes filles enceintes.

La première année, j'ai vu Nicole souvent, étant aux petits soins pour elle comme tout grand-parent, lui achetant des robes de fantaisie dans les magasins à rayons qu'elle ne porterait qu'une fois. Puis, c'est arrivé – la famille a déménagé en Floride. Qu'est-ce que j'allais faire à présent?

Leslie a promis toutes les photos et toutes les vidéos des moments précieux, mais est-ce que ça comptait? J'étais liée à Nicole, et ils me l'enlevaient. Comment pouvait-elle jamais apprendre à me connaître à cinq mille kilomètres d'ici?

Les années ont passé, et à chaque lettre que j'ouvrais, j'avais mal en plaçant les photos dans un album. Pourquoi Nicole était-elle le portrait d'Amy? Soudain, j'ai été saisie du besoin de me diriger vers chaque bambin aux yeux bruns et aux boucles sombres, m'efforçant de contenir mes larmes.

Puis est venu l'appel téléphonique. La famille venait en Californie pour une visite. Est-ce que j'aimerais les rencontrer au parc? Évidemment! Toute la semaine, j'ai été nerveuse comme une sauterelle. Cinq années avaient passé!

Comme je filais sur l'autoroute, je me demandais si Grace serait là. Était-ce égoïste de souhaiter que non? Ne pouvais-je pas avoir Nicole toute à moi pour quelques heures et prétendre que j'étais sa seule grand-mère?

M'approchant de la sortie, je me suis demandé comment Nicole réagirait à ma présence. Je ne suis qu'une étrangère pour elle. Devrais-je l'étreindre ou rester distante?

« Elle sait qu'elle est adoptée », m'avait déjà dit Leslie au téléphone. « Nous ne savons pas à quel point elle comprend, mais pour elle, vous êtes sa grand-maman Jan. »

Quelle enfant ravissante, aimante j'ai rencontrée ce jour-là. Nous avons joué à la « cachette » et nourri les canards. Elle s'est assise sur mes genoux et m'a laissé arranger sa queue de cheval. Grace n'a pas parlé beaucoup. Elle était tranquillement assise à l'arrière-plan, et me laissait me délecter de ces quelques heures précieuses.

L'après-midi, elle m'a poussée du coude. « Vous vous en êtes mieux tirée que je ne le croyais, Jan. Je sais comment cela doit être difficile pour vous. »

Les larmes me piquaient les yeux. Oh! Grace, ça me fait pleurer.

« C'est une enfant spéciale, Jan. Elle est un tel cadeau pour moi. »

C'était facile à voir. Nicole était en sécurité, adorée par son père et excitée d'avoir deux petits frères. (Six mois après l'adoption, Leslie était miraculeusement devenue enceinte.)

« S'il vous plaît, venez nous voir en Floride quand vous pourrez », me dit Keith en me faisant une prise d'ours. C'était comme si Dieu me tendait des bras réconfortants pour dire, *Ce jour était mon cadeau pour toi, Jan. Elle te connaîtra, et tu auras une influence dans sa vie. Sois seulement patiente.*

Comme Grace me disait au revoir, elle a jeté un regard à Nicole qui nourrissait les écureuils. « Merci », dit-elle, serrant ma main.

Elle me remerciait?

J'y ai songé un moment, puis j'ai compris. Nicole était un cadeau de Dieu pour Grace, un cadeau qui lui venait directement par mon intermédiaire. Rester assise à l'arrière-plan et me regarder me lier avec Nicole était la façon qu'avait Grace de m'honorer.

Et cette bénédiction m'avait presque échappé.

Ce jour-là, dans le parc, j'ai finalement lâché prise.

En regardant Nicole poursuivre un autre écureuil, j'ai posé le bras autour de Grace. « Je *vous* remercie d'avoir fait une place dans votre cœur pour me laisser être "grand-maman Jan". »

Jan Coleman

Bonne nouvelle, mauvaise nouvelle

Le bonheur et l'amour ne sont qu'à un choix de vous.

Leo Buscaglia

« Bonjour maman, demande à papa de venir sur la ligne aussi. » John téléphonait rarement de sa résidence temporaire de Nouvelle-Zélande.

« Qu'est-ce qui se passe? » ai-je demandé, puis j'ai fait des gestes frénétiques à Bob et j'ai dit tout bas : « C'est John! » Ma respiration s'accélérait.

John a attendu que son père le salue, puis a demandé : « Êtes-vous assis? » Je me suis affalée sur le lit, dans notre chambre sombre. Mon intuition de mère est entrée en jeu. Quelque chose n'allait pas.

« J'ai une bonne nouvelle et une mauvaise nouvelle », dit John. J'ai retenu mon souffle.

« Je vais d'abord vous dire la bonne. Vous allez être grands-parents. » Un long moment de silence fit taire la communication.

« Êtes-vous là? » demanda-t-il.

J'ai exprimé la mauvaise nouvelle. « John, tu n'es pas marié. »

Mais John a ignoré mon commentaire et poursuivi : « Est-ce que nous avons des jumeaux dans la famille? Il y en a dans la famille de Cathy. Vous allez être grands-parents de jumeaux. »

Nous avions su pour Cathy plus tôt dans l'année. De la façon dont John en parlait, nous savions dans nos cœurs qu'elle était son véritable amour.

Je ne me souviens pas de la façon dont Bob et moi avons terminé la conversation. Après avoir raccroché, je sentais l'inquiétude de John d'être précipité dans une situation qu'il n'avait pas planifiée, qu'il ne pouvait pas contrôler et encore moins se permettre avec son salaire d'enseignant. Je n'ai pas beaucoup dormi cette nuit-là. Pourtant, les larmes refusaient de couler.

Le lendemain matin, j'ai assisté à une réunion, de corps mais pas en esprit. En route vers la maison, le barrage a cédé; les larmes me brouillaient la vue. J'avais peine à voir où j'allais. En passant devant notre église, ma voiture a semblé tourner d'elle-même dans le stationnement.

Une fois à l'intérieur, j'ai demandé à la secrétaire si je pouvais parler au curé de la paroisse.

« Il prend congé le lundi. » Elle regarda mon visage mouillé de larmes, puis ajouta : « Vous pouvez lui téléphoner à la maison. »

« Non, je ne le dérangerai pas. » Embarrassée, je me suis précipitée vers ma voiture. Mais à la maison, j'ai reconnu mon besoin de parler à quelqu'un d'autre que Bob, j'ai composé le numéro de l'église et j'ai demandé le numéro du prêtre.

« Ne les poussez pas à se marier. Deux choses négatives n'en feront pas une positive », me consola calmement le prêtre. « Ce ne sont pas nécessairement de mauvaises nouvelles. Mais laissez-les prendre leur propre décision. »

Alors Bob et moi nous sommes gardés de donner des conseils. Après Noël, nous avons reçu un autre appel. « J'ai donné une bague à Cathy. Nous avons décidé que, puisque vous veniez en Nouvelle-Zélande en mars, nous allons attendre votre arrivée pour nous marier. Les bébés vont naître en mai. »

Ravis de la nouvelle du mariage, nous avions hâte de rencontrer et de connaître Cathy, si ce n'était que pour quelques jours. Lorsque nous sommes arrivés, nous avons vu que son héritage du Samoa occidental contribuait à sa beauté tant extérieure qu'intérieure. Elle s'est révélée être tout ce que nous avions espéré que John puisse trouver chez une partenaire.

Même si nous étions déçus de ne pas être présents pour la naissance de nos premiers petits-enfants, nous sommes retournés aux États-Unis. Savoir que John, Cathy et les bébés allaient suivre dans l'année et faire du Colorado leur résidence nous apaisait.

Enfin, nous les attendions à l'aéroport de Denver. Je regardais par les grandes fenêtres à la porte. Un autre avion emplissait l'endroit où John, Cathy et nos petites-filles de huit mois devaient arriver.

Les passagers en attente d'un départ occupaient tous les sièges de la section. Je me suis appuyée à une colonne, craignant de parler à Bob de peur de pleurer, non pas de tristesse mais de joie. Je n'avais jamais été si nerveuse. Combien de temps avant que les bébés nous acceptent? Pouvions-nous reculer et leur donner l'espace et le temps qu'il leur fallait? Par nécessité, leur famille allait partager notre maison. Pouvions-nous tout faire fonctionner?

Je me suis tortillé les mains et les ai essuyées sur ma jupe.

« Je ne peux pas. Je tremble de tout mon corps », ai-je laissé échapper. « Pourquoi les avions sont-ils toujours en retard? »

Bob m'enlaça les épaules de son bras et me serra. « Tu peux le faire », me rassura-t-il.

Je me suis appuyé la tête sur son bras et j'ai réprimé les larmes qui me piquaient les yeux. Y avait-il seulement un peu plus d'une année, nous nous lamentions parce que nous avions quatre grands-chiens et deux grands-chevaux au lieu de petits-enfants? Comme les choses changent rapidement.

Une voix nasilla du haut-parleur au-dessus de notre tête. « Le vol en provenance de Los Angeles vient de se poser et attend que la porte se vide. Ce ne sera pas long. Merci de votre patience. »

Je me suis éloignée de la porte et j'ai fait les cent pas. Mes pensées sont allées aux lumières de Noël qui ornent encore les maisons de nos voisins. Habituellement, ils défont leurs décorations le lendemain du jour de l'An. Mais cette fois-ci, ils ont accepté d'attendre jusqu'au cinq janvier de sorte que les lumières réservent un accueil chaleureux à notre famille.

Enfin, un avion a reculé et un autre a pris sa place. Les passagers qui arrivaient se sont précipités dans le corridor. Nous attendions. Le cœur me résonnait dans les oreilles. D'autres personnes sont sorties. Nous attendions. À plusieurs reprises, j'ai avalé de l'air et l'ai expiré à grand soupir. Nous avons attendu jusqu'à ce qu'aucun autre passager n'apparaisse dans le corridor.

Quand un agent de bord est arrivé, j'ai saisi le bras de Bob. Mes genoux ont faibli. Mon estomac était retourné. J'ai bégayé : « Peut-être qu'ils ont manqué leur correspondance à L.A. »

Main dans la main, nous nous sommes précipités vers l'agent de bord. « Y a-t-il quelqu'un d'autre dans l'avion? » La voix de Bob tremblait : « Une famille avec des jumelles? »

J'ai regardé autour de nous. Les passagers en attente d'un départ nous observaient, la curiosité sur le visage.

« Oui », dit l'agent. « Nous avons égaré leur poussette. Ils vont sortir dans une minute. »

Puis, John a passé la porte d'un pas nonchalant, un bébé dans un grand sac à dos. Il a fait un pas de côté. Cathy s'est avancée timidement vers moi, portant le deuxième bébé. Les larmes me sont montées aux yeux.

Plusieurs agents de bord entouraient notre famille. « Nous voulions voir votre réaction à ces précieux poupons », a fait l'une. « Si vous n'en voulez pas, nous les voulons! »

Mes mains tremblaient et mes jambes me semblaient de béton. Je suis allée lentement vers Cathy et l'ai étreinte. J'ai touché les cheveux sombres de son bébé. Des yeux noirs m'interrogeaient en me regardant. Je me suis tournée vers John. D'un côté de sa tête, puis de l'autre, des yeux noirs, copie carbone de ceux de sa sœur, me fixaient. Un petit sourire timide s'est dessiné sur son beau visage au teint olivâtre. Sa petite main potelée s'est tendue vers moi.

J'ai entouré John et le bébé de mes bras et j'ai sangloté, si fort que cela faisait écho dans l'aéroport. Je me suis étirée pour inclure Cathy. Je ne pouvais les tenir tous d'assez près.

« Je suis désolée », ai-je hoqueté. « Je suis désolée de vous embarrasser ainsi. » Me cachant le visage dans la poitrine de John, mon corps tremblait de façon incontrôlable.

Après cette étreinte, John a mis ses mains sur mes épaules et m'a repoussée assez loin pour me regarder dans les yeux. Il souriait. « Maman tu devrais voir tous les gens derrière toi. Ils pleurent tous aussi. »

Je regardais John et je me suis souvenu du moment où il a téléphoné pour partager sa « bonne et sa mauvaise nouvelle ». En embrassant mon fils, ma bru *et* mes petites-filles, j'ai réalisé que ce n'étaient que des bonnes nouvelles.

Linda Osmundson

Elle va m'appeler « Mamie »

Quand le doute étreignait mon esprit, ton réconfort a renouvelé mon espoir.

Roi David

« Devine quoi – je suis enceinte! » me dit ma belle-fille au téléphone. Sa joie était manifeste. « C'est merveilleux! » ai-je dit. « Je vais être grand-mère! » Nous avions toujours été proches l'une de l'autre – liées par notre amour mutuel pour son père. J'étais certaine que mon amour pour cette enfant était assez grand pour le partager avec son enfant. Mais j'étais moins convaincue de ma capacité d'être grand-mère.

J'avais souvent vu ces femmes dans des groupements d'église – rassemblées en cercle comme des joueurs de football planifiant leur prochain jeu. Elles avaient toutes de doux titres comme « mimi », « nana », « mamie » et « grand'man ». Leurs bourses étaient bourrées de photos qui pouvaient être brandies à une minute d'avis. Leurs conversations tournaient autour de gobelets-siphons, de Big Bird et de maillots. Moi, par contre, j'étais jeune (seulement quarante ans) et inexpérimentée, et belle-grand-mère. J'avais des tas de questions et toutes les réponses fatidiques. Ma belle-fille s'éloignerait-elle de moi? Ce serait bien naturel qu'elle se rapproche de sa vraie mère dans les mois à venir. Me sentirais-je tout à coup comme une étrangère quand mon mari assumerait son rôle de grand-père? La famille passe avant tout. Participerais-je jamais à la vie de cet enfant? Sans parler des moments de qualité… Je prendrais n'importe quel moment. Comment cet enfant allait-il m'appeler? « Belle-grand-maman » n'évoquerait définitivement pas de sentiments chaleureux. Et je savais que « mimi », « nana », « mamie » et « grand'man » seraient rapidement réclamés par les deux grands-mères, deux arrière-grands-mères et une arrière-arrière-grand-mère qui attendaient en coulisses.

Ma relation avec ma belle-fille s'est approfondie au fil de nos conversations durant les mois d'attente. « Je viens d'apprendre que je vais avoir une fille, s'écria-t-elle. Tu vas venir à la réception-cadeau pour bébé, n'est-ce pas? »

« Bien sûr que j'y serai… si ta mère est d'accord », ai-je répondu. Silence. Aucune de nous n'avait besoin d'un rappel de notre situation.

Deux mois plus tard, ce fut enfin le temps. « Nous partons pour l'hôpital », trembla sa voix. « Nous y allons », ai-je dit. Comme mon mari et moi sortions de l'ascenseur, nous avons été salués par notre famille mixte. Le temps semblait s'éterniser comme nous attendions tous l'heureuse arrivée. Enfin, elle était là. « Je suis une grand-maman! » ai-je laissé échapper. Toutes les têtes se sont tournées vers moi.

L'avais-je dit trop fort? Ce n'était pas mon intention. Soudain, j'ai imaginé un écriteau au-dessus de la porte de la chambre d'hôpital : « Seuls les parents liés par le sang sont admis. » J'ai souri timidement et reculé comme nous entrions tous dans la chambre.

Elle était la plus belle enfant (à part la mienne) que j'avais jamais vue! Je me tenais à l'écart pendant que chacun tenait à son tour la minuscule étrangère au visage rougi. Les flashs s'allumaient chaque fois. Elle était tellement parfaite. Si petite. Et elle avait un trait reconnaissable entre mille qui m'a instantanément attirée vers elle… les yeux aimants de mon mari. Je savais que j'en devenais amoureuse et je désirais la tenir dans mes bras comme les autres. Mais je suis plutôt allée vers la porte, tâchant de ne pas encombrer. Trop tôt, il fut temps de s'en aller et de laisser maman et bébé se reposer. Mes yeux se sont remplis de larmes. Je n'avais pas pu la prendre. On s'était passé le bébé, et j'avais passé mon tour. Un oubli durant toute la confusion, rationalisais-je. Je ne devais pas trop m'attacher, de toute façon. Ce soir-là, toutes mes prières débordaient de demandes d'une véritable relation avec cette enfant. La possibilité de la maternité étant loin derrière; tout ce que j'avais, c'étaient des souvenirs ensevelis sous les difficultés d'un mauvais premier mariage. Je n'avais jamais eu le temps de remplir des albums de bébé avec les premiers pas ou les premiers mots. Ma fille s'était presque élevée toute seule, tandis que mon énergie se concentrait à joindre les deux bouts. Je voulais désespérément une deuxième chance.

Le lendemain, je me suis réveillée avec la hâte d'aller à l'hôpital et de voir ma belle-fille. J'espérais en secret qu'aucun autre membre de la famille n'y serait pour les avoir toutes à moi, elle et le bébé. Quand nous sommes arrivés, tout allait bien. Maman et le bébé se reposaient tandis que mon mari et moi échangions des histoires de travail et d'accouchement avec notre gendre. Quand est venu le temps de partir, j'ai senti une boule se former dans ma gorge. Je n'avais toujours pas tenu le bébé, et je me sentais ridicule d'être aussi émotive à propos de ce qui semblait une telle banalité. Personne ne pouvait savoir à quel point je désirais prendre cette enfant. Je ne me sentais certes pas comme une belle-grand-mère. En ce qui me concernait, ils étaient mon enfant et mon petit-enfant dans ce lit. En me retournant pour m'en aller, mon gendre a saisi mon regard. Il a vu mes émotions et, pour une raison ou une autre, il savait ce que j'avais manqué la veille. Il est allé vers le lit, a pris le bébé et me l'a tendue directement.

Plus de deux ans ont passé depuis. Je m'intègre maintenant assez bien aux autres grands-mères à l'église. Voyez-vous, nous avons tellement en commun. Moi aussi, j'ai mérité un de ces doux titres. Peu après son premier anniversaire de naissance, ma petite-fille m'a appelée « mamie ». C'est resté. Les gobelets-siphons encombrent maintenant mes verres à thé et les maillots s'empilent dans ma lingerie. Big Bird apparaît tous les jours dans mon salon. Et je suis toujours armée et prête à n'importe quel concours de photo qui peut surgir à l'une de ces réunions à l'église.

J'ai souvent bercé ma petite-fille et j'ai emmagasiné suffisamment d'éclats de rire pour toute une vie en répondant à des questions comme : « Mamie, peux-tu venir chaque jour et me vernir les ongles? » Je reçois plus d'amour dans une journée que je ne pourrais en redonner durant toute une vie.

Voyez-vous, nous avons toujours été proches l'une de l'autre – liées par notre amour mutuel pour sa mère.

En écrivant ces lignes, j'attends avec bonheur la naissance de ma deuxième petite-fille, et je suis certaine que mon amour pour mon premier petit-enfant est assez grand pour le partager avec sa sœur. Les doutes se sont évanouis. Les questions ont disparu – elle va m'appeler « mamie ».

Jackie Davis

Le miroir de la salle de bain

J'ai hâte de vieillir, car la question devient de moins en moins de quoi on a l'air et de plus en plus ce que l'on est.
Susan Sarandon

En m'approchant du miroir de la salle de bain aujourd'hui, j'examine de près le reflet qui me regarde. On m'a récemment donné un nouveau nom. Le nom de « grand-maman ».

Je me retiens au comptoir tout en faisant la grimace au visage dans le miroir. Comment cette femme peut-elle être une grand-mère? Elle ne ressemble en rien à la grand-mère de mon enfance. Cette femme n'a pas un soupçon de gris dans les cheveux. Et il n'y a aucune trace de rides ou de taches de vieillesse. Bien sûr, à dire vrai, ma grand-mère n'avait pas cinquante boîtes différentes de teinture qui l'attendaient commodément à l'épicerie ou la merveilleuse sélection de crèmes antirides qui sont alignées sur mon comptoir comme de braves petits soldats. Il est tout de même difficile de croire que j'ai mérité ce titre de « grand-maman ».

Où sont passées les années? Mon esprit revient à ma propre enfance. J'ai eu une très belle enfance. J'oserais dire rien hors de l'ordinaire. Toutefois, je me souviens de certaines expressions qu'utilisait ma mère et dont je me suis juré qu'elles ne sortiraient jamais de ma bouche. Je suis encore horrifiée quand je me souviens de la première fois où j'ai dit à mes enfants : « Ce n'est toujours qu'un jeu jusqu'à ce que quelqu'un se fasse mal! » Je jure que ma tête à fait un virage de quatre-vingt-dix degrés pour voir si ma mère était quelque part à mes côtés. Ces paroles étaient-elles vraiment sorties de ma bouche? C'étaient les mots de ma mère. Oh! non, j'étais possédée! Et la première fois où j'ai entendu le rire de ma mère sortir de ma gorge, eh bien, c'était comme si une pleine lune me transformait en loup-garou. J'en tremblais littéralement de peur.

Puis, il y a ce souvenir lorsque j'avais huit ans et que je courais vers ma chambre en furie dans le corridor, dépitée d'une décision de ma mère basée sur son jugement personnel. J'ai claqué la porte derrière moi de toutes mes forces, purgeant ma rage. Maman est apparue en quelques secondes, exigeant de savoir pourquoi j'avais claqué la porte. Étant dotée de très grands yeux qui pouvaient s'écarquiller à des sommets angéliques, j'ai murmuré doucement : « C'était le vent, maman. Regarde, la fenêtre est ouverte. » Cela a marché comme un charme, et je suis heureuse de déclarer que cela a encore marché quand mes enfants s'en sont servis avec moi.

Il y a quelque chose dans le mot « maman » prononcé par un enfant qui a le pouvoir de libérer une force tellement puissante qu'elle tourne le cœur d'une mère en gélatine. Debout devant le miroir ce matin, je me demande ce que le mot « grand-maman » me fera. Je vois un grand bol de bouillie avec les mots « Aidez-moi. Je me noie » écrits sur le dessus avec de la cassonade et deux grands yeux clignant au travers.

Comment mon enfance s'est-elle estompée dans l'enfance de mes enfants et, maintenant, dans l'enfance de leurs enfants? Où est passé le temps? Je réalise que la réponse me regarde dans le miroir. Elle est en moi. Dans mon esprit et dans mon cœur. Je suis devenue ma mère, et puis une grand-mère. Je ne tremble plus de peur devant la transition. Je l'accueille avec un sourire. Cette fille, cette mère et maintenant cette grand-mère va tout simplement très bien.

Wanda Mitchell

Reflets d'espoir

La capacité de compatir est ce qui donne à la vie son importance et son sens les plus profonds.

Pablo Casals

Ils n'ont pas grandi en moi
Près de mon cœur,
Mais ils ont mes gènes.
Alors ils sont miens.

La plupart d'entre eux m'étreignent, ricanent,
Réclament mon attention,
Quémandent des histoires, attendent des gâteries,
Veulent chanter et rester à coucher.

Dans leur monde, j'incarne la tradition;
Je suis l'Action de grâce et Noël,
Une faiseuse de souvenirs qui sert des biscuits
    et des compliments,
Encourageant leur ambition.

Pour eux, je suis lente, à l'ancienne,
Une aide aux devoirs qui dit des mots étranges.
Ils me disent que je suis « super ».
Dans leur monde instable,
J'offre des choses qui changent rarement.

En eux, je me vois;
Deux ont mon nez en trompette,
Un autre mes humeurs, mon rire,
L'un a ma passion de la musique,
Un autre encore, ma fascination pour les mots,
Certains amassent des amis comme des fleurs,
Un miroir de moi.

Chacun est un reflet d'espoir
créant des arcs-en-ciel
où leur propre lumière brille.

Dans ce monde compliqué,
Je les regarde avec fierté,
Ils me regardent avec confiance.

Cette progéniture chérie est mon trésor.
Je les appelle précieux,
Ils m'appellent grand-maman.

Yulene A. Rushton

D'où j'étais vers où tu es. Ce sont des années de mystère que nous ne pourrons jamais partager… pourtant, l'amour et la compréhension peuvent ériger un pont que nous pouvons traverser et nous joindre ainsi l'un l'autre de façons significatives pour nous deux.

Lois Wyse

Franchir le seuil

Alors que la grossesse de ma fille avançait, des pensées heureuses de grand-parent s'enracinaient en moi. Je m'habituais à l'idée, chérissant mes rêves pour le bébé et parfaitement ravie de l'intérêt de ma fille à me parler de grossesse et du rôle de parent. Bien que ma trépidation n'ait pas été complètement apaisée, j'étais excitée. La réalité d'un nouveau bébé étant imminente, je me suis mise à tricoter un chandail et à traîner dans les boutiques pour bébés. Le point décisif fut de rencontrer le bébé, une petite fille en santé qui est arrivée trois semaines en avance, tandis que j'étais à l'extérieur de la ville. Je ne pouvais pas revenir à Los Angeles assez vite. Roulant vers Santa Barbara, je pouvais à peine contenir mon énervement comme nous nous précipitions à l'hôpital.

Elle était là, Caitlin Lilly. Lilly, c'était en mon nom. Carrie, ma petite fille, tenait sa petite fille. À ce moment-là, j'ai franchi le seuil de l'état de grand-parent, un pas que je n'oublierai jamais.

Je me sens un peu incertaine en prenant ce minuscule bébé. Elle semble si fragile. Je cherche des traits familiers… sa bouche, ses oreilles, ses yeux, la forme de son visage. À qui ressemble-t-elle? Est-ce le menton de mon père? Est-ce que ce sont les yeux de ma mère, ou peut-être même les miens? Il semble plus facile de penser à ses traits relativement aux autres plutôt qu'à moi-même. Ses longs doigts sont-ils comme ceux de son père? Oui.

À regret, je reconnais que je dois la partager avec « l'autre côté ». Eux aussi y ont droit. Je me sens possessive. Elle est à moi – ma petite-fille. Je suis sa grand-mère. Bien qu'elle n'ait aucune idée de qui je suis, elle saura. Je vais y voir. En elle, je vois mon histoire se prolonger. Les expériences de mes ancêtres sont désormais déposées en elle, et elle ne le sait même pas, pas plus qu'elle ne me connaît. Elle est l'avenir. Elle portera la lignée génétique plus loin, au-delà de moi, au-delà de mon époque. C'est à couper le souffle. C'est la vie passée, présente et future, toute réunie dans une personne de trois kilos. C'est difficile de trouver des mots pour ce que je ressens. Une vague de temps et d'émotion déferle sur moi. C'est grisant. Je me demande, *Qu'est-ce que je peux faire ici? Quelle est ma place dans sa vie?* Je veux tant faire. Je veux qu'elle ait tout... tout ce qui est bon et beau, seulement de la bonté et de la chaleur et un poney. Oui, elle doit avoir un poney comme sa mère en avait un. Puisse-t-elle être dotée d'un corps robuste et d'un esprit sain pour savourer la vie, une bonne éducation, un monde de paix. Nous n'aurons pas à fuir les pogroms d'Europe de l'Est comme son arrière-grand-père, mon père, l'a fait.

Tandis que je pense à tout ce que je veux pour elle, comment je vais protéger l'histoire qu'elle renferme, comment je vais nourrir toutes les possibilités d'avenir qu'elle possède, comment je vais la protéger et assurer sa sécurité, son père approche. C'est le temps de son boire. C'est un rappel brutal qu'elle n'est pas à moi, que ce ne sont ni ma volonté ni ma vision qui prédominent. Je dois la leur confier, à ma fille et à mon gendre, enfants charmants sans expérience. Comment sauront-ils quoi faire? Ils vont élever cette enfant? Ce poupon précieux qui tient la clé de la continuité de ma vie, le lien à mon passé et à mon avenir? Comment est-ce possible? Est-ce prudent? Souriant, il me l'enlève. Je souris aussi, pour couvrir mon sentiment de perte. Elle est mon lien. Mais elle n'est pas à moi. Je dois apprendre à partager. Mais je vais trouver une façon de faire ma marque. Je vais m'en mêler. Elle saura qu'elle a une grand-maman Lilly. Elle aura une vie merveilleuse. J'y suis résolue. Mais comment m'y prendre?

Lillian Carson

Tout vient à temps

Apprenez à entrer en contact avec le silence en vous, et sachez que tout dans la vie a un but. Il n'y a pas d'erreurs, pas de coïncidences; tous les événements sont des bienfaits qui nous sont donnés pour en tirer des leçons.

Elisabeth Kübler-Ross

Le crissement de la neige, alors que le camion de notre gendre s'arrêtait devant notre maison, fut rapidement suivi d'un martèlement sur la porte.

« Bonjour grand-maman », firent en chœur nos deux petits-enfants, tombant dans la maison comme j'ouvrais la porte.

Bradie, sept ans, m'enlaça et m'embrassa. « Je t'aime si fort, grand-maman », dit-il. « Je suis content de rester ici ce soir. » Mon cœur se gonfla d'amour pour lui.

Shondie nous poussa hors de son chemin. « Où est grand-papa? » cria-t-elle, s'élançant en haut de l'escalier aussi vite que ses petites jambes de quatre ans pouvaient la porter. Elle se catapulta dans les bras grands ouverts de son grand-père, une longue tirade animée s'ensuivant comme elle lui montrait sa nouvelle poupée.

Me portera-t-elle jamais les mêmes sentiments?, me demandai-je. Je désirais ardemment une relation spéciale avec elle, comme j'en avais une avec Bradie. C'était merveilleux qu'elle aime autant son grand-père, mais une partie de moi se sentait un peu blessée et, oui, un peu jalouse.

« Ne sois pas ridicule », me disait mon mari quand j'exprimais mes préoccupations. « Elle va changer. Chaque chose en son temps. »

Après un temps occupé à lire des histoires, à jouer à des jeux et à bricoler, Bradie demanda s'ils pouvaient regarder le film qu'ils avaient apporté.

« Assois-toi ici grand-maman », dit-il, tapotant le plancher. Avec un sourire, je m'étendis à plat ventre près de lui, ce merveilleux sentiment d'amour circulant en moi comme une exquise mélodie.

« Veux-tu t'asseoir avec nous, Shondie? » demandai-je, tapotant le plancher à côté de moi.

« Je vais m'asseoir avec grand-papa », dit-elle, montant sur ses genoux comme il déposait le magazine qu'il lisait.

Je soupirai. Étais-je stupide de me sentir rejetée?

Bradie n'arrêtait pas de bavarder, tentant d'expliquer quel Pokémon était lequel et comment évoluait chacun. Mais avant la fin du film, il n'était plus intéressé.

« C'est le temps des chatouilles », cria-t-il, me sautant sur le dos et me chatouillant les flancs. « Tu n'aimes pas te faire chatouiller, n'est-ce pas grand-maman? »

« Toi non plus. » Je le retournai et commençai à le chatouiller.

« Non, non, hurla-t-il. Arrête. Je vais me venger. » S'écartant en se tortillant, il plongea vers mes pieds nus.

L'attrapant, je le clouai au sol et l'embrassai. « Tu es mon garçon préféré », roucoulai-je, « mon petit préféré. »

« Oh! non », s'étouffa-t-il, « des baisers de fille! Eurk. » Il s'essuya le visage sur sa manche et fuit sur le divan.

J'étais couchée par terre et je riais quand Shondie descendit des genoux de son grand-papa et s'écrasa sur le tapis à côté de moi. « C'est le temps des chatouilles, grand-maman », dit-elle.

En riant, je me mis à la chatouiller. Elle ricanait et se tortillait. « Dis-le grand-maman », dit-elle. « Dis-moi ce que tu as dit à Bradie. »

« Tu es mon garçon préféré », dis-je.

« Non, grand-maman », me gronda-t-elle. « Je suis une fille, voyons! » Elle mit ses bras autour de mon cou et m'embrassa.

« Tu es ma fille préférée », lui dis-je, la gorge soudain serrée.

Elle s'éloigna et regrimpa sur les genoux de son grand-papa. Avec un sourire angélique, elle appuya sa joue contre la sienne. « Et je suis ta fille préférée à toi aussi, hein, grand-papa? » demanda-t-elle.

« Oui tu l'es », lui dit-il. « Et tu es la fille préférée de grand-maman aussi. »

Puis, il me fit un sourire entendu alors que j'essuyais la joie humide de mes yeux.

Chris Mikalson

7

Les défis

Quand rien ne va, appelez votre grand-mère.

Proverbe italien

Gabriella et le trophée

Si un nombre suffisant de gens conçoivent quelque chose et y travaillent suffisamment fort, je crois qu'il est tout à fait possible que cela se réalise, si les vents et le temps le permettent.

Laura Ingalls Wilder

Les lumières se tamisent alors que le volume de la musique monte. Trente enfants de tailles, de grandeurs et d'âges assortis présentent un récital de danse au gymnase-auditorium de l'école. Tous les parents, grands-parents, oncles et tantes sont présents, par centaines. C'est la première prestation publique de ma jeune petite-fille, Gabriella.

Gabriella a deux ans. Elle figure dans le récital à titre de lapin rose dans un numéro appelé « Des animaux-craquelins dans ma soupe ». Elle joue son rôle admirablement, même si les oreilles de lapin glissent sur son visage durant une scène particulièrement athlétique et qu'elles pendent à son cou par un élastique blanc. Après quelques tentatives de remettre en place les oreilles, elle les laisse où elles sont, comme un collier, et rejoint le reste du chœur des membres du royaume animal.

Deux heures passent, et le spectacle tire à sa fin. Trente enfants et jeunes personnes sont alignés sur la scène, ceux de deux et trois ans en avant et ceux de seize ans derrière, avec ceux d'autres âges qui remplissent les espaces laissés libres pour la finale et la remise des trophées.

Le lapin rose, les oreilles dans la main gauche, sort du rang, traverse le devant de la scène et se tient calmement devant les rotules de la personne présentant les trophées. Sa main droite se tend vers le trophée mais ne se rend qu'à environ cinq centimètres de la base. La présentatrice ne semble pas voir le lapin rose silencieux directement sous ses yeux. Comme elle lit le nom sur le trophée, une jeune fille se détache du groupe et prend le trophée au-dessus de la tête du lapin rose toujours debout avec la main tendue, attendant maintenant de prendre le prochain.

Vient ensuite la démonstration la plus étonnante d'une dynamique de groupe que j'ai jamais vue. La détermination silencieuse de cette petite de deux ans unifie des centaines de personnes en quelque dix minutes. Les messages mentaux convergent en un souffle croissant d'encouragement pour le lapin rose à mesure que chaque trophée passe à quelqu'un d'autre, au-dessus de sa main tendue. Avec une patience et une assurance infinies, elle attend. Dix noms, dix trophées, et elle attend toujours, la main tendue. Quelque part autour du vingtième trophée, un bref combat intérieur du lapin rose, émanant de son langage corporel, est perçu par un public éminemment sympathique. Les yeux du lapin se baissent vers les oreilles qu'elle tient dans sa main et, pendant un bref moment, son visage s'affaisse. J'entends les pensées silencieuses des gens autour de moi se joindre aux miennes… « Non, non, ça n'a rien à voir avec tes oreilles tombées. Tu n'as pas échoué, ton trophée s'en vient. Prends courage! » Le message est reçu, et l'expression du lapin en devient une d'agacement. Ses deux mains se portent à ses lèvres, sa lèvre inférieure se tend en une moue et son petit visage se lève aussi haut qu'il le peut, mais toujours pas de trophée.

Un singe de deux ans du même numéro de danse se joint au lapin à l'avant droit de la scène et entame une conversation à voix basse. Les yeux du lapin et du singe vont de la boîte des trophées à la présentatrice… autres chuchotements. Le public ajoute en esprit les mots de la scène se déroulant. « Tu pourrais la saisir par les jambes, et je pourrais m'emparer de deux trophées, sauter du devant de la scène et courir vers la porte arrière. » Le public hurle de rire à présent, certains piétinant le plancher pour rire plus aisément, d'autres se tenant les côtes pour empêcher le ricanement de les faire éclater et essuyant les larmes qui mouillent leurs joues. Après avoir étudié le plan, le lapin rose fait « non » de la tête, et le complot est écarté. Le singe retourne à son rang et le public regagne provisoirement son siège. La présentatrice, pour une raison quelconque, ignore toujours le lapin rose.

Vingt-trois trophées, et toujours aucun pour Gabriella. Le lapin indique qu'il perd courage; ses yeux sont baissés, sa lèvre inférieure tremble. Encore une fois, il y a des vagues d'encouragement en provenance de la salle, et même quelques murmures… « Ne lâche pas » et « Ça s'en vient ». Le lapin prend une décision. Gabriella est toujours aux genoux de la présentatrice. Son visage est de nouveau levé en attente et, lentement, la main droite se tend encore et le lapin reprend sa position des quinze à vingt premières minutes. Une clameur se lève du public, qu'on ne saurait décrire que comme un gémissement géant.

Le vingt-neuvième trophée est pour Gabriella. Quand il est remis dans les mains du lapin rose, le public se lève et donne l'ovation la plus bruyante, la plus longue et la plus remplie d'émotion de la soirée. L'ovation est pour la petite de deux ans en costume de lapin rose qui a donné une leçon de foi, de détermination et de patience, ce soir-là.

Barbara E. Hoffman

[NOTE DE L'AUTEURE : Gabriella Maria Kramer est la deuxième enfant de mon fils Robert et de sa femme, Maria. Sara, Gabriella et Michael sont des enfants miraculeux, nés après huit ans de vaines tentatives de concevoir. Nous les voyons comme des cadeaux de Dieu en reconnaissance des soins aimants donnés par leurs parents à la sœur adoptive qu'ils n'ont jamais connue, des enseignants de leçons d'amour et un rappel constant que les desseins de Dieu dépassent les nôtres. Je dédie cette histoire à la mémoire de Rachel Emily Kramer, un bébé séropositif qui fut abandonné à trois mois dans un hôpital et qui gagna tous les cœurs de cette famille.]

La filière Moïse

Si vous écoutez attentivement les enfants, vous aurez amplement de quoi rire.

Steve Allen

Quand mes enfants étaient à la maternelle et en première année, mon mari et moi possédions et exploitions un restaurant familial dans un endroit de villégiature.

Chaque fin de semaine était mouvementée, car les vacanciers quittaient la ville pour apprécier les plaisirs de la plage, sortir pour un repas de soirée et profiter des amusements et des activités le long de la promenade.

Durant ces périodes occupées, ma mère venait de la ville en train pour garder mes enfants, ce qui me permettait de travailler.

La petite stature de ma mère et ses cheveux d'un blanc pur la faisaient paraître beaucoup plus vieille que son âge chronologique.

Mais il va sans dire qu'elle était merveilleuse avec les enfants.

Grand-maman Sissy, comme l'appelaient mes deux garçons, arrivait après le travail le vendredi soir et partait le dimanche soir.

Tous les dimanches matin, avant d'ouvrir le restaurant, nous allions tous à l'église.

Plus souvent qu'autrement, à cause de l'achalandage estival, nous devions prendre place sur deux bancs, habituellement l'un derrière l'autre.

Un matin en particulier, alors que mon mari, mon fils de cinq ans et moi étions assis dans le rang immédiatement derrière elle et notre autre fils, nous avons remarqué qu'Andy semblait fasciné plus que d'habitude par ses cheveux.

Il les caressait sans cesse.

Enfin, après quelques minutes, il s'est tourné vers nous et a demandé à voix haute : « Est-ce que grand-maman Sissy est Moïse? »

Avant que je ne puisse lui donner une réponse quelconque, quelques paroissiens ont souri, et quelques-uns ont même rigolé.

Sans se rendre compte du bouleversement qu'il causait, notre fils continuait. « Je parie qu'elle l'est », déclara-t-il. « Elle a les mêmes longs cheveux blancs. » Il a tapoté encore ses cheveux, délicatement.

J'ai souri et chuchoté : « Non, elle n'est pas Moïse. »

« Eh bien », continua-t-il, « grand-maman ressemble à l'image de l'école du dimanche. »

D'autres sourires du public sans méfiance. Andy s'est tu.

Je supposais que ma réponse avait satisfait sa curiosité.

Après quelques minutes, nous avons entendu : « Grand-maman, es-tu la mère de Moïse? »

Personne près de nous, y compris grand-maman Sissy, n'a pu s'empêcher de rire.

J'ai essayé de lui expliquer rapidement la chronologie, mais Andy ne voulait rien entendre.

Il ne lâchait pas. Il a rétorqué : « Eh bien, est-ce qu'elle est sa grand-mère? »

À ce point, le rire étant hautement contagieux dans les endroits les plus inusités, il s'était répandu à plus de gens que nécessaire.

On aurait pu parler d'une petite commotion.

J'ai vu le prêtre s'étirer le cou au-dessus de la congrégation pour tenter de localiser et de définir la perturbation, et je pouvais voir quelques personnes de l'autre côté de l'allée regarder dans notre direction.

En quelques secondes, un des placiers est passé en trombe à côté de nous et s'est précipité vers la chaire.

Seigneur, me suis-je dit, *il va nous demander de quitter.* Mais à mon étonnement, le prêtre a souri et s'est adressé à son auditoire.

« On vient de m'informer qu'un de nos très jeunes paroissiens croit que sa grand-mère est apparentée à Moïse. Notre invitée spéciale veut-elle bien se lever et satisfaire notre curiosité? »

Grand-maman Sissy s'est levée.

Toute l'assemblée a éclaté de rire et applaudi.

« Tu vois, j'avais raison », dit Andy. « Tout le monde le croit, aussi. »

Helen Colella

La parenté de Mme Malaprop

« Grand-maman! » hurla Cody, quatre ans, de la salle de bain. « Il y a une araignée dans la baignoire! Vite! Peux-tu arranger ça? »

Les casseroles s'entrechoquaient alors que je me dépêchais à mettre la dinde de l'Action de grâce au four. Je n'avais pas voulu garder ce matin-là. Mais je fus enrôlée. Les deux parents travaillaient. « Oui, je vais arranger ça aussi tôt que je peux. Ne t'en fais pas. » Les grands-mères peuvent tout arranger. « Ce robinet est difficile à tourner, mais je peux le faire et l'araignée va descendre directement dans le drain. »

« Plus phare », dit la voix inquiète de la salle de bain. « Je ne peux pas t'entendre. »

Quelques minutes plus tard, j'ai couru à la salle de bain pour confronter l'araignée.

« Tu l'as arrangé! » annonça fièrement Cody. « Grand-maman, ferme tes yeux, j'ai pas monté mes *colimaçons.* »

Me fermant les yeux, je louchai vers la baignoire comme la fin du jet jaunâtre s'écoulait dans le drain. « Tu as raison, mon ami, l'araignée est partie. »

Les premières sont mémorables – la première balade à vélo, la première robe du soir, le premier baiser, le premier petit-enfant. J'avais très hâte de devenir une véritable grand-maman.

Enfin, mon souhait se réalisa. Cody est né. Quel ange. J'aimais ses joues roses, ses yeux bleu clair, ses cheveux en bataille et ses bras potelés autour d'un ours en peluche. C'était un fait : il était le petit-fils le plus adorable du monde entier. Il était parfait.

Quand Cody commença à parler, cependant, le problème fit surface. Il avait les gènes biologiques de Mme Malaprop. Vous vous rappelez Mme Malaprop de la pièce de Richard

Sheridan, *Les rivaux?* Elle avait élevé les bourdes verbales au rang de l'art en remplaçant les mots de même consonance par d'autres de sens différent.

Son défaut se confirma. Cody, un casse-cou sur son tricycle, poussa un hurlement un après-midi. Je me précipitai pour ouvrir la porte arrière quand je l'entendis tomber. Il était plié en deux.

« Ça fait vraiment mal quand un gars se frappe les tentacules », cria-t-il.

Je l'enlaçai et lui dis que la raison de son accident était que ses jeans étaient trop grands et avaient descendu. Il fut d'accord. « Peut-être que je devrais porter des bébelles pour les tenir. »

D'autres preuves de son malapropisme vinrent quand nous allâmes renouveler mon permis de conduire. « Grand-maman », m'avertit-il, « assure-toi que ton permis ne transpire pas. Je crois que tu pourrais te faire apprêter. »

Alors que son état progressait, il m'a posé une question importante. « Les petits nains du Père Noël vont-ils me faire encore des jouets quand je serai plus grand? » Il fit une pause. « Attends un peu... j'ai oublié. Les nains vivent avec Blanche-Neige. Je veux dire les autres petits gars. »

Oui, Cody a définitivement le problème, mais j'espère qu'il l'a pour longtemps. C'est merveilleux d'avoir un petit-fils avec cette énigme. Il me fait tellement rire.

Puisque l'invasion de l'araignée était réglée, Cody et moi revînmes dans la cuisine. Je grognai. Mes abats avaient bouilli jusqu'à sécher et noircissaient.

« Ne t'en fais pas, grand-maman », a suggéré Cody. « On peut toujours acheter du manger aux épices et riz. »

Sharon Landeen

Vingt-neuf ans pour toujours

Rien ne vaut l'humour involontaire de la réalité.
Steve Allen

Notre famille a toujours aimé célébrer les anniversaires et autres occasions spéciales. À chaque fête, toute ma famille se rassemblait pour partager un repas, des cadeaux et une chanson. Ma mère n'aimait pas beaucoup ses propres anniversaires. Comme bien des femmes de son âge, quand arrivait la date redoutée, elle n'avouait avoir que vingt-neuf ans, tout comme l'année précédente.

À l'âge mûr de douze ans, mes jumeaux avaient découvert que grand-maman était beaucoup plus vieille qu'elle ne l'admettait, mais ne l'ont jamais remise en question quand elle déclarait une fois de plus avoir vingt-neuf ans et s'y tenir. Ma fille cadette, Becky, la prenait toutefois au sérieux. Elle croyait tout ce que sa grand-mère lui disait. Si grand-maman disait qu'elle avait vingt-neuf ans, pour Becky, elle en avait vingt-neuf. Il n'y avait aucun doute.

Quelques mois ont passé, et la famille s'est réunie pour célébrer mon trentième anniversaire de naissance. Après que tous ont chanté « Joyeux anniversaire », nous nous sommes régalés de gâteau et de crème glacée. Finalement, le temps est venu d'ouvrir mes cadeaux. Becky avait été étrangement tranquille durant toute la fête. Son visage arborait un air inquiet.

Après le départ de tous les invités, elle ne pouvait plus se retenir et m'a tristement informée : « Maman, tu as trente ans et grand-maman en a vingt-neuf. C'est pénible pour moi de te le dire, mais tu as dû être adoptée. »

Nancy B. Gibbs

Un bon échange

J'ai appris... que ce n'est pas ce que vous avez dans votre vie, mais qui vous avez dans votre vie qui compte. Cela vous donne l'occasion d'être utile.

Ann Richards

« Gardez hors de la portée des enfants. » C'est ce que proclame mon carton d'allumettes. Volontiers. J'ai soixante-quatorze ans, et je suis frappée d'ostéoporose et d'angioplastie. Mais comment puis-je me garder hors de la portée des enfants? Nous avons une petite-fille adoptée de dix ans.

Personne n'aime être un cliché de la vie. Mais nous en sommes un. De nos jours, des statistiques étonnantes disent combien de grands-parents adoptent leurs petits-enfants. Mon mari et moi en sommes deux.

Notre pare-chocs n'arbore pas un autocollant disant « Je dépense l'héritage de mes enfants ». Nous le faisons, mais pas sur des voyages.

Alors, la vie de cette grand-mère tourne autour des Guides, de la chorale, des leçons de danse et de piano. Elle est une championne des bonnes manières que l'on ignore, et une conseillère de mode à qui l'on résiste.

Vous voyez le portrait.

S'il est une situation où l'on souhaite ne rien se faire demander et se faire dire, c'est bien celle-là. Les gens questionnent ou jettent des regards.

À la clinique, à l'école, n'importe où. « Vous êtes sa... mère? » Eh bien, oui, légalement parlant. Vous continuez d'expliquer, comme un personnage dans une énigme Zen. « Je suis sa mère. Et aussi sa grand-mère. »

La petite se fait questionner aussi, par les autres enfants. « Pourquoi vis-tu avec tes grands-parents? » « Qu'est-ce qui ne va pas avec tes parents? » Le conseil que je lui donne : « Dis-leur que ça ne les regarde pas. » Mais elle a trouvé une meilleure réponse : « Mes parents ne pouvaient pas prendre soin de moi. »

C'est vrai.

Chaque grand-parent adoptif et chaque petit-enfant adopté ont un genre de scénario de roman-feuilleton. Et ça ne regarde personne.

Le choc culturel bombarde les grands-parents adoptifs. Il tient en deux volets. Les maths et le sexe.

Les maths d'abord. Disons que vous avez élevé cinq enfants. Votre plus vieux a maintenant cinquante-trois ans, et votre plus jeune, trente-quatre. Cela veut dire que vous n'êtes plus dans le coup depuis un bon moment.

Alors vous découvrez que les maths de l'école primaire sont un gros choc culturel.

Vous n'avez jamais maîtrisé les soi-disant nouvelles mathématiques, il y a trente ans. Aujourd'hui, vous vous apercevez que vous ne savez rien de rien devant un manuel de mathématiques de cinquième année.

Va demander à ton grand-père. Laisse tomber. Il ne sait rien de rien, lui non plus.

Le sexe au niveau des enfants modernes de dix ans est un choc culturel encore plus grand. Les mots! Les blagues! Les récits ordinaires et spontanés d'aventures alarmantes au terrain de jeu.

Tout s'est accéléré. Les enfants de dix ans agissent maintenant comme des adolescents. La conscience rigolote des sexes. La musique bruyante. L'insolence constante. Si c'est cela la cinquième année, qu'est-ce qui les attend à l'école secondaire?

Et quelques ironies s'en mêlent.

Prenez la couture. Je ne sais pas coudre. Mais maintenant, je dois coudre des insignes de scout sur des vestes, des initiales sur des costumes de danse, des queues sur des costumes de théâtre, des boutons sur plein de choses. Une vraie couturière s'en tirerait en quelques minutes. Ça me prend des heures.

Mes mains arthritiques n'aident pas.

Me voilà donc avec une fille de dix ans qui est plus grande que moi et porte des chaussures plus grandes dont la pointure augmente de plus en plus. Et elles sont plus coûteuses.

Voici la partie du roman-feuilleton que je dévoilerai : nous avons été ses grands-parents d'accueil plusieurs années avant de l'adopter. L'adoption a été compliquée. Et oui, notre âge avancé a été remis en question par les travailleurs sociaux, les avocats, etc.

Mais au bout du compte, après les embêtements, la petite était à nous.

Elle est jolie. Elle danse et elle chante. Elle se fait des amis. Elle a de bonnes notes. Si l'on ne compte pas l'orthographe. Les enseignants ont quelque chose maintenant qui s'appelle « l'orthographe créatrice », et croyez-moi, c'est créateur !

Nous sommes donc des statistiques – des grands-parents qui ont adopté un petit-enfant. Et quand vous êtes septuagénaire, et que votre enfant a dix ans, vous pouvez vous interroger à juste titre sur une autre statistique : quelles sont les chances que vous soyez encore là pour son diplôme d'études secondaires ou universitaires, son mariage, son premier enfant ?

Par chance, la tante bien-aimée et d'autres parents sont là, prêts à prendre la relève quand viendra le temps.

Parfois, les statistiques sont assez justes. Mais pas pour celles de l'enfant avec sa propre famille. On ne lui prendrait pour rien au monde.

Luise Putcamp, junior

L'amour par trois

Les défis de la vie ne sont pas censés nous paralyser, mais plutôt nous aider à découvrir qui nous sommes.

Bernice Johnson Reagan

La matinée avait passé lentement tandis que je tentais de m'affairer pour ne pas penser à ma cadette, Jenny. Elle croyait être enceinte, avait eu des problèmes et était à l'hôpital pour une échographie. Jen, la plus jeune de mes cinq enfants, avait vingt-trois ans, et pourtant, à mes yeux, elle était encore mon bébé! Il était difficile de croire qu'elle-même serait bientôt mère.

Peu de temps après, j'étais assise à table en face de Jen et de son mari. Ils étaient tous deux étrangement calmes. Le suspense me tuait : « Alors, es-tu enceinte ou pas? »

Jen regarda Scott, puis répondit calmement : « Oui… de trois… je vais avoir trois bébés! »

Au début, j'ai cru à une de leurs blagues idiotes pour obtenir une réaction, mais après un moment, j'ai su que c'était la vérité. Jennifer portait trois enfants! Elle allait avoir des triplets! J'étais ravie. Je n'avais jamais vu de triplets, et maintenant, j'allais en avoir comme petits-enfants. Wow! J'avais toujours cru qu'un bébé est comme le début de toutes choses – l'émerveillement, l'espoir, un rêve de possibilités. Dans un monde qui coupe ses arbres pour construire des routes, qui laisse gagner le béton sur sa terre… les bébés sont presque le seul lien qui reste avec la nature, avec le monde naturel des choses vivantes d'où nous provenons. Trois bébés… Dans l'heure qui a suivi, j'ai téléphoné à toutes mes connaissances, et peut-être à quelques-uns que je n'avais que croisés! Je voulais annoncer ces bébés au monde entier.

Les semaines ont passé et à cause des embryons multiples, le médecin procédait à une échographie à toutes les quelques semaines, et faisait une copie de la vidéo. Au début, il n'y avait que trois petites poches, ou sacs, et plus tard, on pouvait distinguer trois petits battements de cœur. On les appelait bébés A, B et C, ce qui semblait tellement commun pour quelque chose de si phénoménal – c'était mes petits-enfants, pas A, B et C! Appelez-les comme vous voulez, mais ces trois petits battements de cœur appartenaient à trois petits êtres humains très précieux. En les regardant croître dans le sein de ma fille, comme si souvent dans le passé, d'une autre façon encore, ma foi en Dieu s'est renforcée.

Puis, vers la fin du sixième mois, ma fille s'est mise à avoir de sérieux problèmes. Le médecin l'a mise au repos complet au lit, et nous avons prié et attendu... Je ne me souviens pas d'avoir prié avec plus d'ardeur. Mais pour une raison que nous ne connaîtrons probablement jamais, Dieu a décidé de rappeler à lui mes petits-enfants. Joey, Michael et Bradley sont morts peu après leur naissance.

Aucune douleur ne se compare à la mort d'un petit enfant, et cette douleur était triplée, avec les garçons. Ils étaient si minuscules, si adorables et si parfaits. Ils étaient si précieux et si doux, dix petits doigts et orteils. Nous ne saurions jamais la couleur de leurs yeux... Voir ma fille magnifique couchée avec ses trois fils sans vie est ce que j'ai vécu de plus près de l'enfer. Je ne pouvais pas imaginer sa souffrance. Les yeux remplis de larmes, ma fille m'a pris la main et m'a chuchoté : « Peut-être que Dieu est fatigué d'appeler les personnes âgées, alors il a choisi mes trois petits bourgeons avant qu'ils puissent grandir. Peux-tu imaginer à quel point le ciel sera plus beau avec mes trois bébés? » Nous avons ensuite pleuré ensemble.

Peu de temps après, le médecin m'a demandé si je voulais prendre les bébés. J'ai d'abord refusé. Mais il m'a rappelé qu'une fois qu'ils les emmèneraient, je n'aurais probablement plus jamais la chance de prendre des triplets. J'y ai pensé et j'ai décidé d'essayer. Il les a enveloppés ensemble dans une couverture bleue et m'a emmenée dans une pièce où il y avait une berceuse en bois. Je me suis assise, et il m'a tendu les bébés. « Prenez tout le temps qu'il vous faut. »

J'ai bercé les bébés et leur ai parlé, et je leur ai dit que j'irais un jour les trouver au paradis. Même si l'humain en eux avait disparu, je sentais toutefois que je me liais à leurs trois petites âmes… en fait, trois petits anges.

Quand une infirmière est finalement venue prendre mes petits-fils, j'ai recommencé à pleurer, car assurément, le mot le plus triste que connaisse l'humanité sera toujours « adieu ».

Un ami de la famille qui possède un salon funéraire a fait don d'une petite tombe, et les garçons ont tous été enterrés ensemble. Notre pasteur a présidé à un service émouvant au cimetière. Comme avant, le plus dur pour moi était de voir la peine dans le cœur de ma fille, et pourtant, il n'y avait rien à dire ou à faire. Elle avait fait de son mieux en portant ses bébés, et tout ce qui lui restait maintenant était une feuille de papier remplie de statistiques, un certificat avec des empreintes de pieds brouillées et trois minuscules bracelets avec l'inscription « Garçon Leighton ». Les gens venus aux funérailles s'essuyaient les yeux et disaient savoir comment nous nous sentions, mais ils ne pouvaient pas savoir, parce que nous ne sentions rien – pas encore.

L'histoire n'est pas encore terminée. Un an et un mois après avoir perdu les triplets, Jennifer a donné naissance à Scott Edward. Scottie est la joie de sa vie. Depuis, elle a aussi donné un petit frère à Scottie, Brandon Michael, et après cinq garçons, elle va avoir une petite fille! Rien ne remplacera jamais les triplets, mais nous croyons qu'ils sont venus dans nos vies pour une raison et qu'ils sont restés juste assez longtemps pour nous faire apprécier la vie et les petites personnes encore plus.

À l'occasion, nous cherchons une raison trop compliquée à quelque chose d'incompréhensible dans notre vie. Souvent, la raison peut sembler simple mais avoir de grandes conséquences. En général, nous ne voyons pas les résultats. Parfois, nous devons accepter ces malheurs avec la foi.

Je souffre de quatre maladies incurables. Parfois, quand les choses deviennent vraiment difficiles, je trouve la paix en sachant qu'il y a trois anges spéciaux au ciel qui m'aident à traverser la journée. Il y a une véritable satisfaction à savoir qu'un jour, une fois encore, je vais tenir mes trois petits-fils et terminer notre conversation... Assurément, notre première a été beaucoup trop courte.

Barbara Jeanne Fisher

Pas assez de mains!

Ce qu'il y a de plus satisfaisant dans le fait d'être grand-parent est de regarder nos enfants devenir des parents aimants. C'est notre assurance que nous avons fait quelque chose de bien, après tout.

Jean Wasserman McCarty

Sarah était notre premier petit-enfant – l'aînée de mon aîné – et ses parents, Rogie et Steve, ont fait tout le nécessaire pour procurer un milieu sûr et épanouissant à leur fille. J'étais très fière de leurs efforts et absolument dédiée à être la meilleure grand-mère possible. Malgré toutes les précautions que prennent les grands, parfois, des horreurs se produisent quand même. À l'âge de deux ans et deux mois, Sarah a perdu la vie dans l'incendie de la maison causé par un filage défectueux.

Notre famille a revécu sans cesse cette nuit tragique, tentant désespérément de trouver une façon dont elle aurait pu être évitée. Chacun de nous se sentait secrètement responsable. Naturellement, personne ne l'était, mais quand on est un adulte responsable d'un enfant, quelque chose fait que l'on croit qu'on aurait dû être capable de prévenir un mal quelconque d'arriver. Les enfants ont des otites et des genoux éraflés – *ils ne sont pas censés mourir!*

Dieu nous a envoyé de nombreux beaux petits-enfants depuis, et pour nous, ils sont tous des miracles. Mais bien sûr, il n'y a pas de Sarah. Et jusqu'à récemment, j'ai fait des cauchemars répétés dans lesquels je tente désespérément de protéger ou de cacher nos autres petits-enfants contre un danger sans nom. Finalement, après un autre rêve terrifiant, j'ai confié mes craintes à Dieu et lui ai demandé de m'indiquer ce que je devais faire.

En réponse à mes prières, il m'a envoyé un autre rêve :

J'ai rêvé que mon mari Ron et moi avions plusieurs de nos petits-enfants avec nous et que nous marchions le long d'une plage. D'autres gens nous croisaient, certains avec leurs familles, d'autres en couple, d'autres seuls. Quelques-uns nous parlaient – la plupart ne le faisaient pas – mais ce n'était pas important. Je sentais que tous ceux qui marchaient là réfléchissaient en silence, comme moi, à l'océan puissant et à son pouvoir immense.

Ron et moi nous tenions la main, mais évidemment, les enfants couraient partout autour, comme le font des enfants curieux dans un endroit rempli de choses à découvrir. Nous essayions de les garder tous à vue, et je me souviens d'avoir pensé, *Je n'ai pas assez de mains!* Je voulais tellement tenir la main de chacun et leur expliquer des choses sur la plage tout en marchant, mais ils étaient désireux de faire leurs propres découvertes.

Ryan courait devant nous, mais il regardait en arrière pour vérifier et nous crier ses commentaires sur ce qu'il trouvait en chemin. Tiffani le suivait, mais restait beaucoup plus près de nous, courant parfois vers moi pour me tenir la main un moment, pour se rassurer. Becky, Justin et Jessica se tenaient la main et se parlaient tout en se tirant d'un côté et de l'autre. Le grand Benjamin cherchait sous les souches et les pierres des créatures intéressantes à observer ou à taquiner, et le petit Benjamin le suivait à petits pas, tenant la main de T.J., l'aînée des petits-enfants, le guide, la gardienne. Je savais qu'elle verrait à la sécurité du bébé.

Des gens ont soudainement accouru – je ne les avais pas vus venir de la plage – et ils allaient tous en direction opposée à nous. Nous avons momentanément perdu de vue les enfants, et quand la foule s'est éloignée sur la plage, Ron et moi avons rapidement fait l'inventaire de chacun des nôtres. Ils jouaient, parlaient et marchaient encore dispersés au sein de notre groupe familial, mais au moins en vue et dans la même direction – excepté le petit Benjamin, qui se dirigeait à petits pas vers nous – seul! Mon cœur s'est figé! Ron et moi nous sommes regardés, et je voyais son inquiétude. T.J.

n'aurait jamais lâché la main de Benjamin sur une plage inconnue! Pourtant, on ne la voyait nulle part.

Nous avons appelé les autres enfants et commencé à chercher. J'étais frénétique! Je ne pouvais pas respirer! Suppliant Dieu silencieusement, j'ai dit, *S'il vous plaît, ne nous enlevez pas un autre enfant!* Des sentiments familiers de douleur et de culpabilité m'ont envahie. *Laissez-nous la trouver, je vous en prie!* Nous avons cherché et appelé, mais elle ne répondait pas. Avait-elle pu être enlevée et portée par quelqu'un dans la foule qui nous avait temporairement envahis? Je suis montée sur les dunes surplombant la mer pour chercher dans les hautes herbes. Regardant la vaste étendue d'eau, avec ses moutons blancs, j'ai été de nouveau frappée par sa puissance. Elle pouvait être là, sautant avec les moutons, et je ne la verrais même pas! Je me sentais tellement frustrée! *Je n'ai pas assez de mains,* ai-je pensé.

Soudain, l'urgence de prier s'est emparée de moi, et la voix tranquille de Dieu, des profondeurs de l'océan – de l'air lui-même – m'a parlé :*Aucun être humain n'a assez de mains – tu n'es pas censée en avoir. Ne t'attends pas à être responsable de tous et de tout. C'est là que j'interviens. Laisse-la-moi – laisse-les-moi tous. Leurs âmes m'appartiennent, tout comme celle de Sarah – et la tienne. Je les aime encore plus que tu ne les aimes, et je sais ce que chacun peut accomplir. Donne-les-moi chaque jour – j'ai assez de mains pour chacun.*

Je me suis agenouillée et j'ai prié dans les hautes herbes, *Que ta volonté soit faite.* J'ai donné T.J. à Dieu, tout comme je lui avais confié Sarah, tant d'années auparavant. Et pour la première fois, je me suis pardonné de ne pas avoir assez de mains – jadis et maintenant. En levant la tête, j'ai entendu des cris en provenance de la plage. Ron et tous les enfants se précipitaient vers une T.J. souriante, qui courait rejoindre le reste de sa famille! Elle avait été temporairement enlevée par la foule bruyante et, elle aussi, n'avait pas eu assez de mains pour garder le petit Benjamin!

En courant au bas des dunes pour la prendre dans mes bras, j'ai remercié Dieu de nous l'avoir laissée un peu plus longtemps. Et j'ai pensé, *Il faut que je lui dise que c'est correct qu'elle n'ait pas pu retenir sa surveillance du petit Benjamin. Elle doit savoir que Dieu est celui qui a assez de mains!*

Je dois m'en souvenir aussi.

Cathie Collier Hulen

Le moins que vous puissiez faire dans votre vie est de trouver ce pour quoi vous espérez. Et le plus que vous puissiez faire est de vivre dans cet espoir.

Barbara Kingsolver

L'anniversaire de Misty

Il y a quelques années, quand je travaillais comme infirmière visiteuse, j'ai fait une première visite à domicile chez une famille d'un quartier pauvre de la ville. Misty Harper (un faux nom), ma nouvelle patiente, avait cinq ans. Elle était née avec des déficiences au cœur, au foie et aux reins. Les médecins prédisaient qu'elle ne survivrait pas assez longtemps pour quitter l'hôpital.

Anna Harper, une grande et grosse femme souriante, s'est présentée comme étant la grand-mère de Misty. Elle m'a fait asseoir sur le divan usé et trop bourré d'un salon encombré de meubles. Mme Harper voulait me montrer quelque chose avant l'évaluation de Misty. Elle a sorti un énorme album rempli de photos, d'articles et de coupures de journaux. Le premier était un article de journal relatant la naissance de Misty, les dommages à ses organes internes et les tristes prédictions. Sa fille, la mère de Misty, était tellement chagrinée qu'elle craignait d'emmener son bébé de l'hôpital à la maison. Elle croyait que, si Misty venait à la maison, ses trois enfants plus vieux s'attacheraient trop au bébé et seraient dévastés par leur deuil.

« Qu'est-ce qui s'est passé? » ai-je demandé, me rendant soudain compte des liens étroits de cette famille.

« Je l'ai ramenée moi-même à la maison », dit Mme Harper. « Mon instinct et ma foi m'ont simplement dit qu'elle ne mourrait pas. »

Nous sommes restées assises encore un moment à regarder l'album. Il contenait des photos d'un délicieux poupon, puis d'une jolie bambine grandissant pour devenir une charmante petite fille.

Elle indiqua de petites coupures de journaux qui remplissaient l'album. « Chaque année, j'envoie une annonce aux journaux pour célébrer l'anniversaire de naissance de Misty.

C'est ma façon de dire à tous ceux qui s'en soucient que Misty est encore parmi nous. »

Puis, elle a ouvert la porte de la cuisine, et j'ai vu une petite fille heureuse manger son petit-déjeuner avec sa sœur et deux frères. Une version plus jeune de Mme Harper, la mère de Misty, Coral, servait d'autres céréales. Elle a souri et m'a fait signe d'entrer dans la cuisine.

« Ma mère surveille mes enfants chaque matin avant l'école. Dans quelques minutes, je m'en vais travailler. »

Ne voulant pas les déranger, je lui ai dit que je ne croyais pas faire une évaluation ce jour-là. Je reviendrais la semaine suivante. J'ai fermé la porte discrètement. Mme Harper m'a accompagnée à la porte d'entrée. Comme je partais, elle a dit : « Quand un nouveau médecin ou une nouvelle infirmière vient chez nous examiner Misty, je leur montre mon album. Les enfants sont plus que des statistiques. Ils sont l'amour et la foi et tout ce que vous inculquez en eux. »

Je me sentais plus humble. Elle avait raison. Misty en était une preuve.

« Elle va avoir six ans en mai. Assurez-vous d'ouvrir le journal », plaisanta Mme Harper.

En mai, j'ai feuilleté les annonces. Et j'ai trouvé ceci :

MISTY HARPER CÉLÉBRERA
SON SIXIÈME ANNIVERSAIRE DE NAISSANCE.
MERCI, SEIGNEUR,
POUR UNE AUTRE ANNÉE MIRACULEUSE.

Tous les mois de mai, je cherche encore l'annonce et je me souviens de la famille me disant à leur façon sans malice : « La médecine ne sait pas tout. »

Barbara Bloom

Reproduit avec la permission de Donna Barstow.

8

LIENS SPÉCIAUX

L'amour parfait ne vient parfois
qu'à la naissance des petits-enfants.

Proverbe gallois

Tout ce que je peux dire à propos de la vie,
c'est, mon Dieu, profitez-en.

Bob Newhart

Grand-maman, ne me demande pas de les retourner!

Ma petite-fille et moi sommes inséparables. Elle me mène par le bout de son petit nez.

Gene Perret

Quand ma première petite-fille, Lacy, avait trois ou quatre ans, elle était ma copine de magasinage préférée! Je pouvais l'emmener magasiner tout un après-midi, et contrairement à beaucoup de jeunes enfants, elle ne demandait jamais rien.

Lors d'une de ces sorties de magasinage, au début du printemps, Lacy et moi avions fait quelques magasins et nous étions à présent chez Wal-Mart. Comme d'habitude, je l'avais mise à l'avant d'un chariot pour qu'elle puisse se lever et atteindre les jolis articles. Nous avons longé plusieurs allées, regardant tout. Quand nous sommes arrivées au rayon des enfants, elle s'est étirée, a pris une robe et dit : « Oh! grand-maman, elle est jolie, non? » Après que nous l'avons admirée toutes les deux, elle l'a remise sur le présentoir. C'est toujours ainsi que nous magasinions : nous regardions, commentions, retournions l'article et continuions. Elle ne demandait jamais ces articles, elle aimait simplement regarder toutes les jolies choses.

Nous sommes ensuite passées au rayon des chaussures. Comme je poussais le chariot dans la section des petites filles, elle a choisi et admiré plusieurs paires de chaussures. Puis, elle a vu une paire de bottes en suède rose vif (le rose était sa couleur préférée). S'étirant lentement, elle les a prises et les a blotties dans ses bras. Levant le regard vers moi, tenant toujours les bottes, elle me dit : « Grand-maman, ne me demande pas de les retourner! »

J'ai été étonnée de cette soudaine supplique, et j'ai demandé : « Mademoiselle Lacy, pourquoi as-tu besoin de bottes? » Après tout, nous étions en avril, l'hiver était fini, et il était presque temps de commencer à porter des sandales, pas des bottes.

Elle a répondu si tristement : « Grand-maman, ce sont des bottes de chasse! » Tentant de réprimer mon rire, je lui ai demandé : « Pourquoi exactement as-tu besoin de bottes de chasse? » Je savais que cette enfant féminine et délicate n'était jamais allée à la chasse avec papa.

Elle m'a regardée avec une expression qui laissait entendre que Dieu lui avait donné la grand-mère la plus idiote pour l'élever, et elle a dit : « Pour la chasse aux œufs de Pâques! »

Je ne sais pas comment une autre grand-mère se serait tirée de la situation. Mais je sais que mademoiselle Lacy a quitté fièrement le magasin en portant le sac qui contenait ses nouvelles bottes de chasse rose vif!

Karren E. Key

« Ma maman ne voulait pas me donner l'argent de la crème glacée, alors je l'ai court-circuitée et je suis allé voir grand-maman ! »

Les princesses ont besoin de bijoux

La table de toilette de ma grand-mère, un petit chiffonnier qui servait jadis à porter un pichet de porcelaine et un bassin pour la toilette, est la première chose que l'on voit en entrant chez moi. Que ce soit parce que ses lignes austères ne s'harmonisent pas aux courbes délicates des pattes de la bergère qui lui fait face ou parce que ses tons dorés contrastent avec les teintes foncées de l'armoire délicatement sculptée qui la côtoie, la table de toilette semble une hérésie de chêne au milieu de l'acajou omniprésent. C'est ainsi que je l'ai voulu. Je voulais qu'elle ressorte et qu'elle murmure : « Regardez-moi. » Parce que conservés sous ses couches de vernis et ses lignes simples se trouvent les souvenirs de ma grand-mère. Et j'aime croire que la chaleur de ces souvenirs émane de sa table de toilette pour accueillir ceux qui franchissent le pas de ma porte.

Ma grand-mère n'était pas une femme facile à connaître. Peut-être parce que le sourire ne lui venait pas aisément. L'absence d'une courbe souriante aux commissures de ses lèvres accusait des rides plus prononcées autour de sa bouche et, par conséquent, lui donnait souvent un air sévère.

Ma mère m'a déjà dit qu'une vie difficile avait donné à ma grand-mère son air de sévérité. J'ai appris l'histoire des grands espoirs qu'avaient mes grands-parents quand ils sont déménagés au Canada, au début des années 1920, pour cultiver le blé dans les plaines venteuses du Manitoba. Et comment ces espoirs ont été détruits par un cycle sans fin de dépérissement, de sauterelles et de froid intense qui les a obligés à retourner en Iowa, pour n'y trouver que plus de misère dans la foulée de la Grande Dépression. « Elle a fait la lessive et frotté la crasse d'étrangers pour aider à nourrir ses cinq enfants, et a regardé mourir, impuissante, mon frère Howard avant sa douzième année », dit ma mère. « Elle a gagné ses rides. »

En dépit de son attitude rigide, je savais que ma grand-mère m'aimait. Et cela n'a jamais été aussi évident qu'un jour d'été de 1957, quand j'avais huit ans. Ma famille m'ayant laissée seule pour aller faire des emplettes, ma cousine Joyce et moi aidions notre grand-maman à faire des biscuits aux brisures de chocolat. Manger le mélange était une faveur permise par grand-maman, et puisqu'il y avait deux jeunes qui se gavaient de la pâte, la tôle à biscuits demeurait vide. Finalement, grand-maman nous a chassées de la cuisine pour mettre une tôle au four, et Joyce et moi cherchions quelque chose à faire.

« Jouons à nous costumer », suggéra ma cousine, regardant des draps blancs qui séchaient au soleil. « Nous pourrions être des princesses grecques. » Retirant les draps de la corde à linge, nous nous en sommes parées et, ricanant gaiement, nous avons tenté en vain d'adopter une démarche royale tandis que les traînes de nos « robes » s'enroulaient autour de nos chevilles. Soudain, grand-maman a crié par la fenêtre ouverte : « Les filles, venez ici! »

J'étais certaine que nous avions des ennuis. En trébuchant lentement sur les marches de la véranda, j'imaginais le pire des châtiments possible – être obligée de descendre à la cave sombre de grand-maman pour laver de nouveau les draps dans sa machine à laver à essoreuse. Rien que d'y penser, j'avais les genoux en gélatine. Avec son plafond bas, ses coins sombres et sa tablette de terre au-dessus des murs de pierre froide, j'étais persuadée que la cave était un repaire pour d'énormes araignées velues et d'insectes à longues pattes avec des antennes fuselées. Être envoyée à la cave pour aller chercher un pot de son beurre de pommes maison était déjà difficile, mais je pouvais m'en tirer en un saut rapide. Laver les draps prendrait beaucoup de temps – assez longtemps pour que des « choses » me tombent dans les cheveux et se glissent dans mes bas.

Quand nous avons ouvert la porte moustiquaire, je tremblais de peur. Mais grand-maman ne se tenait pas près de la cave. Elle était plutôt assise à côté du cabinet ouvert de sa table de toilette, fouillant dans des boîtes et en tirant un trésor d'écharpes aux couleurs vives, de bracelets rigides, d'énormes broches d'ambre et des tas de colliers.

« Les princesses ont besoin de bijoux », dit ma grand-mère, dissipant mes craintes, et effaçant les rides profondes et sévères autour de sa bouche avec un sourire qui illuminait la pièce.

Je n'oublierai jamais ce jour où grand-maman a mis de côté son travail et s'est amusée à jouer à se costumer avec ses petites-filles. Couverte de rouge à lèvres et de fard à joues, et décorée des trésors des boîtes de grand-maman, je me sentais terriblement belle et tellement aimée.

Aujourd'hui, plus de quarante ans plus tard, et dix-neuf ans après sa mort, je vois encore son visage quand je touche le fini satiné de sa table de toilette en chêne. Mais je ne vois pas le visage de la femme sévère dont la bouche est creusée par les dures rides de la vie, tel qu'il est conservé dans notre album de famille. Je vois plutôt une femme dont le visage est adouci par un sourire et un rire, lors d'un jour de magie à se costumer. Et peut-être qu'un jour, quand j'aurai des petites-filles qui me rendront visite, elles franchiront la porte d'entrée et remarqueront la table de toilette de ma grand-mère. Ensemble, nous tournerons la clé de laiton, et je leur transmettrai la chaleur de mes souvenirs. Puis, nous jouerons avec les trésors que j'aurai collectionnés au fil des ans et emmagasinés dans le cabinet, et mes petites-filles se fabriqueront leurs propres souvenirs de magie chez grand-maman.

Kris Hamm Ross

Le couple bienheureux

Ils rient ensemble
Lisent ensemble
Dansent ensemble
Écoutent de la musique ensemble
Marchent ensemble, main dans la main.

Ils aiment échanger des baisers chauds,
humides, mouillés.

Il se précipite pour l'accueillir,
Les bras tendus,
Disant son nom avec joie
Quand il la voit arriver.

Qui, vous demandez-vous,
forme ce couple bienheureux?
Elle est sa grand-mère
Il a presque cinq ans.

Judith Viorst

L'autre grand-papa

Nous ne pouvons pas vivre que pour nous-mêmes; un millier de fibres nous lient à nos contemporains et à ceux des autres générations.

Violet George

Comme les graines de pissenlit que nous soufflions dans le vent quand nous étions enfants, ma famille s'est dispersée aux quatre coins du pays et a pris racine dans tellement d'endroits que mes enfants voient rarement leurs nombreux oncles et tantes, leurs cousins – même leurs grands-parents. En fait, le souvenir de « l'autre grand-papa », à qui nous ne pouvons plus téléphoner ou écrire, est nourri dans le cœur de mon fils aîné par une seule histoire.

Robbie a rencontré « l'autre grand-papa » une seule fois, à l'âge de quatre mois. J'avais pris l'avion pour la Californie afin de présenter mon bébé à une plus grande partie de sa famille – à mes parents, à deux de mes frères et à une sœur qui est venue du Montana avec sa petite fille. Mais puisque son état était si incertain, je ne pouvais pas planifier de voir le père de mon mari. Il était dans une maison de repos depuis un an, coupé du monde par son silence et sa confusion, comme une fleur arrachée à ses racines.

Quand j'ai téléphoné à la maison de repos pour organiser une visite, je n'ai pas été étonnée d'entendre que Morris ne me reconnaîtrait probablement pas, car je ne l'avais rencontré qu'une fois, quand nous nous étions mariés, Bernie et moi. On m'a également avisée de n'attendre aucune réaction de sa part. Le durcissement des artères et le durcissement de la vie l'avaient rendu mou et apathique. Il n'y avait tout de même aucun doute dans mon esprit que Robbie et moi prendrions la route pendant une heure pour voir « l'autre grand-papa ». Je n'ai même pas vraiment réfléchi à la raison pour laquelle je faisais ce voyage ou pour qui : pour « l'autre grand-papa » qui ne nous reconnaîtrait pas, pour mon petit garçon qui ne s'en souviendrait pas, pour mon mari qui ne pouvait pas quitter son travail ou pour moi-même – pour tenter de satisfaire mon besoin de relier cette famille dispersée.

Nous avons emprunté les autoroutes californiennes achalandées et venteuses pour nous rendre là où mon beau-père avait été transplanté pour la dernière fois. Comment il a fini dans une maison de repos à six mille kilomètres de son seul enfant est une de ces histoires que j'aimerais défaire et réécrire avec une fin d'un genre différent. C'est une histoire compliquée, horrible et solitaire qui a commencé dans sa Pologne natale et s'est déroulée au-delà d'un continent, d'un océan et d'un autre continent, à travers une histoire de pogroms et de racisme, puis la lutte dans un nouveau pays avec une nouvelle langue, une nouvelle vie. Il a laissé la plupart de ses parents derrière dans l'Europe de Hitler – sans jamais plus en entendre parler. Pour fuir la Pologne, il a été marié par procuration à la fille d'un ami de sa famille, une New-yorkaise qu'il n'avait jamais rencontrée. Ils ont vécu à Brooklyn jusqu'à ce qu'elle meure du cancer et que son entreprise de sacs en toile échoue. Et puis son fils est allé à l'université, et il a dû recommencer de nouveau. Ce fut sa deuxième femme qui a voulu déménager dans la maison de son enfance, en Californie. Après cette transition, Morris s'est emmuré dans son vieil âge, où il semblait que personne ne puisse le rejoindre.

Je suis entrée dans le stationnement, presque désert, et me suis garée à l'ombre chiche d'un palmier. La maison était une bâtisse en briques, plus petite que je ne l'avais imaginée, assez agréable de l'extérieur. Pourtant, en engageant la poussette de Robbie dans la porte d'entrée, je pouvais sentir la qualité caractéristique d'une maison pour personnes âgées. Elle était stérile. Sans doute y avait-il de la musique douce qui sortait des haut-parleurs, des fleurs de soie à la réception et des natures mortes sur les murs. Je ne me souviens pas de ces choses. Je me souviens seulement qu'il n'y avait pas de rires d'enfants.

Murmurant quelque chose à propos du climatiseur qui devait être réparé le lendemain, une aide-infirmière nous a emmenés dans un salon au bout du corridor. « Il est là », dit-elle, indiquant l'une des trois personnes dans la pièce, celui qui était dans un fauteuil roulant au centre de ce vaste espace, dos à nous et la tête inclinée. Apparemment endormi. Puis, en y repensant, elle a franchi avec nous les derniers pas pour lui dire : « Morris, il y a quelqu'un ici pour vous voir. »

Morris a tourné la tête au ralenti et levé le regard d'abord sur elle, puis sur moi. Je n'avais rien prévu pour cet instant. Spontanément, j'ai saisi mon fils dans mes bras et j'ai dit : « Je suis la femme de Bernie et j'ai emmené votre petit-fils vous rencontrer. » J'ai tendu Robbie à son grand-père sans même penser que ce vieillard affaibli, presque octogénaire, n'avait peut-être pas la force de le tenir. Il y a eu un bref moment d'hésitation – et puis Morris a levé Robbie, luttant pour le lever à hauteur de visage et l'embrasser encore et encore. Il savait!

Mon fils aîné était sans contredit le plus souriant et ricaneur de tous les bébés, et il poussait des cris de ravissement tandis qu'il était levé vers le ciel, battant des bras joyeusement comme si on lui donnait sa première leçon de pilotage. Je regardais sans respirer, fascinée par les cris perçants de Robbie et les mains de Morris – des mains tremblantes d'émotion et du poids de mon petit garçon, qui faisait bien alors sept kilos. Pourtant, je ne pouvais pas lui enlever Robbie. Le cœur m'est monté dans la gorge en regardant mon fils se balancer en l'air, et je priais d'être capable de l'attraper s'il tombait. J'étais moi-même prise, déchirée entre le scintillement dans les yeux de Robbie et les larmes tombant à grosses gouttes sur les joues creuses et mal rasées de mon beau-père.

Je ne sais pas combien de temps cela a duré – une minute, cinq – mais je l'aurai toujours en mémoire, et je prie de pouvoir greffer cet instant à la mémoire de Robbie également. Je regretterai toujours d'avoir apporté tout le nécessaire de bébé pour ce voyage, mais d'avoir oublié l'appareil photo. Sans l'avantage des photographies, je dois illustrer cette histoire pour mon fils au moyen des mots que je choisis.

Je lui décris cette pièce, nue et blanche et carrelée, avec des portes-fenêtres ouvertes pour laisser entrer quelque brise miséricordieuse qui pourrait souffler. Nous étions assis à une table blanche immaculée en fibre de verre, Morris dans son fauteuil roulant, Robbie dans sa poussette et moi dans une chaise moulée de plastique jaune, dans une pièce qui avait dû être conçue pour des fêtes, mais où je ne pouvais pas en imaginer. J'ai parlé à Morris de notre vie à New York, de la bonne situation de Bernie, de la maison que nous devions acheter, de mon travail comme enseignante. J'ai parlé à Robbie de son « autre grand-papa », le papa de son papa, de la façon dont il était venu de très loin en bateau sur un grand océan. Comme je bavardais, n'attendant de réponse ni de l'un ni de l'autre, j'ai été frappée par leur similitude, grand-père et petit-fils, avec couches et bavoirs, attachés dans des poussettes, aucun d'eux n'étant capable de se servir des mots pour exprimer les sentiments qu'ils gardaient à l'intérieur. Comme je désirais entendre les histoires que mon beau-père ne pourrait jamais me raconter, les histoires des « vieux pays », de son enfance, d'une belle-mère que je n'ai jamais connue, de l'enfance de mon mari…

Les deux autres occupants de la pièce sont venus vers nous et bientôt d'autres sont arrivés par les portes de la terrasse, des résidents et des membres du personnel, puis des gens des autres chambres, tous pour voir le « petit-fils de Morris ». Robbie, qui en d'autres circonstances aurait été profondément endormi à cette heure-là, doit avoir senti l'importance de son rôle. Il ne montrait aucun signe de fatigue en passant d'une paire de bras à l'autre. Les gens gazouillaient pour lui et Robbie répondait. Ils lui ont raconté des histoires, et il plissait ses yeux de bébé pour qu'ils s'assortissent à leurs yeux ridés. Mon petit garçon respirait – et la vie leur était redonnée.

Après que l'heure de la sieste ou des jeux a finalement dispersé notre compagnie, nous sommes restés assis tous trois seuls à la réception, sentant la chaleur californienne et écoutant les doux bruits de mon fils qui tétait. J'ai regardé mon beau-père. Il arborait les mêmes pommettes sculptées et le même front large et haut que son fils. Il a vu que je l'examinais, et il s'est penché vers moi autant que le permettait son harnais. Je sentais qu'il voulait dire quelque chose avant même que ses lèvres ne se mettent à remuer. Sa bouche luttait pour former un mot. Puis – d'une voix épaisse, fêlée, qui n'avait pas servi depuis très longtemps – il a parlé. Il m'a regardée et regardé mon enfant s'allaitant et a dit, finalement, simplement : « Bien. »

Katharine St. Vincent

Paula seule avec son grand-père

La petite-fille de seize ans est arrivée.
Seule.
Son papa, avis de congédiement dans sa main moite,
Pas imprévu, la rationalisation était dans l'air,
Il s'était accroché plus longtemps,
Mais le moment était mal choisi.
Le voyage en Floride était annulé maintenant.
Sa mère ne viendrait pas sans lui.
C'était décidé. Paula prendrait l'avion
Seule.
Grand-papa n'était pas heureux de tout cela.
Il ne savait que faire d'une adolescente.
Mais ils s'étaient toujours aimés.
Quand grand-maman vivait, elle s'occupait des sentiments.
Grand-papa fournissait les rires et l'argent.
Se préparant à Paula, sa Sarah lui manquait,
Seul.
« Je veux aller à la piscine, grand-papa.
J'ai apporté quatre maillots de bain. »
« Tu ne vas être ici que quatre jours,
Alors ça devrait suffire. »
Grand-papa a pris la lotion solaire
Et les serviettes et a attendu Paula.
Et pensait à Sarah, sa nageuse.
Seul.
Il n'était pas prêt pour Paula.
Pour l'étonnante jeune fille qu'était sa petite-fille.
« Ce maillot de bain te va comme
Si le designer te connaissait.
Il savait certainement combien tu es belle.
Comme grand-maman l'était », a-t-il ajouté. »
« Oh! papi, vieux flatteur.

J'ai pris celui-ci chez Goodwill. Pas cher. »
« Tu es mon genre de fille, Paula.
Je n'ai jamais pu imaginer dépenser de l'argent
Pour des vêtements. Pas de pièces mobiles.
Ils n'ont pas besoin de courroies de ventilateur. »
Le soleil brûlant comme la chaufferette
D'une camionnette, le ciment dégageant de la vapeur.
Paula a fait tourner quelques têtes polies,
Et grand-papa a présenté fièrement sa petite-fille.
« Elle n'est pas seulement belle,
Elle est aussi brillante. »
Paula a plongé dans l'eau,
Son corps tranchant l'eau, sans éclaboussure.
Seule.
Plus tard, ils ont cuisiné ensemble,
Il lui a lu de la poésie en mangeant,
Et ils ont regardé « Jeopardy » côte à côte,
Décidé qu'avec un peu de pratique,
Ils essayeraient de devenir concurrents,
Diable, ils savaient les réponses.
Le soleil lui avait donné sommeil,
Elle a téléphoné à la maison, a ri à ses blagues privées,
S'est brossé les dents, a passé la soie dentaire
Et extirpé un point noir,
Et lui a demandé de lui tenir la main et de lui lire
Une histoire, comme quand elle était petite.
Seule.
À leur deuxième soirée ensemble, il lui a posé
Des questions courageuses, et à son tour
Elle lui en a posé deux grandes, les yeux rivés sur lui.
« Comment est-ce sans grand-maman, papi?
Est-ce que des veuves te tournent autour?
Moi je le ferais sûrement. »
Sur ce, ils ont pleuré tous deux un moment,
En douceur, comme des pétales tombant d'une rose.
Grand-papa a trouvé les premiers mots après les larmes.
« Je peux rechercher de la compagnie, Paula,
Peut-être même un toucher, car je suis esseulé.

Mais je sais que je ne trouverai jamais l'amour.
Je l'ai eu avec grand-maman.
On ne le trouve pas deux fois. »
Seul.
Les quatre jours ont passé plus vite que des lucioles
À minuit, et tous les maillots de bain
Ont été portés et admirés. Paula rappelait à tous
Leur jeunesse et leurs amours.
Elle était un tonique pour tous dans le condominium.
Nous avons vu son grand-papa rajeunir.
Et nous savions que, quand il serait vraiment vieux,
Paula serait là. Elle lui tiendrait
La main et lui lirait une histoire avant qu'il ne ferme
Les yeux la nuit où il mourrait.
Pas seul.

Sidney B. Simon

Le courage de vivre est souvent un spectacle moins dramatique que le courage d'un moment critique, mais il n'en est pas moins un mélange magnifique de triomphe et de tragédie.

John F. Kennedy

« Quel est le mot magique pour obtenir ce que tu veux ? » *« Grand-maman ! »*

LE CIRQUE FAMILIAL de Bil Keane. Reproduit avec la permission de Bil Keane.

De la vraie magie

Il y a dix ans, mon grand-père, qui avait alors quatre-vingt-deux ans, m'a raconté une histoire à propos d'un livre qu'il avait étudié à l'université. C'était un livre pour enfants, du genre renfermant un message profond que seuls les enfants et les personnes exceptionnellement perspicaces semblent saisir. Il a avoué qu'avec les années, ses souvenirs de ce livre l'avaient intrigué, et il souhaitait le lire une fois de plus avant de mourir. Comme sa santé était mauvaise, je me suis mis à chercher ce livre. Durant les cinq années suivantes, par intermittence, je n'ai rencontré personne qui avait entendu parler, et encore moins possédé un exemplaire, de *Behind the North Wind.* Les libraires de New York, de Los Angeles et de Chicago déclaraient que c'était une recherche impossible.

Le 6 octobre 1995, j'ai reçu un message disant que l'état de mon grand-père s'était aggravé. Je me sentais honteux d'avoir si facilement abandonné ma recherche. Dans un dernier effort, j'ai fait quelques appels. De nombreux messages ont été laissés sur d'innombrables répondeurs, en quête d'un livre intitulé *Behind the North Wind* qui, selon toute apparence, n'existait pas.

Dans les jours qui ont suivi, j'ai reçu de nombreux appels. Il semblait que le livre que je demandais n'avait jamais été écrit. Toutefois, chacun de ces libraires m'a parlé d'un autre livre intitulé *At the Back of the North Wind* de George MacDonald, que tous avaient en librairie, parfois en multiples exemplaires. Où étaient ces gens, cinq ans auparavant?

Peu importe, j'en ai commandé un et l'ai envoyé à mes parents. Le livre, comme me l'a dit mon grand-père, raconte l'histoire d'un jeune garçon qui a une peur terrible du vent du nord, lequel est froid et sombre, et tout à fait inexplicable. Mais, pour une raison ou pour une autre, le vent du nord se lie d'amitié avec le garçon et l'entraîne dans diverses aventures. Finalement, le vent du nord permet au garçon de venir visiter le pays où il habite. Le garçon en revient avec, si l'on peut dire, une sagesse sublime que l'on rencontre rarement de nos jours. Il a acquis une nouvelle compréhension du vent; ce n'est pas quelque chose à craindre, mais à accepter.

Le livre est arrivé et on l'a apporté à mon grand-père. Toutes les machines ont été débranchées et les intraveineuses, enlevées. Il avait quelques jours, peut-être quelques heures à vivre. Il n'y avait plus rien à faire. Mon cousin s'est assis à son chevet et s'est mis à lire ce récit de la compréhension de la mort par un enfant.

Le livre était terminé, couverture refermée. Mon cousin a dit : « Eh bien, tu devais entendre ton livre une dernière fois. » Mon grand-père, pour la première fois, a jeté un regard des profondeurs de son état semi-conscient, un faible sourire s'efforçant de se peindre sur ses lèvres.

Les parents qui étaient dans la cour avant, m'a-t-on dit, venaient de parler du calme inhabituel de cet après-midi d'automne. À ce moment-là, ils ont été étonnés de voir la cime des arbres ployer sous une rafale de vent à vous glacer l'âme qui a balayé la colline et soufflé dans la cour. Les rideaux de la chambre se sont pressés contre la fenêtre et un silence a traversé la maison envahie par ce coup de vent du nord.

Et en même temps, mon grand-père a fermé les yeux et s'est endormi… pour toujours.

Je gagne ma vie comme magicien. Et l'on me demande toujours si je crois à la magie, si elle est réelle. Je suis toujours étonné que l'on n'y croit pas. Naturellement, des gars comme moi doivent recourir à des trucs et des illusions, mais notre but ultime est de nous rappeler à tous qu'il y a des mystères dans le monde qui nous entoure, et qu'il y a de la magie dans notre vie à tout moment, si seulement nous voulions bien ouvrir les yeux et voir.

Pourquoi n'ai-je pas pu trouver ce livre avant ce moment précis? Pourquoi tant d'exemplaires me sont-ils presque tombés dessus? Pourquoi ma famille, qui ne m'écoute jamais, a-t-elle choisi de le faire maintenant? Et pourquoi le nom de l'entreprise de qui j'ai acheté le livre, une entreprise dont je n'ai pas su le nom avant de recevoir mon relevé de carte de crédit un mois plus tard, portait le nom ABRACADABRA?

Pourquoi tout s'était-il passé ainsi?

Mon grand-père était le seul membre de la famille qui a toujours soutenu mes premières tentatives de spectacles de magie. Il racontait des histoires de magiciens qu'il avait vus par le passé, et était toujours tolérant à l'endroit d'un nouveau tour. Il convient donc qu'il m'ait légué une expérience de magie que je tente par tous les moyens de transmettre à chaque représentation. Je ne peux qu'espérer que cette histoire aidera tous ceux d'entre nous à réaliser la magie que sont nos grands-parents dans notre vie pour que nous choisissions de nous délecter de ces moments – ou de ces souvenirs – pendant que nous le pouvons.

> *« C'est ce regard qu'il avait lorsqu'il croyait que je pouvais avoir peur de lui », se dit-il en lui-même. Puis, il dit à haute voix : « Je n'ai pas peur de toi, cher vent du nord! » cria-t-il. « Regarde! Je n'ai pas peur de toi le moins du monde! » Étirant les deux mains pour le saisir, il se pressa tout contre lui, appuya la tête sur son sein, puis s'endormit.*
>
> *Au matin, ils ont trouvé le petit Diamond gisant sur le plancher de la grande pièce du grenier – profondément endormi, croyaient-ils, un sourire heureux sur son visage. Mais quand ils l'ont soulevé, ils ont constaté qu'il ne dormait pas. Il était parti pour ce charmant pays derrière le vent du nord – pour y rester.*

Brad Henderson

Réflexions d'un enfant de trois ans

Les enfants sont imprévisibles. Nous ne savons jamais laquelle de nos incohérences ils vont dénoncer.

Franklin P. Jones

À cause de nos perspectives d'adultes, ce que nous attendons des enfants, lorsqu'ils nous répondent, peut être assez différent de la réalité.

Mon fils de trois ans s'était fait dire à quelques reprises d'aller se laver à la salle de bain avant d'aller au lit. La dernière fois, je le lui ai dit plus fermement. Sa réponse a été « Oui, monsieur! » Étant sa mère, je ne m'attendais pas au « monsieur ».

« On dit "Oui, monsieur" à un homme. À une dame, on dit "Oui, madame". » Alors, pour l'interroger sur sa leçon, je lui ai demandé : « Qu'est-ce que tu dirais à papa? »

« Oui, monsieur! » répliqua-t-il.

« Et que dirais-tu à maman? »

« Oui, madame! » fit-il fièrement.

« C'est bon! Que dirais-tu à grand-maman? »

Étant habitué à la question qu'il posait à grand-maman, son visage s'éclaira et il dit : « Est-ce que je peux avoir un biscuit? »

Barbara Cornish

Les enfants de Sophie

Vivez de manière à ce que vos enfants et vos petits-enfants voient votre conception de la joie, du rire et de l'amour comme étant l'élixir de la vie.

Laura Spiess

Par une chaude journée de la fin d'août, j'étais avec un groupe de personnes en deuil dans un petit cimetière de la vallée centrale de la Californie. J'entendais en bruit de fond le battement des arroseurs qui était éclipsé par les paroles de condoléances du prêtre à l'assemblée. La plupart des personnes présentes étaient les enfants de Sophie. Bien que nous ne soyons pas ses enfants biologiques, nous n'en étions pas moins aimés et protégés par elle.

Dans mon cas, mon frère souffrait d'une rare maladie des os qui l'obligeait à séjourner souvent à l'hôpital Shriners pour enfants de San Francisco. Même si les médecins, les infirmières et autres membres du personnel lui prodiguaient d'excellents soins, ce n'était pas la même chose que de guérir dans le confort et l'amour de sa propre famille. Ma mère, qui avait récemment reçu un diagnostic de sclérose en plaques, était dans un autre hôpital de l'autre côté de la ville, depuis qu'elle avait accouché de moi. La grossesse, qu'on avait déjà cru pouvoir aider une femme atteinte de la sclérose en plaques, avait tristement eu l'effet inverse, la privant du peu d'énergie qu'elle possédait. Mon père occupait trois emplois pour régler les factures d'hôpital et les nombreuses dépenses qui incombaient à notre famille.

Sophie et son mari Emil étaient des amis de notre famille et vivaient en face de chez nous. Sophie aimait les enfants. Les siens étaient grands et avaient leurs propres enfants, qu'elle se portait volontaire à garder pendant que leurs parents étaient au travail. Je crois que c'était sa vision enfantine du monde qui l'attirait à prendre soin des enfants. Elle croyait toujours que le monde lui voulait du bien. Elle était toujours disposée à rire et prenait du temps pour jouer chaque jour.

C'est à peu près à la même époque que Sophie a commencé à prendre des enfants comme famille d'accueil. Elle aimait simplement leur compagnie, et son cœur tendre s'émouvait des enfants qui avaient besoin d'un refuge sûr et aimant. C'était sa façon de laisser une marque positive sur le monde. Sophie était la maman et la grand-maman que chaque enfant rêve d'avoir.

Mon père avait vraiment du mal à joindre les deux bouts. Il commençait sa journée à six heures du matin en nourrissant cent vingt têtes de bétail. De neuf à cinq, il vendait de l'immobilier et des assurances, et ensuite revenait directement à la ferme pour nourrir les animaux pour la soirée. Deux ou trois fois par semaine, il tenait les livres de quelques entreprises en ville afin de gagner des sous très nécessaires. Je n'avais que huit mois quand la majorité des tâches lui sont tombées sur les épaules. Comme la santé de ma mère se détériorait jusqu'au point critique, il croyait que tout son univers s'écroulait sur lui. La sœur de mon père prenait soin de moi quand elle le pouvait, tout comme une série de gardiennes qui tentaient de prendre la relève. Un jour, ses prières ont été exaucées par la venue de Sophie.

Il a garé sa camionnette dans notre allée, tard un soir, pour être accueilli par Sophie qui le saluait de la main, avec son habituel tablier. « Eric, le dîner est sur la cuisinière, et il sera prêt pour vous et le bébé dès que vous vous serez lavé. » Une boule s'est immédiatement formée au fond de sa gorge comme il la remerciait de sa gentillesse spontanée et essayait de ne pas révéler son état émotionnel. Pendant que Sophie se dépêchait de traverser la rue pour préparer son dîner, il a payé la gardienne, puis a pris une douche et a essayé de passer un peu de temps précieux avec moi. Autant il voulait être un bon père et faire bonne impression, autant il était submergé par l'émotion et secoué de larmes.

Il m'a dit plus tard que c'était comme si son chagrin et son fardeau étaient si lourds qu'ils se sont transmis de son cœur au mien. Même si je ne comprenais pas pourquoi il était si triste, je me suis néanmoins mise à pleurer aussi. Il tentait désespérément de nous calmer tous deux quand Sophie a frappé à la porte puis est entrée avec notre souper. Sophie a sauvegardé sa dignité en ne mentionnant pas l'évidence, mais a plutôt commencé à mettre le couvert comme si de rien n'était, en lui racontant les aventures débridées et hilares de sa bande d'enfants d'en face. Il s'est surpris à rire fort malgré son humeur puis a pensé momentanément *Quand est-ce que j'ai ri de bon cœur la dernière fois?* Sophie, sentant le fardeau assombrir de nouveau son visage, interrompit ses pensées par une offre étonnante. « Eric, pourquoi ne me laissez-vous pas la petite Meladee à la maison le matin en vous rendant au ranch, pour la reprendre à la fin de la journée? Je démarre le café à cinq heures trente pile, et j'ai tellement d'enfants qui jouent dans ma maison qu'un de plus ne fera pas de différence », dit-elle.

Ainsi, je suis devenue une des enfants de Sophie, une recrue. Elle nous a servi le petit-déjeuner et le dîner pendant presque cinq ans, par intermittence, et étant donné que mon père était comptable, le seul remboursement qu'elle acceptait était qu'il fasse sa déclaration annuelle d'impôts.

Sophie aimait chanter avec Patsy Cline à la radio, pendant qu'elle cuisinait pour nous dans sa cuisinette propre. Je me sentais chérie d'elle parce qu'elle m'appelait sa « petite poupée ». J'avais hâte à sa dose quotidienne de rire, qui était sa façon de composer avec les erreurs que font les humains sans les prendre à cœur.

Sachant que ma mère devait être terriblement triste d'être seule à l'hôpital, loin de sa famille, Sophie s'est mise à prendre des photos de moi et inscrivait de petites notes au bas de chacune. « Meladee faisant ses premiers pas. » « Meladee toute chic pour aller à l'église le dimanche de Pâques. » « Meladee vous soufflant un baiser et vous souhaitant d'aller mieux car vous lui manquez. »

Comme ma mère et mon frère se sont suffisamment rétablis pour revenir à la maison et que nos vies ont pris une certaine apparence de normalité, je traversais la rue chaque jour pour jouer avec la tribu d'élite de Sophie – parce que j'y appartenais. Elle a acheté une poupée en l'honneur de chaque enfant qui a demeuré avec elle. La collection est devenue si volumineuse que son mari Emil a finalement bâti une grande maison de poupées dans leur cour pour les loger toutes.

En me joignant à tous les nombreux enfants devenus adultes qui sont venus aujourd'hui rendre hommage à Sophie, je suis accablée d'émotion comme mon père il y a tant d'années, non parce qu'elle est décédée à quatre-vingt-sept ans, mais parce qu'elle était une femme d'une immense capacité d'amour, une sauveteuse sans piscine, qui nous est venue en aide par sa bonté et son espoir inconditionnels. Sophie a amélioré ce monde – un enfant à la fois. Sophie, ma grand-maman d'accueil.

Meladee McCarty

La nouvelle famille de la montagne des Walton

J'avais toujours rêvé d'avoir une grande famille. J'adorais regarder *Les Walton* à la télévision durant mon enfance, et j'aimais particulièrement la partie où la famille se souhaitait une bonne nuit.

« Bonne nuit, John-Boy. »

« Bonne nuit, Elizabeth. »

« Bonne nuit, grand-maman. »

La notion de multiples générations vivant sous le même toit me fascinait. Je désirais ardemment revenir de l'école et avoir une « grand-maman Walton » pour me faire des biscuits maison et m'aider à faire mes devoirs.

Près de trente ans après que les Walton se sont installés sur la montagne des Walton, je vis enfin mon rêve. Mes amis me croient folle, mais je trouve que c'est une merveilleuse expérience – pour moi, ainsi que pour nos cinq enfants.

Tout est arrivé par hasard. Mon mari et moi avions une vie bien remplie – nous étions parents de cinq enfants, mon mari possédant sa propre entreprise, et moi exploitant la mienne dans notre maison. Les jours de semaine étaient une constante navette d'enfants, de l'aube jusqu'à bien après le crépuscule. Les fins de semaine, nous allions à l'église et à l'école du dimanche, et exécutions une liste interminable de tâches ménagères. La vie était belle. Nous étions tous très heureux.

Peu avant l'Action de grâce, mon beau-père a eu un accident cérébrovasculaire mineur et son état s'est rapidement détérioré. Sa santé était mauvaise. En décembre, il était dans une maison de repos. Nous avons remonté le moral de ma belle-mère et l'avons aidée à passer au travers des Fêtes. La vie était un peu plus désorganisée, mais nous nous en tirions bien. Toutefois, peu après Noël, ma belle-mère est tombée malade, elle aussi.

En janvier, elle était confinée à une maison de repos, bien qu'on nous ait dit que ses complications allaient disparaître. En mars, elle est venue vivre avec nous.

« Comment peux-tu trouver le temps de faire cela? » me demandaient des amis surpris.

« N'est-ce pas une charge de travail énorme? » insistaient d'autres.

« Qu'est-ce qu'en pensent les enfants? »

Je dois admettre que j'étais un peu étonnée de leurs réactions. Tout le monde semblait automatiquement supposer que ce soudain changement dans nos vies était négatif, et que nos vies en seraient pour toujours modifiées.

Les choses ont certes changé. Pourtant, je cherche encore à découvrir l'aspect négatif de la situation. D'abord, c'est la vie dont je rêvais. Elle n'a rien de prestigieux ou même de particulièrement excitant, mais c'est une vie qui m'attire depuis des décennies. Ma belle-mère est un ajout fabuleux à notre ménage et, franchement, j'espère qu'elle est avec nous pour longtemps.

Je crois qu'on peut dire que tout était au mieux dans notre vie familiale pour subir de telles modifications à notre mode de vie. Notre fils aîné avait un appartement. Notre fille aînée était partie à l'université. Nous avions une chambre de libre.

Nous avons brassé un peu les choses pour accommoder grand-maman. Il a été décidé que notre fille cadette, Elizabeth, déménagerait dans la chambre de Judy (notre fille à l'université) et que grand-maman prendrait la chambre d'Elizabeth. Elle était plus près de la salle de bain et de notre chambre, si elle avait besoin d'aide durant la nuit.

Ce fut une transition en douceur, étant donné que pour une fille de neuf ans, déménager dans la chambre de sa sœur de dix-huit ans est « super ». Certaines autres transitions ont été un peu plus ardues, comme de faire un horaire pour les douches et les bains. Grand-maman avait souvent besoin de la salle de bain, et on lui a automatiquement accordé le premier choix dans l'utilisation des toilettes. Grand-maman a aussi une bouteille d'oxygène qu'elle utilise en permanence, et notre maison est remplie de conduits d'oxygène. Cela a causé un petit problème au départ, mais nous avons vite convaincu le chien qu'il n'avait pas le droit de les mâcher.

L'heure des repas chez nous a toujours été une épreuve. Avec cinq enfants, quelques amis et les adultes de la famille, les soirs où je nourrissais moins de huit personnes étaient très peu nombreux. La plupart du temps, nous étions dix. Ajouter une personne n'était rien. Et en ajouter une qui aimait et louangeait ma cuisine était un trésor!

Je crois encore même aujourd'hui que l'ajout de grand-maman à notre ménage comporte beaucoup plus d'avantages que de complications. Je suis ravie pour nos enfants. Ils apprennent de première main l'art délicat de la compassion pour les personnes âgées. Ils apprennent également la patience et la tolérance. Je suis tellement fière quand je les observe parler lentement et nettement pour que leur grand-maman les comprenne, et je suis fière de mon fils cadet qui demande toujours à grand-maman d'abord avant de prendre son tour à la salle de bain.

« Grand-maman, as-tu besoin de la salle de bain? » demande Jonathan. « Je vais prendre ma douche maintenant si tu en as fini. »

Il a sept ans.

Par ailleurs, grand-maman est une joie. Je n'ai jamais connu personne de plus reconnaissant de toute ma vie. Elle est reconnaissante des repas, de sa chambre et de la compagnie dont elle dispose maintenant vingt-quatre heures par jour. Et je suis enchantée de connaître la femme qui m'a donné mon précieux mari. C'est une expérience d'attachement basée sur la gratitude, le respect et l'amour. Je considère que c'est un privilège de prendre soin d'elle, et j'aime le temps que je passe avec elle.

Nous ne vivons peut-être pas au sommet d'une montagne. Et nous ne cultivons pas notre nourriture ni ne cousons nos vêtements. Je suis loin d'être assez créatrice pour ça. Toutefois, quand nous allons au lit le soir, je me sens doublement bénie. Non, nous ne sommes pas les Walton. En fait, nous sommes très, très loin d'un tel idéal.

Mais quand nous éteignons les lumières le soir (probablement beaucoup plus tard que les Walton!), je murmure une prière de gratitude pour les nombreux êtres chers sous notre toit. Et nous nous souhaitons habituellement une bonne nuit dans la cuisine, ou en mettant un enfant au lit. Cependant, tard le soir, quand je suis prête à m'endormir, je souris. Et je peux me persuader que les sons que j'entends sont seulement ceux de ma famille aimante et de leur appréciation l'un de l'autre.

« Bonne nuit, Jonathan. »

« Bonne nuit, Elizabeth. »

« Bonne nuit, Jim. »

« Bonne nuit, grand-maman. »

Et, là-dessus, je ferme les yeux pour un repos paisible.

Kimberly Ripley

PICKLES. © 1997, The Washington Post Writers Group. Reproduit avec autorisation.

9

Trop occupé pour la berçante

Il y a une fontaine de jouvence
et elle se trouve dans votre esprit,
dans vos talents, dans la créativité
que vous apportez à votre vie
et aux personnes que vous aimez.
Quand vous apprendrez à puiser
à cette ressource,
vous aurez vraiment vaincu l'âge.

Sophia Loren

Les grands-mères du rodéo

Le ciel est mon plafond et la terre est mon tapis.

Judy Golladay

Avez-vous déjà lu un article dans un magazine ou un journal sur quelqu'un de tellement intéressant que vous souhaiteriez vraiment pouvoir le rencontrer en personne? C'est mon cas. Cela m'est arrivé de nombreuses fois, mais je croyais que je n'aurais jamais l'occasion de donner suite à mon souhait. Récemment, cependant, j'ai lu un reportage sur quatre dames appelées « Les grands-mères du rodéo ». Portant des bottes, des chapeaux de cow-boy, des jambières, des vestes et des lassos, elles semblaient l'incarnation de tout ce qui était et qui est bon dans l'Ouest. Assez robustes pour travailler dehors dans le pâturage, assez compétentes pour gagner des concours de maniement du lasso, assez tendres pour toucher le cœur de tant de gens – ces femmes avaient une lueur dans les yeux et une ouverture dans leur sourire qui, débordant des pages du magazine, m'ont simplement ému. J'ai décidé que le moment était venu de transformer une idée en action. J'ai acheté un billet d'avion pour Ellensburg, Washington, et j'ai téléphoné aux grands-mères du rodéo pour savoir si j'étais le bienvenu. « Allez, venez! Elles seront enchantées de vous rencontrer! » m'a dit leur représentante, Molly Morrow, une photographe de leur patelin. Molly est venue me chercher à l'aéroport et m'a donné un bref historique du groupe en route pour Yakima. Malgré sa présentation détaillée, je n'étais pas tout à fait prêt à rencontrer ces dames d'exception.

Molly m'a emmené à son studio où j'ai rencontré Lorraine, Janis, Chloe et Peggy. C'était le groupe le plus souriant et le plus accueillant que j'ai rencontré depuis longtemps qui se trouvait dans le petit studio. Les grands-mères du rodéo, de soixante-cinq ans à quatre-vingt-neuf ans, avaient été choisies par une agence de publicité qui concevait une nouvelle série d'annonces pour la banque Washington Mutual, en 1993. L'agence voulait des gens exceptionnels pour faire ressortir ou donner l'impression que leur banque « sortait de l'ordinaire ». Les producteurs avaient lancé un appel à des grands-mamans qui savaient monter à cheval et jouer du lasso, et même concourir dans les rodéos. Près de trente femmes de cette région s'étaient présentées et en quelques heures, les producteurs avaient infailliblement sélectionné quatre femmes qui semblaient incarner un esprit particulier – l'indépendance, l'énergie, le talent et la robustesse mêlée de tendresse.

Elles ont tourné leur message publicitaire et sont parties. C'était une transaction unique. La série de la Washington Mutual allait mettre en vedette nombre d'autres genres de personnes exceptionnelles. Mais quand les producteurs l'ont diffusée, la réaction a été radicale : tout le monde voulait voir encore plus de ces « grands-mamans du rodéo ».

L'agence est revenue et a tourné d'autres messages publicitaires. Et peu à peu, les grands-mamans du rodéo sont devenues un groupe étroitement lié. Les producteurs avaient fait un bon choix. Elles fonctionnaient bien en groupe. L'une d'elles, Judy Golladay, avait révélé au groupe et aux producteurs qu'on venait de lui diagnostiquer un cancer du sein. Malgré cela, ils ont tous accepté de la garder à bord de l'équipe. Elle subissait des traitements de radiothérapie et de chimiothérapie même pendant le tournage des messages publicitaires. Chaque année, elle vivait cinq mois à part, avec son cheval et son chien pour toute compagnie. Elle était simplement une cow-girl, près de la terre comme peu d'Américains le sont de nos jours. Elle parlait du ciel comme de son plafond et de la terre comme de son plancher. Peut-être cela peut sembler idiot aux yeux d'un urbain, mais pour Judy, c'était sa vie. Quand les temps étaient durs, elle enfourchait son cheval et se dirigeait vers les collines avec son chien, où elle se retrempait dans la paix qu'elle y trouvait.

Il y a eu de bonnes nouvelles : les traitements avaient fonctionné! Le cancer de Judy était en rémission. Et les grands-mamans du rodéo ont entrepris une série d'apparitions dans tout le Nord-Ouest. Là où la banque Washington Mutual avait besoin d'elles, elles se présentaient dans leurs plus beaux atours, à cheval, jouant du lasso et criant « Yippie-ty-yi! » et « Salut, les cow-boys! ». Elles aimaient jouer avec les stéréotypes et leur donner vie. Bientôt, elles ont reçu des invitations à mener la parade d'ouverture dans les rodéos ou à visiter des centres commerciaux, des hôpitaux et des maisons de retraite.

Quelle corde sensible elles faisaient vibrer dans les cœurs de l'Ouest! Quand elles pénétraient dans l'aréna sur leur monture, menant la parade, on pouvait entendre changer la rumeur de la foule : un murmure poli prenait de la vigueur, de l'intérêt et de la joie. On pouvait les localiser par le changement du ton de l'auditoire : « Ce sont elles, les grands-mamans du rodéo! » Les applaudissements jaillissaient spontanément, les enfants envoyaient la main, tous étaient excités. Les petits allaient leur demander (et obtenaient) des étreintes.

Une fois, en route pour l'aéroport avant un autre spectacle dans une autre ville, il y a eu un embouteillage monstre. Toutes les voitures étaient arrêtées. Les grands-mamans étaient tranquillement assises dans leur camionnette, attendant que la circulation reprenne. Soudain, les occupants d'une voiture voisine les ont reconnues. On a frappé à la glace de leur camionnette. « Êtes-vous les grands-mamans du rodéo? » demanda le conducteur d'une autre voiture, debout sur la chaussée. « CE SONT LES GRANDS-MAMANS DU RODÉO!!! » cria-t-il à la ronde. « CE SONT VRAIMENT ELLES! ». Et là, sur la route, les voitures étant pare-chocs à pare-chocs, une foule s'est formée, les applaudissant et demandant des autographes.

Quand elles donnent des spectacles, les enfants font la queue pour apprendre à manier le lasso qu'ils lancent sur un bœuf d'entraînement. Ils sont fous de joie quand ils réussissent. Et au bout de la file d'attente des grands-mamans du rodéo, se trouve Lorraine, assise confortablement, avec une file d'enfants qui attendent qu'elle leur enseigne à iodler.

« Être grand-mère et debout sur un cheval semble être l'attraction », dit Peggy, soixante-quatorze ans, experte du lasso. « Ils croient simplement qu'une personne à cheval doit être honnête. » À vingt ans, elle était une princesse du rodéo, et elle a rencontré un cavalier voltigeur, Monte Montana, qui s'est entiché d'elle et lui a donné en cadeau une selle de voltige. Sa carrière de rodéo a débuté. Mais la vie a le tour d'interrompre nos plans; elle s'est mariée, est devenue secrétaire et a élevé quatre enfants. « Je faisais le Tour du Cosaque », m'a-t-elle dit. « Certains l'appellent le Tour suicide, mais je ne fais plus de voltige aujourd'hui. Je pouvais aussi manier quatre lassos à la fois, un dans la bouche, un sur mon pied et deux dans les mains. Maintenant, je n'en manie que trois. Il faut savoir de quoi on est capable », m'a-t-elle confié.

À soixante-cinq ans, Janis joue du lasso en équipe avec un partenaire, et attrape des bovins en compétition. En fait, elle participe à des concours avec son petit-fils! « Quand je suis née, mon père a vendu un cheval quatre-vingts dollars pour payer la facture d'hôpital. C'était beaucoup d'argent à l'époque. Alors j'ai toujours eu les chevaux dans le sang. Mon père n'avait pas de fils, ma sœur et moi sommes donc devenues les garçons de la famille. » Puis, elle a ajouté après coup, comme si j'allais penser qu'elle n'était qu'un garçon manqué : « Nous pouvons être des dames très comme il faut aussi, vous savez. » J'ai acquiescé de la tête. « Mon père m'appelait “la p'tite dure” et il m'a enseigné à monter à cheval. J'ai appris à puiser ma force des chevaux. Vous avez une relation avec votre cheval, voyez-vous, et si vous devez verser des larmes, votre cheval va vous écouter et vous soutenir. C'est difficile à expliquer à quelqu'un qui n'en a pas fait l'expérience, mais c'est vrai. » Toutes les femmes ont exprimé leur accord.

Chloe a dit : « J'ai entendu dire que “la meilleure chose pour l'intérieur d'un homme est l'extérieur d'un cheval”. La relation avec nos chevaux est presque thérapeutique. En fait, quand le cancer de Judy a récidivé et qu'elle a su à quel point il était avancé, elle a sellé son cheval et a galopé avec son chien dans les collines, une fois de plus. Elle a passé des semaines là-haut et elle y a trouvé beaucoup de paix. »

Chloe a remplacé Judy dans le groupe. « J'étais un genre de fille d'écurie – Lorraine est ma mère et j'allais à toutes les activités des grands-mamans du rodéo de toute façon, alors elles m'ont emmenée dans l'enclos, pour ainsi dire. Et j'adore être dans les grands-mamans du rodéo avec ma mère. » Elle a tapoté le genou de Lorraine. « C'est étonnant, non? Parfois, quand nous donnons un spectacle et que nous nous préparons à enseigner le lasso et autre chose, les enfants courent vers nous par vagues et nous entourent. Cela nous procure un sentiment incroyable, et on dirait qu'ils veulent tous toucher maman. » Lorraine me sourit.

Lorraine a rencontré son mari à une foire de bétails en 1928 et est aujourd'hui non seulement grand-mère onze fois, mais arrière-grand-mère dix-neuf fois. Son cheval est un peu trop fringant pour elle maintenant, mais elle le monte à l'occasion. Pourtant, elle est encore prête à vous enseigner à iodler et vous enlacera si vous soulevez votre chapeau de cow-boy.

Les grands-mamans du rodéo ne sont pas des personnalités des médias, bien que leurs apparitions dans ceux-ci les aient affectées. Elles ont conservé les valeurs et le style de leurs origines, même si elles ont fait *Entertainment Tonight, The Rosie O'Donnell Show,* et d'innombrables entrevues à la radio et à la télé.

En présence de ces dames, le message est évident qu'elles ne passent pas leur temps à s'en faire sur le « sens de la vie ». Elles agissent plutôt, et savent que la vie a un sens. Comme dit Lorraine : « Nous avons seulement fait ce qu'il y avait à faire. Il n'y a rien de spécial à ça. Nous exécutons les tâches que le Seigneur met devant nous. »

Peggy a ajouté : « Il faut avoir une raison de se lever le matin. » C'était manifestement le secret de la santé et de la force constante de ces filles, que leurs vies leur avaient donné un but et le faisaient encore. Chloe a souri et dit : « J'ai appris à mettre du cœur dans ce que je fais. » Sa mère l'a regardée avec fierté, en souriant aussi. Janis a continué : « Quand on s'assoit dans une chaise berçante, on ne va nulle part. »

« Je crois que je suis née pour être une grand-maman du rodéo », a déclaré Peggy sur un ton sérieux. « Tout dans ma vie semblait pointer dans cette direction. Je savais qu'il y avait quelque chose de spécial dans ma vie, et regardez, le voici! » Et elle me dit qu'aucune d'entre elles ne s'est jamais cassé plus d'un doigt ou un orteil et que Lorraine n'a jamais passé la nuit à l'hôpital. « Ça développe les muscles, élargit la poitrine, vous fait respirer plus profondément – et cela, seulement à monter sur un cheval! Promenez-vous un peu et vous ferez vraiment de l'exercice. C'est une bonne vie saine. »

C'était la fin d'un jour glorieux, passé en compagnie de ces dames dures et tendres, et je ne voulais vraiment pas m'en aller. Chacune m'a enlacé, et je leur ai volontiers rendu la pareille. « Lorraine », ai-je dit, ému, « je n'ai plus de grands-mères dans ma vie. Je me demande si tu veux être la mienne? »

Elle m'a regardé, rayonnante, et m'a enlacé de plus près. « Pour sûr, mon garçon, tu peux être mon petit cow-boy! »

Durant le voyage de retour, j'étais encore rempli de leur présence et je me demandais ce que j'avais appris, ou peut-être réappris. Il était évident qu'elles avaient eu un mode de vie sain et sans ambiguïté. Ce qui devait être fait devait être fait, sans équivoque. Elles avaient mis de l'humour et du plaisir dans chaque journée, autant que possible. Elles avaient été le genre de personnes sur lesquelles on peut compter – et il y a quelque chose d'extrêmement rassurant à côtoyer des gens de la sorte. Elles ne s'étaient pas retirées de la vie mais y étaient encore activement engagées, chaque jour. Se lier avec des gens et changer des choses dans leurs vies les gardaient aussi dans le coup. Même si leurs vies comportaient la plupart des mêmes éléments qu'auparavant, chacune avait subi un profond changement en devenant une grand-maman du rodéo. Cela leur permettait de se voir dans un cadre élargi, et leur donnait l'occasion d'être un modèle pour autrui, qu'il s'agisse d'enfants ou de grands-parents. Comment vivre sa vie avec intégrité, comment s'organiser pour que les choses importantes se fassent – ce n'étaient pas des choses sans conséquences. Mais elles ne prêchent pas ces principes, elles les vivent simplement au jour le jour.

Je ne blaguais pas quand j'ai demandé à Lorraine d'être ma grand-maman, parce que les miennes sont parties depuis longtemps, et qu'il manque quelque chose à ma vie aussi : quelqu'un de plus âgé et de plus sage, quelqu'un qui sait aussi quand donner une étreinte ou partager un sourire. Je prévois aller visiter grand-maman Lorraine et, qui sait, elle va peut-être m'enseigner à iodler!

Hanoch McCarty

PICKLES par Brian Crane. © 1999, The Washington Post Writers Group. Reproduit avec autorisation.

Plus de crème fouettée, s'il vous plaît!

J'ai une nouvelle amie charmante,
Je suis presque en admiration devant elle;
Quand nous nous sommes rencontrées,
    j'étais impressionnée,
Par son comportement bizarre.

Ce jour-là, j'avais rendez-vous avec des amies,
Pour le repas du midi;
Mae était venue avec elles,
En tout… une bande agréable.

Quand les menus furent présentés,
Nous avons commandé des salades, des sandwichs
    et des soupes;
Sauf Mae qui a contourné,
Et dit, « Avec une crème glacée, s'il vous plaît.
    Deux boules. »

Je n'étais pas sûre d'avoir bien entendu,
Et les autres étaient stupéfaites;
Avec sa tarte aux pommes chaude,
Mae souriait, aucunement décontenancée.

Nous tentions d'agir de façon nonchalante,
Comme si les gens faisaient toujours cela;
Mais quand nos plats sont arrivés
Je n'ai pas aimé le mien.

Je ne pouvais détacher mon regard de Mae,
Comme disparaissait sa tarte à la mode;
Les autres dames montraient de la consternation,
Elles mangeaient en fronçant les sourcils.

Eh bien, la fois suivante où je suis sortie manger,
J'ai téléphoné à Mae et l'ai invitée;
Mon repas consistait en du thon blanc,
Ella a commandé un parfait.

J'ai souri à la vue de son plat,
Elle m'a demandé si elle m'amusait;
Je lui ai répondu : « Oui, tu m'amuses,
Mais tu me rends aussi confuse.

« Comment se fait-il que tu prends ces desserts riches
Quand je crois que je dois être sensée? »
Elle a ri et dit, avec une hilarité exubérante :
« Je goûte tout ce qui est possible.

« J'essaie de manger les aliments qu'il me faut,
Et de faire les choses que je devrais faire;
Mais la vie est trop courte, mon amie, vraiment,
Je déteste manquer quelque chose de bon.

« Cette année j'ai réalisé que j'étais vieille »,
sourit-elle, « je n'ai jamais été aussi vieille auparavant;
Alors, avant de mourir, je dois essayer,
Ces choses que j'ai ignorées durant des années.

« Je n'ai pas encore senti toutes les fleurs,
Et il y a trop de livres que je n'ai pas lus;
Il y a d'autres coupes glacées au chocolat à engouffrer,
Et des cerfs-volants à faire voler.

« Il y a de nombreux magasins que je n'ai pas vus,
Je n'ai pas ri à toutes les blagues;
J'ai manqué beaucoup de succès de Broadway,
Et des croustilles et des Coca-Cola.

« Je veux encore patauger dans l'eau,
Et sentir la mer éclabousser mon visage;
M'asseoir une fois de plus dans une église de campagne,
Et remercier Dieu de sa grâce.

« Je veux du beurre d'arachide chaque jour,
Étalé sur mes rôties du matin;
Je veux des interurbains non minutés,
Aux gens que j'aime le plus.

« Je n'ai pas encore pleuré devant tous les films,
Ni marché sous la pluie matinale;
J'ai besoin de sentir le vent dans mes cheveux,
Je veux être amoureuse encore une fois.

« Alors, si je choisis de prendre un dessert,
Au lieu d'un dîner;
Si je meurs avant la tombée du jour,
Vous devriez dire que je suis morte gagnante.

« Que je n'ai rien manqué,
Que j'ai eu ce que voulait mon cœur;
Que j'ai eu cette dernière mousse au chocolat,
Avant que ma vie n'expire. »

Sur ce, j'ai appelé la serveuse,
« J'ai changé d'idée, semble-t-il »,
Ai-je dit, « Je veux ce qu'elle prend,
Seulement avec un peu plus de crème fouettée. »

Virginia (Ginny) Ellis

Pourquoi pas ?

Les écouteurs d'un lecteur de CD noyaient le bruit de fond tandis que je travaillais à l'ordinateur dans le salon. Mes doigts couraient sur le clavier aussi vite que le permettaient mes médiocres talents de dactylo, et mes yeux fixaient le moniteur sans battre des paupières. Travailler dans le salon d'une petite maison qui abrite trois adultes et deux jeunes enfants m'a obligée à développer ma faculté de concentration à un niveau supérieur. J'étais occupée, j'avais beaucoup de travail. J'avais atteint le niveau de concentration qui me permettait de bloquer à peu près tout, même une tornade balayant la pièce autour de moi, si besoin était.

Puis, c'est arrivé. Une brèche s'est ouverte dans ma concentration comme mon œil a capté l'éclat d'un objet qui volait vers le haut. Je remets mon esprit au travail. Je n'ai même pas regardé pour savoir ce qu'était l'objet, ou ce qu'il en était advenu comme je colmatais la brèche. Aussitôt que j'ai repris mon travail, des rires ont ouvert une autre brèche dans ma concentration. J'étais franchement agacée à présent. Mon petit-fils de sept ans, Zach, était assis sur le divan, à l'autre bout de la pièce. Son sourire a disparu quand je lui ai jeté mon regard « Chut, je travaille » le plus sévère. Même si je ne pouvais pas l'entendre, je pouvais le voir dire : « Désolé, mamie. »

Succès – une autre brèche colmatée et ma concentration revenue. Parfois, les enfants ne comprennent pas qu'il y a un temps pour jouer et un temps pour travailler. Ce moment est un temps de travail et je dois m'y remettre. Click, click, mes doigts courent sur les touches.

Un autre objet apparaît dans ma vision périphérique, et la musique sortant de mes écouteurs n'arrive pas à la cheville du rire sonore de Zach. J'étais vraiment agacée à présent. Zach était trop occupé pour voir mon regard « Chut, je travaille » le plus sévère. J'ai suivi son regard au plafond comme il lançait un autre objet, un attache-cheveux. D'un geste rapide de lance-pierres, l'attache-cheveux volait en l'air – zing, boum, collé au plafond de stuc. Certaines personnes aiment les plafonds de stuc. Pour moi, on dirait que quelqu'un a oublié de lisser le plâtre. Je n'avais jamais vu l'utilité d'un plafond tout bosselé. Zach, lui, avait trouvé un usage au plafond, qui était maintenant doté d'une demi-douzaine d'attache-cheveux.

Des ronds rouges, violets et verts étaient collés au plafond, certains complètement et d'autres, pendants. J'ai adouci un peu mon regard sévère. « C'est très drôle mais tu dois cesser à présent. Les attache-cheveux ne vont pas au plafond. »

« Mais pourquoi pas? C'est amusant! Je ne vais rien briser. » J'allais lui dire d'aller chercher le balai pour enlever les attache-cheveux, quand ses paroles ont fait leur chemin et m'ont rappelé une époque où j'aurais également dit « pourquoi pas? ». Quand étais-je devenue si sérieuse et si occupée que je ne pouvais plus savourer la joie d'un moment? Qu'était-il arrivé à la femme qui faisait se tordre de rire les amis de ses jeunes enfants en les rencontrant pour la première fois et en leur demandant ce qu'ils faisaient dans la vie, s'ils étaient mariés et s'ils avaient des enfants? Qu'était-il advenu de la femme qui riait aux larmes quand ses enfants et son mari se livraient un combat de balles de neige dans la cuisine avec de la pâte à biscuits? Quand étais-je devenue si rigide? Quand avais-je oublié « pourquoi pas »?

Pourquoi pas, en effet! J'ai regardé Zach et je n'ai pu m'empêcher de sourire. « Peux-tu me montrer comment faire? »

Son visage s'est éclairé comme il me montrait comment lancer un attache-cheveux. Son rire résonnait dans la pièce et ses yeux brillaient. Le plafond n'avait jamais été aussi coloré et joyeux avec tous ces ronds rouges, verts, violets et jaunes, certains à plat et d'autres, suspendus. Je dois avouer que Zach était meilleur que moi. La plupart de ses tentatives touchaient la cible. Les miennes échouaient sur le plancher pour la plupart.

Le lendemain matin, je me suis assise à l'ordinateur, prête à travailler. J'ai regardé les attache-cheveux encore collés au plafond, et j'ai souri. J'avais aimé les y lancer. J'ai décidé de les décrocher plus tard, c'est-à-dire jusqu'à ce que le plafond en libère un, qu'il tombe, qu'il ricoche sur mon épaule puis, par terre. Le visage souriant de Zach m'est apparu en esprit. J'ai souri de nouveau. Je me sentais comme cette femme qui riait du combat de pâte à biscuits. J'ai pris l'attache-cheveux et l'ai enfoui dans ma poche.

Quand Zach est revenu de l'école cette journée-là, j'étais prête. Il m'avait fait un don précieux, il était maintenant temps de lui montrer que je l'appréciais.

« Zach, je t'ai attendu toute la journée. Regarde ce que j'ai trouvé par terre. Ce n'est pas étonnant que je ne puisse pas trouver ces attache-cheveux quand j'en ai besoin. S'il te plaît, va le ranger. » Je lui ai remis l'attache-cheveux et il s'est dirigé vers la porte.

« Zach », ai-je appelé, « où vas-tu? » Il se tourna vers moi : « Je vais ranger l'attache-cheveux, mamie. »

« S'il te plaît, range-le où je pourrai le trouver. » Mon regard alla de son petit visage au plafond. Il m'a fait un large sourire en réalisant ce que je lui demandais de faire. Zinnnnnnnnng, boum – il était là-haut. C'était parfait!

Si vous venez chez moi, prenez garde aux attache-cheveux qui tombent. Vous vous demanderez peut-être pourquoi je garde mes attache-cheveux au plafond. Zach connaît la réponse à cette question, et moi de même à présent – « Pourquoi pas? »

Christina Coruth

Grand-mère au pouvoir

À quatre-vingt-neuf ans, ma grand-mère a eu des troubles cardiaques. Ma famille l'a accompagnée chez le cardiologue, qui lui a dit que l'état de son cœur était grave et nécessitait une opération. Cependant, l'éminent médecin a dit qu'en raison de l'âge de ma grand-mère, il pourrait y avoir des complications. Il a aussi dit qu'à cause de son âge, ma grand-mère courait un risque de 40 pour cent d'avoir une crise cardiaque durant l'opération, un risque de 35 pour cent d'avoir un accident cérébrovasculaire, un risque de 30 pour cent de mourir sur la table d'opération…

Ma grand-mère, sous le choc, a vivement interrompu le médecin et a dit : « Docteur, comme vous parlez de statistiques, j'en ai une pour vous : IL Y A 100 POUR CENT DE CHANCES QUE VOUS NE M'OPÉREREZ PAS! » Sur ces mots, elle s'est levée et a quitté le cabinet du médecin.

Ma grand-mère est peut-être têtue, mais elle n'est pas idiote. Alors le lendemain, elle est allée voir un autre médecin qui lui a également dit qu'elle avait besoin d'une opération. Il a aussi déclaré que son âge pouvait poser un problème, MAIS il le lui a dit d'une façon qui était positive par rapport à la façon négative du jour précédent.

Ma grand-mère a ensuite demandé au médecin : « Si j'étais votre mère, que recommanderiez-vous? » Le médecin est allé à elle, a souri et l'a entourée de son bras, et a dit : « Maman, allons-y pour l'opération! »

Elle s'est fait opérer et s'en est bien tirée! Son attitude positive (qui est vitale pour elle comme pour tous) a ajouté de nombreuses années de bonheur à profiter de la vie et de sa famille.

Michael Jordan Segal

Grand-maman crochet

Les événements de notre vie arrivent en ordre chronologique, mais quant au sens qu'ils ont pour nous, ils trouvent leur ordre propre... le fil continu de la révélation.

Eudora Welty

En rétrospective à présent, je crois que c'était par pur égard quand j'ai confronté nos petits-enfants à divers moments et dans diverses circonstances, après un accident où j'ai perdu un bras, en 1993. Il était essentiel que chacun, et surtout mes douze petits-enfants, se sente parfaitement à l'aise avec moi. Cela relevait en grande partie de leurs parents très aimants et sages. Après tout, leur grand-maman n'était pas si différente. Ma tête ne s'était pas soudainement divisée en deux. Les chirurgiens avaient fait de l'excellent travail pour me remodeler le visage et une grande partie de mon oreille, et il s'est trouvé que les enfants réagissaient beaucoup mieux à la transformation de grand-maman que les amis. Je trouvais cela remarquable.

Notre fille cadette, Katie, était une pure merveille. Elle avait organisé une régate de rafiots et un pique-nique de voisinage à son chalet du lac, à près de mille kilomètres de notre ranch du Montana. En raison de mes penchants artistiques et des talents de constructeur de son père, elle m'a informée que les enfants nous avaient choisis pour dessiner et construire un vaisseau avec tous les débris que nous pouvions trouver dans son garage et dans sa cave. Ce n'était qu'un mois après l'essayage final de ma prothèse, mais j'étais tellement heureuse d'être parmi les vivants que nous avons promptement accepté l'invitation.

Nos petits-enfants chéris nous ont accueillis ce vendredi soir-là comme ils ne nous avaient jamais accueillis auparavant. Ils ricanaient et riaient de ma maladresse avec ma prothèse, et n'ont pas perdu de temps à me baptiser du nom de « grand-maman crochet ». J'adorais ça. Au moment d'aller au lit, quatre spectateurs curieux ont fait leur apparition; ils semblaient fascinés de me voir me débattre avec les chaussures et les fermetures éclair, les boutons et les boucles d'oreilles. Ils ont insisté pour m'aider et se mouraient de voir comment fonctionnait le nouveau machin bizarre et encombrant. Après avoir enfilé mon pyjama, je les ai tous invités à entrer, et nous avons eu un cours de « Prothèse 101 » sur l'art de porter et de manipuler un crochet avec divers accessoires.

Le lendemain matin, je me suis présentée au petit-déjeuner portant ce que j'aime appeler mon bras myoélectrique « des grandes occasions », tout garni avec une douce main de caoutchouc et des ongles vernis. En tendant mes muscles contre les électrodes à l'intérieur du bras ajusté, je pouvais tourner le poignet d'avant en arrière, et même en rond. C'était un premier effort majeur pour moi; il me fallait plus de pratique mais j'ai eu un énorme succès. Les filles avaient hâte de montrer grand-maman crochet aux voisins et nous ont suppliés de rester plus longtemps pour leur démonstration à l'école. Peut-être une autre fois.

Au milieu de l'avant-midi, mon crochet « de ferme et de ranch » était prêt à se lancer à la recherche de débris de construction. Après avoir amassé des planches disparates, des chambres à air et un drap en guise de voile, notre bateau pirate a commencé à prendre forme. Grand-papa a trouvé un bout de tuyau de plus de deux mètres pour un mât avant, les enfants ont peint une tête de mort et des os croisés sur le drapeau, découpé des cache-œil dans du papier noir et nous ont tous peint le visage. Avec le balancement bien ciblé d'une bouteille d'eau de plastique, la création a été baptisée le « Grand-maman crochet ». Il n'y avait pas un souffle de vent pour voguer, alors les garçons ont trouvé des morceaux de bois légers comme pagaies, et recouvert les extrémités de ruban électrique contre les échardes.

Comme l'après-midi avançait, de nombreux vaisseaux maison d'allure dingue sont apparus au bord de l'eau. Des chambres à air monoplaces richement décorées semblaient peupler la plage en grande quantité. Nous nous demandions si notre gros radeau encombrant serait lent sur l'eau. Néanmoins, les passagers ont revêtu des vestes de sauvetage, et le capitaine Grand-maman crochet a accroché son bras un cran plus haut et est montée à bord derrière la grand-voile, tandis que les matelots au cache-œil étaient hissés à bord par derrière.

Tous assis parmi la flottille et ballottant sur l'eau, il m'est venu à l'esprit que mon mari, ma fille, mon gendre et ses chers parents avaient encore confiance dans mes talents de sauvetage (avec ou sans bras) pour me confier leurs quatre précieux enfants au milieu du lac. Ce fut un moment phare de ma vie que je n'oublierai pas.

Enfin, le sifflet a retenti et nous sommes tous partis comme un troupeau de tortues, certains chavirant joyeusement et coulant à trois mètres de la rive. Nous traînions derrière jusqu'à ce que capitaine Crochet indique à l'équipage de pagayer à un rythme plus rapide. Le Grand-maman crochet a gagné de la vitesse juste avant la bouée de mi-parcours, mais en a perdu beaucoup au tournant. Trois bateaux étaient en tête, et nos pagayeurs rythmiques montraient des signes de fatigue. Ça ne suffirait pas pour gagner. Que faire? Que faire? En temps voulu, le capitaine a donné l'ordre de « quitter le navire », et l'équipage a glissé sur le côté à regret pour s'accrocher à l'arrière et battre des jambes de tout cœur.

Le Grand-maman crochet a pris la tête de justesse et a gagné!

Cette glorieuse fin de semaine a été le début de nombreuses régates sur le lac de Katie.

Kathe Campbell

Sans âge

Vous savez que vous devenez vieux quand vous vous penchez pour attacher vos lacets et que vous vous demandez ce que vous pourriez faire d'autre pendant que vous êtes en bas.

George Burns

C'était un dimanche matin. Ma grand-mère et moi nous préparions à aller à l'église. Dernièrement, j'ai remarqué qu'elle faisait un peu plus attention à ce qu'elle porte, s'examinant plus longtemps devant le miroir.

« Ça va, grand-maman? »

Elle a vérifié si ses boucles d'oreilles étaient bien en place et si son fard à joues correspondait parfaitement à la teinte de sa robe d'un rose délicat.

« Tu n'as aucune idée de ce que c'est », dit-elle.

« Qu'est-ce qui est quoi? »

« Être vieille et ridée. »

J'ai gloussé. « Grand-maman, ça n'a pas d'importance de quoi tu as l'air… je veux dire, tu as… soixante-quinze ans! »

Elle s'est détournée de moi et je me suis immédiatement rendu compte que mon insensibilité l'avait blessée. « Je suis désolée, je ne voulais pas dire soixante-quinze de façon péjorative. »

« Oh! ce n'est pas toi que j'essaie d'impressionner. »

Sans en dire davantage, nous avons parcouru en voiture la courte distance à l'église. Je me sentais horriblement coupable, me demandant si je devais lui dire ce que je pensais vraiment de sa belle apparence.

Je suis entrée dans l'église derrière elle tandis qu'un beau monsieur placier lui prenait le bras. Jim, un veuf de soixante-quatorze ans, conduisait souvent ma grand-mère à son banc. Il était très gentil avec elle et s'assurait toujours de nous garder un banc en avant, de sorte que nous puissions bien voir le pasteur.

Puis, comme si l'éclair me frappait, j'ai compris ce qui bouleversait vraiment ma grand-mère! Elle n'était pas déprimée ou fâchée contre moi! Elle se sentait peu sûre d'elle parce qu'elle était tombée en amour dans son âge d'or.

« Comment vas-tu, Loretta? » demanda Jim.

« Bien. »

« Mon frère m'a fait une visite surprise », expliqua Jim. « Je suis désolé de t'avoir manquée au bingo. J'ai entendu dire que tu avais gagné, cependant. Mes félicitations. »

Je me suis glissée dans notre banc, décidant que Jim devait lui demander où elle était mercredi aussi.

Regardant tendrement ses yeux brun foncé, il l'a escortée jusqu'à mes côtés. Après lui avoir serré la main un moment, il a tiré de sa poche en tremblotant un morceau de papier chiffonné et l'a placé dans ses mains.

J'ai attendu qu'il s'éloigne. « Qu'est-ce que ça dit, grand-maman? »

Elle a rougi. « C'est son numéro de téléphone et il me demande de lui téléphoner si je veux aller à la danse pour célibataires samedi. »

Je luttais contre mes larmes de joie en voyant son merveilleux sourire effacer toute trace de rides. « Tu vois, quelqu'un d'autre sait à quel point tu es belle aussi, grand-maman; tu es aussi parfaite que tu l'as toujours été. »

« Il a besoin d'une partenaire de danse, c'est tout. »

J'ai répliqué : « Grand-maman, il veut valser avec quelqu'un qui se soucie de lui. »

Son visage s'est éclairé : « Peut-être as-tu raison. »

« Je sais que j'ai raison. »

Regarder danser ma grand-mère et Jim ce soir-là fut quelque chose qui me coupa le souffle. Mon copain Louis et moi nous inquiétions à son sujet et avons décidé de passer. En un seul coup d'œil, toutes nos craintes se sont dissipées. Ils bougeaient comme des adolescents, riant et s'enlaçant sous le scintillement des étoiles.

Neuf mois plus tard, à l'âge de soixante-quatorze ans, Jim a mis un genou par terre et a demandé en mariage la main de ma grand-mère de soixante-quinze ans.

« Oui », a-t-elle répondu immédiatement. « Mais… il n'y a qu'une chose. »

« Qu'est-ce que c'est? » dit Jim en essuyant les larmes sur ses joues roses.

« Je ne lave plus les vitres. »

Il a applaudi d'excitation. Et devant un représentant de Dieu, ma famille et moi nous sommes réunies, remplissant la maison de Jim pour les voir s'épouser à la lueur des chandelles.

Il y a de cela huit ans maintenant, et Jim et Loretta sont aussi heureux qu'ils l'étaient le soir où ils ont dansé jusqu'à l'aube. Chaque fois que je les vois ensemble, ils me rappellent que l'amour est sans âge. C'est aussi précieux à quatre-vingts ans qu'à vingt, peut-être même encore plus.

Michele Wallace Campanelli

La licence de mariage

Grand-papa aimait jouer des tours. C'était un homme d'affaires prospère, un agriculteur et un entrepreneur, mais son trait de caractère le plus mémorable était son sens de l'espièglerie. Il faisait en sorte qu'on veuille être près de lui et, à défaut d'autre chose, on voulait voir ce qui allait se produire.

Grand-papa Eric, à quatre-vingt-sept ans, devait renouveler sa licence de notaire. Il a demandé à son amie et associée Terry Parker de le conduire au bureau des enregistrements du comté pour exécuter cette tâche. Terry et son père avaient travaillé avec Eric pendant des années dans l'immobilier et connaissaient bien ses manigances. Ils savaient reconnaître la lueur dans ses yeux qui leur indiquait de marcher dans tout ce que disait ou faisait Eric. La récompense d'avoir marché dans le tour qu'il jouait était la garantie d'un rire de bon cœur et d'une histoire formidable à raconter à quiconque viendrait au bureau.

Terry et Eric devaient être amusants à voir ensemble. La mobilité d'Eric était contestable, sa vue n'était pas fiable, il portait un grand Stetson, deux appareils auditifs et un cigare éteint. Terry lui tenait le bras en montant les marches du bureau des enregistrements du comté, mais c'était un défi pour eux deux de passer la porte. Terry était enceinte de neuf mois avec une taille de cent cinquante centimètres, des pieds enflés et une vessie réduite par la pression à la taille d'une petite olive cocktail. Ils ont passé la porte du bureau péniblement pour apercevoir la longue, longue file d'attente pour le guichet des enregistrements et des licences. Eric n'avait rien contre le fait d'attendre car il songeait déjà à mettre un peu d'amusement dans l'attente.

Le bureau des enregistrements était très occupé ce jour-là et les employés travaillaient aussi rapidement que possible, répondant à de nombreuses questions, parfois ridicules, remettant d'innombrables formulaires et dirigeant les personnes complètement perdues vers d'autres bureaux.

Après trente minutes d'attente, Terry et Eric sont arrivés en tête de file mais ont été accueillis froidement par une fonctionnaire exaspérée. Soupirant, elle a demandé : « Que puis-je faire pour vous aider? » D'après son attitude, il était évident qu'elle pensait que ce vieillard était venu avec sa fille pour obtenir un formulaire de procuration, et qu'il aurait pu épargner à tous beaucoup de temps s'il avait téléphoné à l'avance et pris un formulaire à sa papeterie locale. En dépit de son âge, Eric était très vif d'esprit et a saisi l'impression que la femme avait de lui au premier coup d'œil, et ne pouvait pas résister à la chance d'avoir un peu de plaisir. Il pensait, *Que les jeux commencent!*

« Nous sommes ici pour une licence de mariage! » demanda-t-il très fort en donnant des coups de poing sur le comptoir. « Et que ça saute! Nous faisons la file depuis une demi-heure et comme vous pouvez le constater, ma future épouse ne peut plus attendre bien longtemps. » Le regard d'indignation totale (et de désapprobation) sur le visage de la commis comme elle traitait cette information étonnante aurait pu arrêter sec une locomotive lancée à toute vitesse. Elle était tellement confuse qu'elle ne pouvait pas se remettre suffisamment pour cacher son état de choc, et elle a dit : « Eh bien, je croyais avoir tout vu en mes trente ans de métier ici, mais c'est le bouquet! »

Eric se hissa de toute sa taille, se gonfla la poitrine, la regarda dans les yeux et dit : « Je ne rajeunis pas ici, alors ne prenons pas toute la journée! » Terry devait prendre une décision : renseigner cette femme ou marcher dans la plaisanterie. Elle faisait aussi tout en son possible pour ne pas éclater de rire devant la demande ridicule, sans parler de l'air hilarant du visage de la commis. Elle a marché. Elle arbora sa meilleure expression d'actrice, qui ressemblait à une nouvelle mariée chercheuse d'or désespérée qui s'était trouvé un papa-gâteau à la onzième heure. Elle avait également l'air très mal à l'aise – ce qui ne faisait pas partie de la plaisanterie, car elle avait peur de rire si fort que les « larmes » allaient lui couler entre les jambes.

Eric a laissé la pauvre commis courir partout dans le bureau à la recherche d'une licence de mariage. Elle était tellement déconcertée qu'une simple tâche quotidienne est devenue une recherche de l'arche perdue! Elle s'arrêtait au bureau de chaque secrétaire, leur chuchotant sans bruit, secouant la tête et pointant du doigt Terry et Eric. Des regards indignés et de gros yeux se redirigeaient sur le couple étrange.

Enfin, la commis est revenue avec les papiers nécessaires et, avec une expression incrédule, a demandé à Eric s'il savait qu'en Californie, il fallait des analyses sanguines pour se marier, en cas de maladies infectieuses. « Je ne sais pas où elle est passée avant que je sois avec elle, mais à mon âge, je crois que je suis prêt à faire un acte de foi. Qu'en pensez-vous? » Un son méconnu est sorti de la bouche de la commis comme elle poussait les documents devant lui. Pressée d'aller aux toilettes, Terry se demandait combien de temps Eric allait garder la commis dans le suspense, quand soudain il a souri et dit : « *Je vous ai eue!* Nous sommes ici pour renouveler ma licence de notaire! »

À ce stade, Terry était certaine que la plaisanterie avait fait son cours et s'est précipitée aux toilettes, juste à temps. Quand elle est retournée chercher Eric et sa licence renouvelée, tout le bureau riait avec lui, y compris la commis qui était bonne joueuse, étant donné que la blague était à ses dépens. Après ce jour-là, quand il avait affaire au bureau des enregistrements, il la demandait par son nom.

Meladee McCarty

Grand-maman Lois

Nous ne sommes jeunes qu'une fois, mais avec de l'humour, nous pouvons être immatures pour toujours.

Art Gliver

Il y a quelques années, mon mari et moi étions en voiture avec nos amis Denny et Laurie Montgomery, et grand-maman Lois, la mère de Denny. Connaissant la famille depuis des années, nous étions toujours préparés à ce qu'allait dire Lois. Elle avait environ soixante-quinze ans à l'époque… un peu dure d'oreille, mais alerte et brave comme pas une. Roulant dans une vieille partie du nord de Seattle, nous avons passé de vieux édifices en brique dont les côtés étaient peints d'annonces et de dessins. À droite, il y avait une ancienne clinique pour les yeux ou un bureau d'optométriste, probablement. Sur le côté de l'immeuble, il y avait une peinture d'un *œil* gigantesque avec des détails très particuliers – la pupille, l'iris, les cils…

Lois a aboyé du siège arrière : « DENNY, QU'EST-CE QUE C'EST? »

« Sur cet immeuble, tu veux dire? C'est le dessin d'un œil, je crois, maman. »

« QU'EST-CE que c'est? Le dessin de quoi? »

« C'est un ŒIL, maman… le dessin d'un œil. »

Cela irritait Lois pour une certaine raison… le dessin géant d'un œil ne lui convenait manifestement pas. Elle semblait le trouver ridicule et agaçant.

« Bon! (tst!) Un ŒIL? Pourquoi, mon Dieu, quelqu'un peindrait-il un ŒIL comme ça sur un immeuble?! » Elle roula de gros yeux et se croisa brusquement les bras.

Denny aimait tendrement Lois, et il semblait ne jamais se fatiguer de sa nature cynique. Il était patient, peu importe ce qui la dérangeait, ce qui était habituellement le cas.

« Eh bien, c'est probablement un ophtalmologiste, maman, et c'est sa publicité. C'est probablement un bureau d'optométriste, ou quelque chose comme ça. Peut-être un opticien. »

« Pour l'amour du ciel! » poussa Lois, complètement dégoûtée. « Hum! » Elle secouait la tête. « Encore heureux que ce ne soit pas un gynécologue!!! »

Patricia S. Mays

Je n'ai pas peur des tempêtes parce que j'apprends à faire voguer mon navire.

Louisa May Alcott

« Je suis habillée pour notre voyage chez grand-maman. »

Le médaillon d'or

Il n'y a pas de devoir plus sous-estimé que celui d'être heureux.

Robert Louis Stevenson

C'était durant la Grande Dépression, au début des années 1930. J'étais un garçon de onze ans vivant dans une petite ferme. Cet été-là, on a décidé de m'envoyer vivre chez mon grand-père, qui avait une ferme à une certaine distance de chez nous. Nous étions six enfants à la maison. Mon départ équivalait à une bouche en moins à nourrir, et d'ailleurs, grand-père avait besoin d'aide à sa ferme. J'ai emballé à contrecœur mes maigres effets, et dit au revoir à ma mère et à Beggar, mon chien colley.

Ce n'était pas si mal chez mon grand-père. J'avais ma propre chambre, et il y avait de la bonne nourriture en abondance, dont je me régalais. J'ai fait de mon mieux pour aider grand-papa cet été-là. Je harnachais les chevaux, tondais et râtelais le gazon, et je travaillais au jardin. Faire les foins était une grosse besogne pour un garçon de onze ans, et je travaillais du lever au coucher du soleil. À cette époque, le dur labeur était une vertu, et très rapidement, j'ai mérité le respect et l'admiration de mon grand-père.

Grand-mère était morte paisiblement dans son sommeil trois ans auparavant. Je savais qu'elle manquait terriblement à grand-père. Il était parfois sombre et silencieux. Et d'autres fois, il restait assis pendant des heures, ignorant tout ce qui l'entourait excepté les photos de grand-mère sur le buffet. Grand-père ne se souciait plus de porter les mêmes salopettes trop longtemps entre deux lessives, il ne se rasait plus et ne se faisait plus couper les cheveux.

Un matin, nous étions au jardin à sarcler des mauvaises herbes, quand une voiture est arrivée dans l'allée. C'était tante Lucille, la sœur préférée de ma grand-mère. Il y avait une autre femme avec elle dans la voiture. Elles en sont sorties toutes deux, et Lucille a enlacé chaleureusement mon grand-père, et dit : « Joseph, tu sais que ta chère disparue n'aurait pas voulu que toi et ta maison soient aussi en désordre, alors j'ai emmené mon amie Mary Ann pour t'aider une fois par semaine. » Grand-père acquiesça à regret de la tête, mais je pouvais voir que l'idée de quelqu'un d'autre venant dans la maison pour faire le ménage ne lui convenait pas.

J'aimais Mary Ann. Elle était enjouée et donnait un nouveau souffle à ce qui avait été un cadre de vie morne. Grand-père semblait ne pas la remarquer et s'arrangeait pour ne pas être à la maison quand elle y était. Malgré les efforts de Mary Ann, grand-père ne complimentait jamais sa bonne cuisine ou le fait qu'elle gardait la maison propre comme un sou neuf. Ses conversations avec Mary Ann se réduisaient au strict minimum, mais je pouvais voir avec quelle envie elle regardait mon grand-père. Je savais qu'elle désirait plus d'attention de sa part.

Un après-midi, Mary Ann semblait plus tranquille que d'habitude. Après le dîner, elle m'a rappelé dans la cuisine : « Je ne sais pas pourquoi ton grand-père ne m'aime pas, mais il n'a pas l'air de m'aimer. Je vais prendre un autre emploi dans deux semaines. » J'ai regardé une larme couler sur sa joue. « Qu'est-ce que j'ai fait de mal? » a-t-elle chuchoté en se reprenant.

« Ce n'est pas ce que tu as fait, c'est ce que tu n'as pas fait », ai-je répondu. J'ai dit à Mary Ann que j'avais connu mon grand-père toute ma vie. Numéro un : ne jamais laver sa pipe dans le bac à vaisselle, peu importe à quel point elle sent mauvais. Numéro deux : une bonne tarte au mincemeat va en faire de la pâte à modeler dans ta main. Numéro trois : grand-père préférait que grand-mère laisse ses cheveux libres. Et numéro quatre : grand-père se lierait d'amitié avec un cactus s'il s'asseyait sur une bûche avec lui par un soir de lune et qu'il écoutait les chiens de meute courir. Grand-père disait toujours que le son de ces chiens courant dans la nuit était la musique la plus douce de ce côté-ci du paradis. J'écoutais et écoutais, mais bien honnêtement, je n'entendais que des chiens aboyer.

Vous avez sans doute deviné que la fois suivante où Mary Ann est venue à la maison, elle a apporté la tarte au mince-meat la plus savoureuse que j'ai jamais goûtée. Ses cheveux noisette flottaient dans son dos. Mais le plus étonnant fut la conversation autour de la table, quand Mary Ann nous a parlé de « Old Bugler », un chien de meute à gorge argentée qu'elle avait dressé chiot.

Je savais que des changements étaient dans l'air quand grand-père s'est mis à s'habiller un peu mieux et à se raser de près le jour où Mary Ann venait. Si j'avais un doute quelconque, il s'est complètement dissipé quand j'ai regardé par ma fenêtre ouverte à deux heures du matin et que je les ai vus tous deux, main dans la main, revenant d'une chasse avec les chiens.

Après cette nuit-là, grand-père a trouvé de plus en plus d'excuses pour que Mary Ann vienne à la ferme. Ce qui avait commencé par une journée par semaine est devenu presque chaque jour passé ensemble. Il m'est aussi apparu clairement que grand-père ne connaissait pas les raffinements pour courtiser une fille. Une sortie avec Mary Ann consistait à l'emmener à l'encan de bétail de Maryville, mais elle ne se plaignait jamais. Je crois même qu'elle aimait cela.

Les jours d'été faisaient place rapidement à l'automne quand grand-père m'a emmené avec lui à Maryville. Je n'avais aucune idée du but du voyage, jusqu'à ce que nous allions au comptoir des bijoux chez Holtz. J'ai observé attentivement grand-père choisir un très beau médaillon en or avec une chaîne en or. Ceci devait sceller une relation entre grand-père et Mary Ann pour le reste de leurs jours. Ils se sont mariés à l'Action de grâce, et ont vécu heureux leurs années à la ferme où ils s'étaient rencontrés.

Aujourd'hui, je chéris ce médaillon et cette chaîne. Quand je le regarde, il me rappelle les jours anciens, où j'ai un peu participé à réunir deux êtres esseulés pour partager vie et amour, et pour redécouvrir l'or de leurs années d'or.

Bruce Carmichael

Je crois parfois que l'esprit d'une personne est si fort qu'il ne quitte jamais complètement la Terre, mais demeure dispersé pour toujours parmi tous ceux qui l'aiment.

Chris Crandall

À propos des auteurs

Jack Canfield

Jack Canfield est l'un des meilleurs spécialistes américains du développement du potentiel humain et de l'efficacité professionnelle. Conférencier dynamique et coloré, il est également un conseiller très en demande pour son extraordinaire capacité à informer et inspirer son auditoire, pour l'amener à améliorer son estime de soi et maximiser son rendement.

Auteur et narrateur de plusieurs audiocassettes et vidéocassettes à succès, dont *Self-Esteem and Peak Performance*, *How to Build High Self-Esteem*, *Self-Esteem in the Classroom* et *Chicken Soup for the Soul*, on le voit régulièrement dans des émissions télévisées telles que *Good Morning America*, *20/20* et *NBC Nightly News*. En outre, il est le coauteur de nombreux livres, dont la série *Bouillon de poulet pour l'âme*, *Dare to Win* et *The Aladdin Factor* (tous avec Mark Victor Hansen), *100 Ways to Build Self-Concept in the Classroom* (avec Harold C. Wells), *Heart at Work* (avec Jacqueline Miller) et *La force du Focus* (avec Les Hewitt et Mark Victor Hansen).

Jack prononce régulièrement des conférences pour des associations professionnelles, des commissions scolaires, des organismes gouvernementaux, des églises, des hôpitaux, des entreprises du secteur de la vente et des corporations. Sa liste de clients corporatifs comprend des noms comme American Dental Association, American Management Association, AT&T, Campbell's Soup, Clairol, Domino's Pizza, GE, ITT, Hartford Insurance, Johnson & Johnson, the Million Dollar Roundtable, NCR, New England Telephone, Re/Max, Scott Paper, TRW et Virgin Records. Jack fait également partie du corps enseignant d'une école d'entrepreneurship, Income Builders International.

Tous les ans, Jack dirige un programme de formation de huit jours qui s'adresse à ceux qui œuvrent dans les domaines de l'estime de soi et du rendement maximal. Ce programme attire des éducateurs, des conseillers, des formateurs auprès de groupes de soutien aux parents, des formateurs en entreprise, des conférenciers professionnels, des ministres du culte et des gens qui désirent améliorer leurs talents d'orateur et d'animateur de séminaire.

Mark Victor Hansen

Mark Victor Hansen est un conférencier professionnel qui, au cours des vingt dernières années, s'est adressé à plus de deux millions de personnes dans trente-deux pays. Il a fait plus de 4000 présentations sur l'excellence et les stratégies dans le domaine de la vente, sur l'enrichissement et le développement personnels, et sur les moyens de tripler ses revenus tout en doublant son temps libre.

Mark a consacré toute sa vie à sa mission d'apporter des changements profonds et positifs dans la vie des gens. Tout au long de sa carrière, non seulement il a su inciter des centaines de milliers de personnes à se bâtir un avenir meilleur et à donner un sens à leur vie, mais il les a aussi aidées à vendre des milliards de dollars de produits et services.

Mark est un auteur prolifique qui a écrit de nombreux livres, dont *Future Diary, How to Achieve Total Prosperity* et *The Miracle of Tithing.* Il est coauteur de la série *Bouillon de poulet pour l'âme,* de *Dare to Win* et de *The Aladdin Factor* (tous en collaboration avec Jack Canfield) et de *The Master Motivator* (avec Joe Batten).

En plus d'écrire et de donner des conférences, Mark a réalisé une collection complète d'audiocassettes et de vidéocassettes sur l'enrichissement personnel qui ont permis aux gens de découvrir et d'utiliser toutes leurs ressources innées dans leur vie personnelle et professionnelle. Le message qu'il transmet a fait de lui une personnalité de la radio et de la télévision. On a notamment pu le voir sur les réseaux ABC, NBC, CBS, CNN, PBS et HBO. Mark a également fait la couverture de nombreux magazines, dont *Success*, *Entrepreneur* et *Changes*.

C'est un homme au grand cœur et aux grandes idées, un modèle pour tous ceux qui cherchent à s'améliorer.

Meladee McCarty

Meladee est une éducatrice professionnelle et une conférencière appréciée dans le domaine de l'éducation spécialisée. Elle est spécialiste des programmes au bureau régional de l'éducation de Sacramento. Elle travaille à mettre en place un programme éducatif qui intègre les enfants souffrant de handicaps et offre aux éducateurs des sessions de formation sous les thèmes *Kindness in the Workplace* (La bonté au travail), *Communication and Team Building* (La communication et l'esprit d'équipe), *Self-Esteem in the Classroom* (L'estime de soi en classe), *Humor in the Learning Process* (L'humour dans le processus d'apprentissage), *The Seven Habits of Highly Effective People* (Les sept secrets des personnes très efficaces) et *Focusing on the Disruptive Child* (Porter attention à l'enfant perturbateur). Elle a acquis une vaste expérience en aidant les écoles et autres institutions à répondre aux besoins des étudiants et travailleurs handicapés.

Avec son mari Hanoch McCarty, elle est coauteure de *Un 4e bol de bouillon de poulet pour l'âme, Acts of Kindness : How to Make a Gentle Difference, A Year of Kindness : 365 Ways to Spread Sunshine* et *The Daily Journal of Kindness.* Ensemble, ils ont parcouru les États-Unis et la Norvège pour travailler avec des éducateurs et des professionnels des affaires dans le but d'apporter plus de bonté et d'altruisme dans le monde, au travail, au foyer, dans la communauté et dans la classe. Meladee et Hanoch s'entendent merveilleusement bien à travailler et à s'amuser ensemble. Meladee est passée maître dans l'art de recourir à l'humour pour réduire la tension et les conflits.

Meladee et son mari Hanoch sont fiers de leurs enfants, McAllister Dodds, Stephanie Dodds, Ethan McCarty, Shayna Hinds et de leur petite-fille, Rand Hinds. De toutes les possibilités qui se sont présentées dans sa vie, être la mère et l'épouse d'une famille aussi unie est son rôle de prédilection.

Le but de Meladee est d'apporter plus de bonté dans le monde et de créer un effet positif sur toutes les personnes qu'elle rencontre. Elle est profondément touchée et encouragée par les collaborateurs à cet ouvrage, et par les nombreux gestes de bonté, d'amour et d'altruisme qu'ils ont partagés, recréant ainsi un monde où il fait meilleur vivre pour nous tous.

Hanoch McCarty

Hanoch McCarty est un éducateur et un motivateur. Il est réputé pour son énergie et l'à-propos de ses exemples et de ses histoires, pour l'intérêt et l'humour de ses présentations, et le fait qu'il interagit toujours avec son auditoire de la façon la plus captivante.

Il recherche et conçoit chaque présentation sur mesure pour correspondre exactement aux thèmes et aux préoccupations du groupe. Il ne fait tout simplement pas de présentation « toute faite ». Il recourt à la technologie de pointe pour « toucher au maximum » – parce qu'il croit qu'on ne rejoint pas l'esprit et la mémoire des gens à moins de toucher leur cœur et de les faire rire.

Hanoch donne de nombreuses présentations chaque année de par le monde. Il a donné des conférences dans seize pays dont le Canada, la Chine continentale, le Japon, Israël et la Norvège. Il a discouru dans quarante-huit des cinquante États – et il espère être invité à parler en Alaska et en Idaho bientôt.

Il s'adresse à des réseaux scolaires, à des organismes gouvernementaux, à des congrès, à des facultés d'universités, à des associations professionnelles, à des pratiques de médecins, à des organisations de promotion de la santé, à des groupes de dentisterie, à du personnel hospitalier, à des cabinets d'avocats et à des groupes industriels. Ces deux dernières années, il s'est adressé à plus de vingt facultés d'universités et à de nombreuses autres écoles publiques et privées, à des employés occupant un poste classifié et à des groupes de parents. Il a parlé devant des congrès ecclésiastiques, des assemblées de formation d'enseignants et d'inauguration d'école.

Ses clients d'entreprises l'ont fait participer à des réunions d'équipes de vente ainsi qu'à des séminaires de direction et d'employés où ses histoires et ses idées fondées sur la recherche ont renseigné et habilité des auditoires d'un océan à l'autre.

Il est l'auteur et le coauteur de vingt livres et programmes de formation, dont : *Self-Esteem in the Classroom, The Experts Speak : A Guide to Teachers of Adolescents* et *Ten Keys to Successful Parent Involvement.*

Certains disent que Hanoch a « écrit le manuel » sur la conférence de motivation et… c'est vrai, il l'a fait! Le livre s'intitule *Motivating Your Audience : Speaking from the Heart,* et c'est un sommaire imposant de tout ce qu'il a appris en plus de vingt ans à titre de conférencier motivateur.

Son dernier ouvrage, *Motivating Your Students : Before You Can Teach Them, You Have to Reach Them,* est un exemple de son engagement à vie à l'amélioration de l'instruction à tous les niveaux.

Avec sa femme Meladee, il a cosigné quatre livres, dont le best-seller *Acts of Kindness : How to Make a Gentle Difference, A Year of Kindness : 365 Ways to Spread Sunshine, The Daily Journal of Kindness* et le best-seller #1 du *New York Times : Un 4e bol de bouillon de poulet pour l'âme.*

Autorisations

Nous aimerions remercier les personnes et les éditeurs suivants de nous avoir permis de reproduire le matériel cité ci-dessous. (Remarque : Les histoires dont l'auteur est anonyme, qui sont du domaine public ou qui ont été écrites par Jack Canfield, Mark Victor Hansen, Meladee McCarty ou Hanoch McCarty ne sont pas incluses dans cette liste.)

Des joues orange. Reproduit avec l'autorisation de Jay O'Callahan. © 1982 Jay O'Callahan. Une version de cette histoire est offerte en livre d'images illustré par Patricia Raines et publié par Peachtree Publishers.

Je t'aime, grand-maman et *Plus de crème fouettée, s'il vous plaît.* Reproduit avec l'autorisation de Virginia A. Ellis. © 2000 Virginia A. Ellis.

L'antiquité et *Quelque part, Babe Ruth a souri.* Reproduit avec l'autorisation de Harriet May Savitz. © 2000, 1999 Harriet May Savitz.

Tout le monde connaît tout le monde. Reproduit avec l'autorisation de Lea MacDonald. © 1999 Lea MacDonald.

L'époque des boules de neige magiques. Reproduit avec l'autorisation de Colleen Madonna Flood Williams. © 2000 Colleen Madonna Flood Williams.

Un doigt et *Bonne nouvelle, mauvaise nouvelle.* Reproduit avec l'autorisation de Linda L. Osmundson. © 2001 Linda L. Osmundson.

Petite Marie. Reproduit avec l'autorisation d'Angela D'Valentine. © 2001 Angela D'Valentine.

Viser plus haut. Reproduit avec l'autorisation de Terri McPherson. © 2000 Terri McPherson.

Moe Birnbaum, le violoneux et *Paula seule avec son grand-père.* Reproduit avec l'autorisation de Sidney B. Simon. © 1999 Sidney B. Simon.

Le dernier homme sur la Lune. © 1999 par Eugene Cernan et Don Davis. Tiré de : Le dernier homme sur la Lune, de Eugene Cernan et Don Davis. Reproduit avec l'autorisation de St. Martin's Press, LLC.

Ici avec moi. Reproduit avec l'autorisation de Gail C. Bracy. © 2001 Gail C. Bracy.

Le cadeau sans prix. Reproduit avec l'autorisation d'Irene (Seida) Carlson. © 2000 Irene (Seida) Carlson.

Les mêmes intentions. Reproduit avec l'autorisation de Patricia Pinney. © 2000 Patricia Pinney.

Acheter quelque chose pour soi. Reproduit avec l'autorisation de Karen Brandt. © 2001 Karen Brandt.

Le don de donner. Reproduit avec l'autorisation de Hope Saxton. © 1999 Hope Saxton.

Grand-maman informatique. Reproduit avec l'autorisation de Kay Conner Pliszka. © 1996 Kay Conner Pliszka.

Le piano d'acajou rouge. Reproduit avec l'autorisation de Joe Edwards. © 1999 Joe Edwards.

L'amour d'un grand-père. Reproduit avec l'autorisation de Scot Thurman. © 1994 Scot Thurman.

Cadeau d'une autre grand-mère. Reproduit avec l'autorisation de Doris Hays Northstrom. © 1978 Doris Hays Northstrom.

Les vidéos de grand-maman. Reproduit avec l'autorisation de June Cerza Kolf. © 1993 June Cerza Kolf.

Amour citronné. Reproduit avec l'autorisation de Darcie Hossack. © 1999 Darcie Hossack.

Magie de citrouille. Reproduit avec l'autorisation de Kati M. Dougherty-Carthum. © 1997 Kati M. Dougherty-Carthum.

La pièce. Reproduit avec l'autorisation de Selma Wasserman. © 2001 Selma Wasserman.

Une poupée de Noël et *Le secret du pot de sucre de grand-maman.* Reproduit avec l'autorisation de Cookie Curci. © 1995 Cookie Curci.

Un bon remède. Reproduit avec l'autorisation de J.T. Garrett. © 1999 J.T. Garrett.

Apprendre à écouter. Reproduit avec l'autorisation d'Ann Russell. © 2000 Ann Russell.

La pierre lisse. Reproduit avec l'autorisation de Walker W. Meade. © 1999 Walker W. Meade.

Par le carreau. Reproduit avec l'autorisation de Mary Constance Spittler. © 2001 Mary Constance Spittler.

Grand-papa et moi à la pêche. Reproduit avec l'autorisation de Michael W. Curry. © 2001 Michael W. Curry.

Le panache mystérieux de Mamie. Reproduit avec l'autorisation de Lynne Zielinski. © 1998 Lynne Zielinski.

Coup de circuit. Reproduit avec l'autorisation d'Alison Peters. © 2000 Alison Peters.

Le petit copain de grand-papa. Reproduit avec l'autorisation de Brian G. Jett. © 2001 Brian G. Jett.

Grand-mère nature. Reproduit avec l'autorisation de Sally D. Franz. © 1996 Sally D. Franz.

Un valentin pour grand-maman. Reproduit avec l'autorisation de Joseph Walker. © 1989 Joseph Walker.

Lune de la moisson. Reproduit avec l'autorisation de Kenneth L. Pierpont. © 1998 Kenneth L. Pierpont.

Passer le flambeau. Reproduit avec l'autorisation de Marnie O. Mamminga. © 1994 Marnie O. Mamminga.

Il était un héros, comme tous les grands-pères. Reproduit avec l'autorisation de Sue Vitou. © 2000 Sue Vitou.

Les garçons d'Iwo Jima. Reproduit avec l'autorisation de Michael T. Powers. © 2000 Michael T. Powers.

Les histoires que racontait grand-maman. Reproduit avec l'autorisation de Susan Garcia-Nikolova. © 1997 Susan Garcia-Nikolova.

Les vers et tout. Reproduit avec l'autorisation de Pamela Jenkins. © 2000 Pamela Jenkins.

Vivace. Reproduit avec l'autorisation de Tinker E. Jacobs. © 2001 Tinker E. Jacobs.

Le sucrier d'argent. Reproduit avec l'autorisation de Karen E. Carr. © 1999 Karen E. Carr.

La coquille de ma grand-mère. Reproduit avec l'autorisation de Faith Andrews Bedford. © 1996 Faith Andrews Bedford.

Les cadeaux de mamie. Reproduit avec l'autorisation de Sheryl Berk. © 1998 Sheryl Berk.

Grand-maman Hattie. Tiré de As Far As You Can Go Without a Passport de Tom Bodett. Reproduit avec l'autorisation de l'auteur. © 1985 Tom Bodett.

Jeu de mains. Reproduit avec l'autorisation de Carol McAdoo Rehme. © 2001 Carol McAdoo Rehme.

Derrière le miroir. Reproduit avec l'autorisation de Laura Reilly. © 1999 Laura Reilly.

L'amazone devient princesse. Reproduit avec l'autorisation d'Adeline C. Erwin. © 1999 Adeline C. Erwin.

Chocolat noir Hershey. Reproduit avec l'autorisation de Roger Dean Kiser Sr. © 1999 Roger Dean Kiser Sr.

Composez « P » comme dans paradis et *La filière Moïse.* Reproduit avec l'autorisation de Helen Colella. © 2001 Helen Colella.

Avec les yeux des petits-enfants et *La main de mon petit-enfant.* Reproduit avec l'autorisation de Jill Grubb-Travoss. © 1995, 1998 Jill Grubb-Travoss.

Grand-maman et la varicelle. Reproduit avec l'autorisation de Susan Amerikaner. © 1999 Susan Amerikaner.

Arcs-en-ciel de jour de pluie. Reproduit avec l'autorisation d'Arthur Montague. © 2000 Arthur Montague.

Que doit faire une grand-mère? Reproduit avec l'autorisation de Patricia Lorenz. © 1999 Patricia Lorenz.

La leçon d'amour de Courtney. Reproduit avec l'autorisation d'Alice Collins. © 1997 Alice Collins.

Une demi-écoute. Reproduit avec l'autorisation de Deborah R. Stoner. © 2001 Deborah R. Stoner.

La vie, quel merveilleux cadeau et *L'amour par trois.* Reproduit avec l'autorisation de Barbara Jeanne Fisher. © 2000, 1999 Barbara Jeanne Fisher.

Grand-maman Jan. Reproduit avec l'autorisation de Jan Coleman. © 1999 Jan Coleman.

Elle va m'appeler « Mamie ». Reproduit avec l'autorisation de Jackie Davis. © 1999 Jackie Davis.

Le miroir de la salle de bain. Reproduit avec l'autorisation de Wanda Mitchell. © 1999 Wanda Mitchell.

Reflets d'espoir. Reproduit avec l'autorisation de Yulene A. Rushton. © 1995 Yulene A. Rushton.

Franchir le seuil. Reproduit avec l'autorisation de Lillian Carson. Extrait de *The Essential Grandparent: A Guide to Making a Difference* de Lillian Carson. © 1996 Health Communications, Inc.

Tout vient à temps. Reproduit avec l'autorisation de Chris Mikalson. © 2001 Chris Mikalson.

Gabriella et le trophée. Reproduit avec l'autorisation de Barbara E. Hoffman. © 1998 Barbara E. Hoffman.

La parenté de Mme Mulaprop. Reproduit avec l'autorisation de Sharon Landeen. © 2001 Sharon Landeen.

Vingt-neuf ans pour toujours. Reproduit avec l'autorisation de Nancy B. Gibbs. © 2000 Nancy B. Gibbs. Une version abrégée de cette histoire a paru dans le numéro de juillet-août 1998 du Christian Reader Magazine.

Un bon échange. Reproduit avec l'autorisation de Luise Putcamp jr. © 1998 Luise Putcamp jr. Publié originalement sous le titre *Don't Call Me Grandma* dans le numéro de septembre 1998 de Prime Time (Albuquerque, Nouveau-Mexique).

Pas assez de mains! Reproduit avec l'autorisation de Cathie Collier Hulen. © 1999 Cathie Collier Hulen.

L'anniversaire de Misty. Reproduit avec l'autorisation de Barbara Bloom. © 1999 Barbara Bloom.

Grand-maman, ne me demande pas de les retourner! Reproduit avec l'autorisation de Karren E. Key. © 2000 Karren E. Key.

Les princesses ont besoin de bijoux. Reproduit avec l'autorisation de Kris Hamm Ross. © 2000 Kris Hamm Ross.

Le couple bienheureux. De Judith Viorst. Tiré de *Suddenly Sixty and Other Shocks of Later Life*. Publié par Simon & Schuster. © 2000 Judith Viorst. Reproduit avec l'autorisation de Lescher & Lescher, Ltd.

L'autre grand-papa. Reproduit avec l'autorisation de Katharine St. Vincent. © 1997 Katharine St. Vincent.

De la vraie magie. Reproduit avec l'autorisation de Brad Henderson. © 2001 Brad Henderson.

Réflexions d'un enfant de trois ans. Reproduit avec l'autorisation de Barbara Cornish. © 1997 Barbara Cornish.

La nouvelle famille de la montagne des Walton. Reproduit avec l'autorisation de Kimberley Ripley. © 2001 Kimberley Ripley.

Les grands-mères du rodéo. Reproduit avec l'autorisation de Chloe Weidenbach, Peggy Minor Hunt, Janis Capezzoli Anderson et Lorraine Plass. © 2001 Hanoch McCarty.

Pourquoi pas? Reproduit avec l'autorisation de Christina Coruth. © 2001 Christina Coruth.

Grand-mère au pouvoir. Reproduit avec l'autorisation de Michael Jordan Segal. © 2001 Michael Jordan Segal.

Grand-maman crochet. Reproduit avec l'autorisation de Kathe Campbell. © 2000 Kathe Campbell.

Sans âge. Reproduit avec l'autorisation de Michele Wallace Campanelli. © 1999 Michele Wallace Campanelli.

Grand-maman Lois. Reproduit avec l'autorisation de Patricia S. Mays. © 2000 Patricia S. Mays.

Le médaillon d'or. Reproduit avec l'autorisation de Bruce Carmichael. © 2001 Bruce Carmichael.

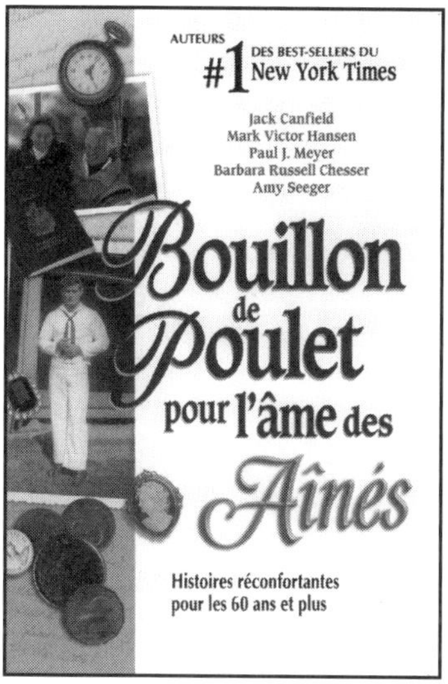

Bouillon de poulet pour l'âme des Aînés

Histoires réconfortantes pour les 60 ans et plus

Avec ses histoires touchantes, distrayantes et inspirantes, ce dernier *Bouillon de poulet* vous offre des récits vécus par des sexagénaires qui ont donné un sens nouveau à l'expression « devenir meilleur en vieillissant », en accueillant les joies et les défis de l'existence avec élégance, dynamisme et une attitude positive.

Même si elles ont été écrites à l'intention des personnes de soixante ans et plus, chaque histoire révèle des vérités éternelles sur la façon dont chacun peut vivre sa vie avec un maximum de sens et d'agrément.

ISBN 2-89092-300-2 • 336 PAGES

Bouillon de poulet pour l'âme de l'Amérique

Des histoires pour guérir le cœur d'une nation

Le 11 septembre 2001, l'Amérique et le monde libre ont subi la tragique perte de milliers de vies et la destruction d'un des symboles de la liberté.

Au cours des heures, des jours et des semaines qui ont suivi, une lumière a émergé de la noirceur — un phare éternel d'espoir, de compassion, de courage et d'amour — une lumière qui ne s'éteindra jamais peu importe l'ampleur de l'adversité.

Les histoires de *Bouillon de poulet pour l'âme de l'Amériqu*e rendent hommage aux hommes, aux femmes et aux enfants qui se sont présentés et ont donné le meilleur d'eux-mêmes en ces temps de grand besoin.

ISBN 2-89092-304-5 • 320 PAGES

Bouillon de poulet pour l'âme de la Femme II

D'autres histoires pour ouvrir le cœur et raviver l'âme de la femme

Vous serez émus par la manière dont des femmes ont fait face aux moments déterminants de la vie en trouvant l'amour, en faisant face à une perte, en surmontant les obstacles et en réalisant leurs rêves. Avec ses histoires sur les joies, les défis, les relations et les attitudes des femmes, c'est le livre tout indiqué pour vous ou pour toutes les autres femmes dans votre vie : épouse, fille, collègue de travail, mère, sœur ou tante.

Bouillon de poulet pour l'âme de la femme II permet de placer les moments difficiles en perspective, de renouveler votre confiance en vous et de prendre conscience des petits miracles dans votre propre vie.

ISBN 2-89092-291-X • 336 PAGES

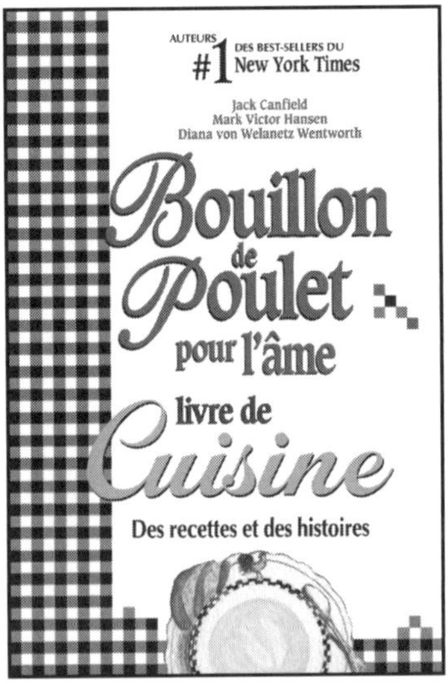

Bouillon de poulet pour l'âme
Livre de Cuisine

Des recettes et des histoires

La cuisine est le cœur de la maison. Tant d'expériences de vie se font autour de la table familiale : nous racontons des histoires, nous passons nos journées en revue, nous transmettons des traditions, nous pleurons nos pertes, nous réglons nos différends, nous présentons nos nouvelles amours et nous célébrons des fêtes. Dans la préparation et le partage des repas, nous créons des souvenirs profonds qui restent gravés à jamais dans notre mémoire.

Dans la foulée de *Bouillon de poulet pour l'âme,* voici un recueil d'histoires chaleureuses accompagnées de recettes alléchantes. Assaisonné de bénédicités sincères, ce merveilleux livre vous aidera à retrouver les valeurs traditionnelles et à favoriser le partage de conversations riches — et de nouvelles recettes — à l'heure des repas.

ISBN 2-89092-302-9 • 352 PAGES

Bouillon de poulet pour l'âme d'une Mère II

D'autres histoires qui réchauffent le cœur et remontent le moral des mères

Que vous ayez un enfant à vous, ou que vous soyez une mère par le mariage ou l'adoption, vous savez qu'aucune autre expérience n'éveille à ce point votre pleine capacité à aimer et à être aimée que celle d'être mère.

Continuant la tradition des *Bouillon de poulet,* ce livre tant attendu célèbre les joies et les défis innombrables de la maternité. Que ce soit de savourer les premiers pas d'un bébé jusqu'à votre inquiétude lorsqu'il s'aventure à devenir lui-même, que ce soit de voir avec fierté votre enfant s'épanouir jusqu'à être son plus ardent supporter lorsqu'il fait face à des épreuves, aucune autre vocation n'est à la fois aussi stimulante et enrichissante.

ISBN 2-89092-305-3 • 336 PAGES

PUBLICATIONS DISPONIBLES

1er bol
2e bol
3e bol
4e bol
5e bol
Ados
Ados (de poche)
Ados II
Ados — JOURNAL
Aînés
Amérique
Ami des bêtes
Célibataires
Chrétiens
Concentré (de poche)
Couple
Cuisine (livre de)
Enfant
Femme
Femme II
Golfeur
Grands-parents
Mère
Mère (de poche)
Mère II
Survivant
Tasse (de poche)
Travail

À PARAÎTRE

Golfeur II
Préados (9-13 ans)
Future maman
Au Canada
Père
Couple (de poche)
1er bol (de poche)